Cécile Lecomte

„Kommen Sie da runter!"

Kurzgeschichten und Texte aus dem politischen Alltag einer Kletterkünstlerin

Verlag Graswurzelrevolution

Vorwort

In einer Gesellschaft, in der die freie Entwicklung eines jeden die Bedingung der freien Entwicklung aller ist, leben wir nicht. Vielmehr wird unser Dasein nach wie vor bestimmt vom politischen Charakter der öffentlichen Gewalt. Bestandteil davon ist der Atomstaat. Sein vermummtes Gesicht konnte schon in den frühen Sechziger- und Siebzigerjahren enttarnt werden. Viele Anti-AKW-Gruppen bildeten die Anti-Atom-Bewegung. Sie gerierten sich basisdemokratisch und außerparlamentarisch. Durchaus machtvolle Demonstrationen – z. B. gegen den schnellen Brüter in Kalkar – und die alltägliche Kleinarbeit vieler Menschen begründeten ein politisches Gegengewicht. Die öffentliche Gewalt zeigte sich jedoch auf Dauer überlegen. Es gelang ihr, die Bewegung durch Parlamentarisierung zu korrumpieren und zu zerschlagen. Es war die öffentliche Gewalt, handelnd im Auftrag der Atomkonzerne, die die Schaffung von Fakten ermöglichte. Erwähnt seien nur Abertausende Tonnen von hoch giftigem Atommüll. Sie bedrohen die menschliche Zukunft über einen nicht absehbaren Zeitraum hinweg durch Verklappung und Entsorgung in den Meeren, durch Lagerung, Transport sowie die weitere Produktion radioaktiven Materials.

Nur wenige Menschen zeigen heute noch dem Atomstaat europäischer Prägung die Zähne. Zu diesen mutigen Menschen gehört die Autorin dieses Buches. Eine bewunderswerte Frau, die dem Atomstaat auf der Nase herumtanzt, damit er immer wieder sein dem Recht feindlich gesinntes Gepräge zeigt. Sie erregt Aufmerksamkeit mit spektakulären Aktionen. Die Machenschaften der Atomwirtschaft gelangen so häufig in den Blickpunkt einer breiteren Öffentlichkeit. Wird jedoch das lichtscheue Gesindel gestört, bedient es sich der öffentlichen Gewalt, um für vermeintliche »Sicherheit und Ordnung« zu sorgen. Was den Staat gefährdet, gibt die öffentliche Gewalt vor. Den aktiven Protest gegen die Machenschaften der Atomkonzerne und ihre Handlanger durch das Klettern auf Bäume und andere besteigbare Objekte nutzt die öffentliche Gewalt zur Außerkraftsetzung von Grund- und Menschenrechten. Nicht zuletzt die unverhältnismäßigen, gewaltsamen Reaktionen des Atomstaats auf Demonstrationen durch Klettern offenbaren die unter anderem von der Atomwirtschaft ausgehenden Gefahren für die in Arme und Reiche geteilten Gesellschaften in Europa.

Der mutige Protest einer schwerbehinderten Aktivistin hat Vorbildcharakter. Es geht um den Einsatz für Werte, die mit der öffentlichen Gewalt nichts gemein haben. Was das »Eichhörnchen« immer wieder in Kauf nehmen und erleiden muss, kann in diesem kurzweiligen Buch mit sehr ernstem Hintergrund nachgelesen werden.

Gießen, 25.04.2013

Tronje Döhmer, Rechtsanwalt

Einleitung

»Kommen Sie da runter!« Wie oft habe ich diesen Satz von verzweifelten PolizistInnen gehört, die mit einer für sie ungewöhnlichen Situation nicht umzugehen wissen! Unzählige Male. Dieser Satz drückt die Ohnmacht des Staates gegenüber einer spektakulären und effektiven Protestform, dem Aktionsklettern, aus. Ich bin davon überzeugt, dass Vielfalt und Kreativität Schlüssel zum Erfolg von politischen Bewegungen sind. In diesem Buch erzähle ich in Form von – autobiografischen – Kurzgeschichten und Erzählungen von meinen Erfahrungen aus den letzten zehn Jahren umwelt- und sozialpolitischen Engagements. Den Fokus habe ich bewusst auf die Begegnungen mit der Staatsmacht (Behörden wie Polizei und Justiz) gerichtet, denn diese sind bei politischen Aktionen im Bereich des zivilen Ungehorsams unvermeidbar. Die Charaktere sind zum Teil fiktiv und die Ereignisse werden nicht immer eins zu eins so wiedergegeben, wie sie sich in der Wirklichkeit ereigneten. Mal schreibe ich aus der Ich-Perspektive, mal aus der Erzählerperspektive in der dritten Person. Eine gewisse erzählerische Freiheit habe ich mir genommen.

Doch der Kern der Botschaft, der Kern der Ereignisse gehört zum realen Leben: Wie fühlt es sich oben in einer Baumkrone über der Castorstrecke an? Warum soll ein Sachverständiger für Erdanziehungskräfte vor Gericht aussagen? Wie begegne ich der Gewalt der Polizei? Wie gehe ich mit dem Tod eines Mitkämpfers um? Warum ist Baumklettern so staatsgefährdend? Gibt es ein Gesetz à la »Du sollst dich ausschließlich horizontal bewegen«? Warum interessiert sich der Verfassungssch(m)utz mehr für's Baumklettern als für mordende Neonazis? Wie fühlt sich eine Überwachung »mit besonderen technischen Mitteln« an? Und im Gefängnis? Warum sitze ich wegen fünf Euro oder etwas mehr dort »freiwillig« ein? Was ist vom Spruch »Im Namen des Volkes« zu halten?

Dieses Buch soll vermitteln, was politisch aktivistisches Leben bedeutet. Es ist zugleich ein Appell, sich politisch zu engagieren. »Ich habe jedenfalls oft vor Lachen am Boden gelegen und an anderen Stellen musste ich echt schlucken«, schrieb mir eine Freundin nach dem Korrekturlesen eines Kapitels dieses Buches. Diese Aussage trifft sehr gut auf die von mir gewählte Form von politischem Engagement zu.

Ich bin Vollzeitaktivistin, meinen Unterhalt bestreite ich über Spenden von UnterstützerInnen, die meine Arbeit unterstützungswert finden. Der Aktivismus, wie ich ihn lebe, ist keine Beschäftigung im Sinne der Lohngesellschaft. Ich arbeite nicht auf Auftrag – »rent« einen Demonstranten ist nichts für mich –, ich entscheide frei darüber, wie ich meine Zeit und Energie für eine bessere Welt einsetze. Die Frage nach meiner Berufsbezeichnung beantworte ich mit »Journalistin und Aktionskletterkünstlerin«. Ich halte Vorträge, schreibe Artikel, blogge, dolmetsche und übersetze Texte. Die internationale Vernetzung sozialer Bewegungen liegt mir besonders am Herzen. Mein Spitzname lautet Eichhörnchen, wegen der vielen Kletteraktionen, die ich durchführe. Ich habe als Jugendliche an Wettkämpfen teilgenommen und wurde einmal französische Meisterin im Sportklettern. Immer gegen andere Menschen zu klettern hatte aber etwas Frustrierendes. Ich verbinde heute meine Leidenschaft mit

8

Eichhörnchen über dem
Wagenplatz in Lüneburg, Winter 2013
Quelle: Privat

meiner politischen Überzeugung und es hat wirklich etwas Schönes. Nicht JedeR muss klettern wollen und können. Ich plädiere dafür, dass die Menschen ihre unterschiedlichen Fähigkeiten für eine bessere Welt einsetzen. Aktivismus kann viel Spaß machen und effektiv sein, wenn es bunt und vielfältig wird! Viele Kurzgeschichten geben diesen »Ätsch-Faktor« wieder und ich hoffe, sie bringen viele LeserInnen zum Schmunzeln. Es sind immer wieder Erfahrungen und Gefühle, die mir Energie für weitere Aktionen und Veranstaltungen geben.

Es gibt aber auch eine Schattenseite. Mein Engagement ist ernst gemeint. Es geht mir nicht darum, dass alle Menschen die gleiche Meinung wie ich haben, das fände ich langweilig und ich kann mir auch nicht sicher sein, dass ich Recht habe. Ich habe aber Ideen, die Welt in eine bessere zu verändern und setze mich dafür ein. Ich will aufrütteln, provozieren, die Menschen zum Nachdenken und Handeln animieren. Sand im Getriebe der Umweltzerstörungen und der Mächtigen dieser Welt zu sein ist politisches Engagement von unten. Das nimmt mir die Gegenseite übel. Die Folgen sind Überwachung, willkürliche präventive Festnahmen ohne Verurteilung, Misshandlungen, Gewalterfahrungen oder auch unzählige Gerichtsprozesse. Auch mit dem Tod von Sébastien, einem Mitkämpfer, musste ich mich auseinandersetzen. Ein Kapitel ist ihm gewidmet.

Das sind alles Erfahrungen, die ihre physischen und psychischen Spuren hinterlassen. Das ist eine unsichtbare und meist unbewusste Wirkung von Repression. Eine blutige Wunde wird beachtet, warum ist es bei einer unsichtbaren emotionalen Wunde nicht der Fall? Viele Menschen, die Traumata erlebt haben, schämen sich. Weil das Thema Tabu ist, weil zu wenig darüber geredet wird, habe ich mich bewusst dafür entschieden, es in diesem Buch nicht außer Acht zu lassen. Es gehört zu mir – genauso wie meine körperliche »Behinderung« im Sinne der Horizontal-Gesellschaft. Ich leide an schwerer chronischer Gelenkentzündung (Polyarthritis) und habe täglich mit Schmerzen und Nebenwirkungen diverser Therapien zu kämpfen.
Ich bin keine Super-Heldin, wiederholte willkürliche Gewalterfahrungen – seien sie physischer oder psychischer Art – gehen nicht einfach so an mir vorbei. Ich bin jedoch der Überzeugung, dass meine Reaktion eine gesunde Reaktion auf ein krankes System ist. Das hilft mir zwar nicht, in der Gegenwart mit den belastenden Gefühlen umzugehen. Um so entschlossener bin ich aber, das Problem an seiner Ursache – dem kranken System – anzugehen. Dieses Buch bearbeitet die Geschehnisse und zeigt Missstände auf. Das ist eine Warnung und eine Ermutigung zu kämpfen zugleich. Ob Behinderung oder Traumata: Es gibt keinen Grund aufzugeben. Im Gegenteil! Es gibt viele Möglichkeiten, damit umzugehen. Spaß am Leben habe ich trotzdem. Ich hoffe, dass es mir mit den Erzählungen gelungen ist, dies zu vermitteln. »Aus Wut wird Energie!«, schrieb ich damals nach dem Tod von Sébastien.

»Tu crois que tu vas changer le monde? Chiche!«
»Und du glaubst, dass du die Welt verändern wirst? Ja! Die Wette läuft!«
Dem Motto von ›Chiche!‹, meiner ersten politischen Gruppe in Frankreich, bleibe ich treu. Ich habe Utopien für eine bessere Welt und vieles davon kann ich erreichen! Doch… gemeinsam sind wir stärker. Seid kreativ und unbequem. Oder »Empört euch!«, wie Stéphane Hessel es wunderbar zusammenfasste.

I.

Einfach frech sein!

Dem Atomstaat auf der Nase herumtanzen

Es war Nacht. Der Wald war dunkel und die Stimmung gespenstisch. Der Mond schien, etwas bewegte sich in einem Baumwipfel an der Bahnstrecke zwischen Gronau und Münster. Denn es war kein gewöhnlicher Tag – zumindest nicht für die, die sich versprochen hatten, die Betreiberfirma der Uran-Anreicherungsanlage Urenco mit einer eindeutigen Botschaft im neuen Jahr zu begrüßen: »No pasaran – er kommt nicht durch.«

Kaum war der mit Uranmüll beladene Zug aus Gronau losgefahren, als er auf offener Strecke kurz vor dem Bahnhof Metelen gegen 19:30 Uhr zum Stehen kam. Was war der Grund? Etwas Luft-Akrobatik in etwa 12 Meter Höhe oberhalb der Bahnlinie im Wald hinter Metelen!
»Wenn Uran von Hamburg nach Narbonne transportiert wird, wenn die Urenco Atommüll nach Russland verschifft, wenn…, dann muss der Hahn jederzeit und überall zugedreht werden«, erzählte die Aktivistin im Nachhinein. Atomtransporte stehen für die globalisierte Atompolitik und sind eine Schwachstelle der Atomlobby.

In der Tat. Wer hätte gedacht, dass etwas Luft-Akrobatik den Atomzug ca. 7 Stunden aufhalten würde? Das große Polizeiaufgebot inklusive Hubschrauber hatte die Aktion nicht verhindert. »Wie ist sie bloß da hoch geklettert?«, fragte sich die ratlose Polizei – bekam jedoch keine Antwort. Die Aktivistin antwortete mit Anti-Atom-Liedern und genoss ihre längere Tee- und Schokoriegel-Pause. Die Presse wurde benachrichtigt, UnterstützerInnen zeigten vor Ort ihre Solidarität.

Bei der Polizei klingelte immer wieder das Handy. Der verzweifelte Einsatzleiter musste den KollegInnen und Vorgesetzten immer wieder die gleiche Geschichte erzählen: »Ja, ja, sie hängt ›wirklich‹ oberhalb der Bahnlinie zwischen zwei Bäumen. Das sieht sehr professionell aus. Nein, wir kommen nicht 'ran.«

Alle möglichen Kräfte trafen nach und nach an Ort und Stelle ein. Ein Polizist zeigte sich enttäuscht, als die Feuerwehr die Option »Sprungtuch« gleich vom Tisch kehrte. »Das kommt nicht in Frage, freiwillig wird sie nicht herunterspringen, sonst hätte sie sich schon längst abgeseilt.« Der Stadtbrandmeister von der örtlichen Feuerwehr ließ ein paar Sprüche fallen, die der Berufsgenossenschaft keinen Gefallen tun: »… einfach absägen«, seufzte er. Zuletzt wurde auch noch das Technische Hilfswerk (THW) hinzugezogen, welches vor Ort aber ebenfalls ratlos war.
Schließlich wurde eine Sondereinheit der Bundespolizei per Hubschrauber aus St. Augustin zum Flughafen Münster-Osnabrück geflogen und anschließend zum ca. 35 km entfernten Aktionsort gebracht. Sie traf gegen Mitternacht ein. Der Aktionsort wurde hell erleuchtet – für eine exakte Beweissicherung. Kletterer der Bundespolizei erklommen einen Baum und ließen die Aktivistin langsam herunter. Die Seilkonstruktion der Aktivistin war aber etwas komplizierter, als zunächst

angenommen. So musste noch der zweite Baum erklettert werden, um die Aktivistin zum Boden herabzulassen. Um 1:18 Uhr war es so weit. Zugegeben, die sechs Stunden »Hängeparty« in einem selbst gebastelten Gurt waren nicht bequem, aber die Aktivistin hat es gut überstanden. Sie fühlte sich nur etwas überrumpelt: Auf so eine lange Blockade und so viel Presse hatte sie sich nicht eingestellt. Der Zug passierte den Aktionsort etwa eine Stunde später, um 2:13 Uhr.

›Klick‹, die Handschellen wurden zugemacht und erst in der Bundespolizeiinspektion in Münster wieder geöffnet. Im Halbschlaf wurde die Aktivistin belehrt und ihre Sachen wurden als Beweismittel sichergestellt: Gefährlicher Eingriff in den Bahnverkehr, Nötigung, Regressansprüche der Bahn und Kosten des Polizeieinsatzes. Die Betroffene nahm es gelassen. Sie wusste, dass viele Vorwürfe der Abschreckung dienen. Was juristisch letztendlich dabei herauskommt, ist eine andere Sache. Es kam schließlich zur Anklage, den Prozess nutzte die Aktivistin als politische Bühne und erhob Anklage gegen die schmutzigen Geschäfte der Urenco.

Das Urteil lautete dann auf Freispruch: Das Recht ist für die Erdoberfläche ausgelegt, orakelte der Anwalt. An akrobatische Protestübungen in der dritten Dimension hat der Gesetzgeber nicht gedacht. Das ist schließlich eine unübliche, kreative Art der freien Meinungsäußerung, befand das Gericht. Doch damit gab sich die Staatsanwaltschaft nicht zufrieden, sie legte Berufung ein.
Doch für das Berufungsgericht ist der Fall wie eine heiße Kartoffel; die Berufung hat vier Jahre später immer noch nicht stattgefunden. Der Luftraum über der Schiene wird möglicherweise noch lange die Gerichte beschäftigen.
Die Urenco stellte nach der zweiten Kletteraktion dieser Art die Atommülltransporte nach Russland ein. Der luftige Protest ist der politische Tropfen gewesen, der das Fass zum Überlaufen brachte. Frechheit und Kreativität haben gesiegt!

Das Strafverfahren wurde im November 2013 nach einer kurzen Berufungsverhandlung durch das Landgericht Münster endgültig auf Staatskosten eingestellt.

Quelle: Aktenzeichen 23 Cs – 540 Js 178/08 – 39/08 Amtsgericht Steinfurt

Luftblockade eines Uranmüllzuges
im Januar 2008 in Metelen
Quelle: aaa-West

Gen-Feldbesetzung in Rostock 2009
Quelle: privat

Kurios

»Kurios, das ist aber kurios.« Der Sicherheitsangestellte kann seinen Augen kaum glauben. Mitten auf dem Feld, für dessen Rund-um-die-Uhr-Bewachung er zuständig ist, ist ein seltsames Gestell gelandet. Eine ca. zehn Meter hohe, dreibeinige Konstruktion steht auf dem Acker, mitten im Nirgendwo. Dem Sicherheitangestellten fällt kein anderes Wort als »kurios« ein. Als ob ein UFO in seinem Vorgarten Platz genommen hätte. Und da oben, in dem Wipfel, bewegt sich etwas. Ein außerirdisches Wesen?

Doch die flink ausgebreiteten Transparente bringen ihn auf den Boden der Tatsachen zurück. Die Botschaft ist unmissverständlich, oben auf dem Tripod demonstrieren GentechnikgegnerInnen. Durch die Besetzung des Feldes wollen sie die Aussaat von diversen gentechnisch veränderten Pflanzen (GVO) verhindern. Auf dem Feld werden kostspielige Versuche mit Gentechnik unter freiem Himmel durchgeführt – mit der Folge, dass Tatsachen geschaffen werden: Die GVO verbreiten sich unkontrolliert in der Natur, die Folgen sind unzählig: Gefahr für die Biodiversität, für die Gesundheit, Verunreinigungsskandale ohne Ende etc.

Mit dem Zeigefinger Richtung Turm deutend, erläutert der Security der zur Hilfe herbeigerufenen Polizei die Situation mit dem Wort »kurios«. Der Freund und Helfer zeigt sich ebenfalls überfordert und klingelt um vier Uhr morgens die freiwillige Feuerwehr aus dem Bett. Amtshilfe ist in Notfällen, bei Gefahr für Leib und Leben, Pflicht. Wenn die Polizei keinen Plan davon hat, wie sie mit einer bestimmten Situation umgehen soll, erklärt sie die Angelegenheit einfach für einen Notfall. Als die Feuerwehr samt schwerem Gerät anrückt, staunt sie nicht schlecht. Das Bild von friedlichen DemonstrantInnen deutet nicht auf einem Notfall hin. Die Feuerwehr soll Licht machen, damit die Polizei sich ein Bild der Situation verschaffen kann. Die freiwillige Feuerwehr als Hilfspolizei? Das geht nicht. Also zieht sie sich bald zurück.

Währenddessen machen es sich die GentechnikgegnerInnen gemütlich. Hängematten werden oben aufgespannt, unten schlüpfen die AktivistInnen in ihre Schlafsäcke hinein. Den Sonnenaufgang können sie noch in aller Ruhe genießen.

Die Nachricht über die Besetzung verbreitet sich schnell. Es kommen bald die ersten Pressevertreter… und die ersten polizeilichen Platzverweise, um die Medien an ihrer Berichterstattung zu hindern. Die Polizei schreckt nicht vor Amtshilfe zurück, wenn es darum geht, die herrschende Politik zu unterstützen. Denn die herrschende Politik in der Person der Leiterin des Versuchsfeldes mit Gentechnik lässt sich alsbald blicken, um der Polizei Anordnungen zu erteilen. Die Angelegenheit ist ihr wichtig, denn es geht bei der Gentechnik um viel Macht, um viel Geld. Friedliche ÖkoaktivistInnen sind Sand im Getriebe der Gentechniklobby. Die durch die Aktion in die Öffentlichkeit getragene Kritik der GentechnikgegnerInnen kann schwer ignoriert werden und stört. Statt im Sinne der Allgemeinheit zu handeln, schützt die Polizei die Interessen der privaten Wirtschaft – und beginnt mit der Beseitigung der »Störung«. In ihrer Rechtsgüterabwägung schätzt die Polizei das Rechtsgut »Willensbestimmung der Versuchsleiterin«, also die ungestörte Ausbringung von Genpflanzen, höher ein als das Leben der AktivistInnen. Mit einem

Gabelstapler versucht sie, die zum Teil oben festgeketteten KletterInnen aus dem Turm zu holen – und wirft den über zehn Meter hohen Turm beinahe um. Weil sie wegen der gefährlichen Räumung durch die Polizei um ihr Leben fürchtet, willigt die letzte oben festgekettete Aktivistin ein, mit der Polizei etwas zu kooperieren und bei der eigenen Räumung zu helfen. Sie wird samt Rohr, an dem sie sich festgekettet hatte, heruntergeholt und in Gewahrsam genommen.
Für ihre Mithilfe wird sie auf der Polizeiwache nicht belohnt. Die PolizistInnen zeigen, was sie von Menschenwürde halten und weigern sich stundenlang, ihr Wasser und Zucker zu geben – erst als sie kurz vor einem Kreislaufzusammenbruch steht, bekommt sie dank der tatkräftigen Unterstützung einer Mitgefangenen Wasser. Die Haltung der Polizei erklärt sich die Aktivistin damit, dass die Staatgewalt Ohnmachtssituationen nicht verträgt. Seit Stunden versucht die Polizei, die Aktivistin aus dem Stahlrohr, in dem ihre Arme stecken, zu befreien – um Fingerabdrücke zu bekommen. Die kuriose Konstruktion geht aber nicht auf – den Schlüssel für das Schloss drinnen hat die Aktivistin nicht bei sich! Nach gut fünf Stunden wird die Aktivistin samt Rohr als letzte aus dem Gewahrsam entlassen und von ihren MitstreiterInnen in Empfang genommen. Mit deren Unterstützung kann sich die Aktivistin aus dem Rohr befreien. »Solidarität befreit, nicht Uniformierte!« lautet ihr Fazit.
Der Tag war für alle Beteiligten anstrengend. Ob es sich wirklich lohnt, derart viel Energie in eine Aktion zu stecken? Das Genfeld hat sie nicht verhindert. Die AktivistInnen wissen aber, dass ähnliche Aktionen immer wieder stattfinden und Genfelder dadurch oft verhindert werden. Mit ihrer Aktion haben sie zudem Öffentlichkeit für das Thema geschaffen und die Mächtigen eine Zeit lang in Schach gehalten.
Das sind kleine, wichtige Schritte für große Träume.
Die nächste UFO-Landung kommt bestimmt!

Quelle: Aktenzeichen 47 C 216/10 Amtsgericht Rostock

Ätsch!

September 2012: Das Schiff, das hoch gefährliche Plutonium-Brennstäbe vom englischen Sellafield nach Nordenham transportiert, ist verschwunden. Es hat sein Ortungssystem AIS abgeschaltet. Der Schutz vor Protestaktionen von AtomkraftgegnerInnen ist wichtiger als der vor möglichen Kollisionen… Die Kommunen an der Transportstrecke zwischen Nordenham und dem Atomkraftwerk Grohnde erhalten nicht einmal Informationen über diesen Transport. Geheimniskrämerei pur – zu Lasten des Katastrophenschutzes –, sofern Schutz vor einer atomaren Katastrophe überhaupt möglich ist. AktivistInnen haben Proteste angekündigt, MOX-Brennelemente sind hoch gefährlich. Die Betreiber von Atomkraftwerken geben selbst zu, dass ein mit MOX-Brennelementen beladener Reaktor besonders schwer zu steuern ist. Und der Müll, der daraus entsteht, ist dann noch strahlender als sonst. Aber wen interessiert das, wenn es um Gewinne geht? Dass Menschen sich überhaupt dafür interessieren und sich an Protesten beteiligen, soll verhindert werden. Der Transport bleibt also geheim. Das »Verschwinden« des Schiffes bleibt aber nicht unbemerkt.

Ich mache mich auf den Weg nach Grohnde. Ich will mich zumindest an einer Sitzblockade beteiligen – für den Fall der Fälle packe ich aber ein bisschen Klettermaterial ein. Die erste Nacht verbringe ich in einem Gebüsch. Der Transport könnte ja schon am frühen Morgen kommen, wir wissen es nicht. Morgens werden wir aber von PolizeibeamtInnen aus der Böschung gefischt. 1.300 PolizistInnen sind insgesamt im Einsatz. Etwa 300 DemonstrantInnen beteiligen sich am Protest in Nordenham und Grohnde. »Wer kämpft, kann gewinnen«, sage ich mir als Trost, als die Polizei mir »zur Gefahrenabwehr« mein Klettermaterial inklusive Wäscheleine wegnimmt – als wäre ein Seil gefährlicher als Plutonium.
Gut, das Klettermaterial ist weg. Ich habe nicht einmal eine Stunde geschlafen – es war zu kalt –, aber an Schlaf ist nicht zu denken. Wir brauchen eine neue Idee, ich habe sogar eine. Aber wie können wir diese umsetzen? Seitdem wir heute früh in der Böschung entdeckt worden sind, bleibt an mir eine blonde Polizistin kleben. »Meine Blondine« nenne ich sie. Sie hat den Auftrag, auf mich aufzupassen, ich kann ja klettern – also führe ich sie ordentlich an der Nase herum. »Im Radio wurde gesagt, das Schiff ist noch nicht im Hafen eingetroffen«, sagt sie. Sie fühlt sich mit dem Auftrag, mir hinterherzulaufen, unwohl und sucht das Gespräch. Ein bisschen Frechheit und Kreativität kann bei solcher Überwachung helfen.

Als gegen 18 Uhr ein vier Meter hohes Dreibein plötzlich auf der Straße steht und ich es erklimme, hängt sich »meine Blondine« an meine Füße. »Da war was im Busch, das habe ich doch gewusst«, schimpft sie – und schmunzelt. In der Tat, wir kommen gerade aus dem Busch! Und sie hat unser Treiben nicht mitbekommen! Sie hat möglicherweise das unerfreuliche Gespräch mit ihrem Vorgesetzten vor Augen. Das merkwürdige Gestell auf der Straße ist aber irgendwie spannend. Es braucht zum Errichten des Kunstwerkes drei Baumstämme, ein bisschen Schnur und ein paar motivierte Menschen. Und die Frechheit, es den PolizistInnen unmittelbar vor der Nase hinzustellen. Inzwischen sitze ich mit Anti-Atom-Transparent oben auf dem Knotenpunkt des Tripods. Ätsch!

Protest gegen MOX-Transport am AKW Grohnde im September 2012
Quelle: Michaela Mügge /PubliXviewinG

Wenige Minuten später sitzen weitere AktivistInnen an einem Kinderbett unter dem Tripod mit Fahrradschloss am Hals fest. Es dauert eine Weile, bis die mit dem Kräfte-Zusammenziehen beschäftigte Polizei es überhaupt bemerkt. Ätsch!

Es kommen immer wieder Aufforderungen: Ich solle herunterklettern, die Angeketteten sollen die Befestigung entfernen etc. Großes Gelächter löst die Durchsage der Polizei aus, man möge die Regenplane offen lassen, die Polizei könne ja sonst nicht sehen, was sich darunter abspielt. Die Plane bleibt selbstverständlich zu. Zwischenzeitlich scheucht der apokalyptische Regen die PolizistInnen in ihre Fahrzeuge, unter der Plane am Tripod ist es dagegen gemütlich. Der Transport nimmt schließlich eine andere Route und erreicht das Atomkraftwerk über Wirtschaftswege. Eine halbe Stunde lang ist das in der Ferne vorbeifahrende Blaulicht-Begleitkommando der Polizei zu sehen. Mehr als eine symbolische Blockade war bei diesem gewaltigen Polizeiaufgebot nicht zu erreichen. Für die ›ganze Bäckerei‹ hat es nicht gereicht, aber ein Ziel wurde immerhin erreicht. Am Tag darauf wird die Aktion mit ihren Hintergründen groß in der Zeitung stehen. »Zwischenzeitlich wurde die Zufahrt zum KKW Grohnde durch die Aktivistin Cécile Lecomte versperrt, die auf der Fahrbahn in Höhe des Werkes ein sog. Tripod (Dreibein) errichtete, in das sie sich einhängte«, schreibt die Polizei in ihrer Pressemitteilung. Als wäre ich Herkules, als hätte ich unser Kunstwerk alleine errichtet… Ausgerechnet dazu bin ich wirklich nicht in der Lage. Ich bin nur ein Kletterglied in der Widerstandskette. Ohne die vielen anderen Glieder hätte es kein »Ätsch!« auf der Straße gegeben!

Brückentechnologie

Mit einer spektakulären Kletteraktion an der 75 Meter hohen Fuldatalbrücke bei Kassel demonstrierten in der Nacht zum 7. November 2010 AktivistInnen der Gruppe »Brückentechnologie« gegen den Castortransport und die Atompolitik. Gleichzeitig besetzten gut fünfzig weitere DemonstrantInnen die Schiene. Der Castor musste eine dreistündige Pause machen. Ich war eine der KletterkünstlerInnen am Seil…

»Ob wir es schaffen werden? Ob wir schon geortet worden sind?« Auf den Gesichtern ist trotz Dunkelheit eine gewisse Anspannung zu spüren. Es ist Nacht, Castornacht. Die Zeit scheint stehen geblieben zu sein, die Stimmung ist gespenstisch, noch ist es im Wald absolut still. Bei jedem Knacken schrecken die AktivistInnen auf. Sie sind von der Außenwelt abgeschottet – sogar das Telefonnetz ist gestört: »Nur Notrufe möglich«, zeigt das Display an – trotz gutem Empfang. Die erfahrenen AktivistInnen bewahren Ruhe, Panik bricht nicht aus. Die wenige hundert Meter entfernt vorbeirasenden ICE-Züge vermitteln ihnen ein ungefähres Zeitgefühl. Als zwei Polizeihubschrauber DemonstrantInnen durch Wald und Böschungen jagen, schlägt das Herz der AktivistInnen heftiger – zum Glück ist der Wald hier besonders uneben und nicht einsehbar.
Ohne Kontakt zur Außenwelt greifen die AktivistInnen auf Erfahrung und Gefühl zurück – sie gehen nun los.
Die KletteraktivistInnen begeben sich auf die Fuldatalbrücke, einer ICE-Brücke, und ankern sorgfältig ihre Seile. Zwei Personen seilen sich langsam in der Dunkelheit ab, sie verschwinden in einem schwarzen tiefen Loch. Nach unten reicht der Lichtstrahl der Lampe nicht. Doch sie wissen, dass die Castorstrecke sich 75 Meter tiefer unter ihnen befindet, in der Ferne sind die Standlichter eines Polizeiautos zu sehen. Für ihre Aktion haben sie sich ein wichtiges Bahnkreuz ausgesucht. Es fühlt sich wie in einem Film an. Doch es ist Wirklichkeit. Die Vorbereitung war sorgfältig, eine Generalprobe mit echten Verhältnissen hat es aber nicht gegeben. Eine Aktion dieser Größenordnung hat es noch nie gegeben. Der Fantasie sind im Protest keine Grenzen gesetzt…
Der Hubschrauber hat sich schon lange nicht mehr sehen lassen. »Ob der Castor schon durchgefahren ist?« Das Telefonnetz geht – oh, Wunder – nun wieder, es kommt die Meldung, der Castor stehe in Bebra, der Zeitablauf ist richtig!

Gegen 3:15 Uhr ist es so weit, die zwei KletteraktivistInnen entfalten auf einer Höhe von ca. acht Metern ihr Transparent. Die Botschaft »Castor stoppen« ist eindeutig und das Motiv, eine sich kopfüber abseilende Anti-Atom-Sonne, passend. Die AkrobatInnen befinden sich auf Augenhöhe mit dem Polizeifahrzeug auf der Autobrücke gegenüber. Entdeckt werden sie allerdings erst, als sie Knicklichter auf die Schiene werfen. Die Polizisten springen aus ihrem Fahrzeug und starren hilflos auf die in der Luft hängenden AktivistInnen. »Wo kommen die denn her?«

Eine riesige Polizeiarmee setzt sich nun in Bewegung – und hat alle Hände voll zu tun. Es kommt die Nachricht, dass rund fünfzig AktivistInnen ein Katz- und

Mausspiel zwischen Böschung und Castorstrecke treiben. Zeitgleich wird die Presse benachrichtigt. »Mit dieser Aktion des zivilen Ungehorsams protestieren die AktivistInnen gegen das geplante Endlager Gorleben und den geplanten Weiterbetrieb von Atomanlagen. Die einzige akzeptable Option ist die sofortige Stilllegung aller Atomanlagen weltweit«, heißt es seitens der AktivistInnen. Mit Fantasie halten sie einen ganzen Polizeiapparat in Schach. Die KletteraktivistInnen tanzen dem Atom- und Polizeistaat auf der Nase herum.

Die DemonstrantInnen auf der Schiene werden nach und nach abgedrängt und eingekesselt. Nach der Durchfahrt des Transportes dürfen sie gehen.
Es wird gemeldet, eine Spezialeinheit sei auf dem Weg zu den KletteraktivistInnen. Doch der Polizeieinsatzleiter erteilt plötzlich den Befehl, den Zug unter den KletteraktivistInnen durchfahren zu lassen. Per Megafon versucht ein Polizist die beiden zum Abbruch ihrer Aktion zu nötigen, indem er mit lebensgefährlicher Verletzung bei der Durchfahrt des Castors droht. Die AktivistInnen haben ihre Aktion sorgfältig vorbereitet und die notwendigen Sicherheitsvorkehrungen getroffen, um die Gefahr eines Stromschlages auszuschließen. Die Durchsagen der Polizei sind allerdings in der Stresssituation sehr verwirrend. Die AktivistInnen behalten ihre Ruhe, Panik würde in der Tat eine lebensgefährliche Situation auslösen. Jeder Kletterer kennt die Gefahr des »Hängetraumas«. Der Polizist mit dem Megafon, der seine Lügen verbreitet, hat dagegen überhaupt keine Ahnung davon! Und auch keine Ahnung davon, ob die KletteraktivistInnen in der Lage sind, weg zu kommen. Die Komplexität der Seilkonstruktion macht ein schnelles Wegklettern unmöglich – was den Druck auf die beiden erhöht. Der Castor naht. Der Polizist mit dem Megafon droht weiter. Die KletteraktivistInnen verlangen den Kontakt zu SanitäterInnen. Sie wollen der Strahlung nicht ausgesetzt werden und suchen nach Vermittlern, die die Polizei über die Gefahren aufklären. Über das Vorgehen der Polizei sind sie überrascht – bei früheren Transporten zeigte sich die Einsatzleitung nämlich vorsichtiger. Unter KletterInnen fuhr der Transport nicht durch. Für die körperliche Unversehrtheit der AktivistInnen interessiert sich die Polizei heute nicht – die Strahlung ist ja weder zu sehen noch zu spüren. Die Polizei denkt nur daran, den Castor so schnell wie möglich durchzusetzen – gegen den Willen der Bevölkerung versteht sich. Der Castor hat noch einige hundert Kilometer zu fahren und Tausende von Menschen besetzen die Gleise!

Gegen 5:30 Uhr ist es so weit, der Zug passiert die Stelle. Weil er sehr schwer ist, kommt er nur langsam in Bewegung, ein Kletterer kriegt eine volle Ladung Dieselruß aus der Lok ab, bald beträgt der Abstand zwischen den strahlenden Behältern und den DemonstrantInnen nur noch drei bis vier Meter. Der Zug besteht aus sechs Personenwagen und elf Castorbehältern. Aus den Fenstern zeigen PolizistInnen die Mittelfinger.

Nach seiner Durchfahrt steht der Zug ca. dreißig weitere Minuten in Sichtweite, die BeamtInnen steigen nach und nach wieder ein. Die Polizei erklärt den KletteraktivistInnen, dass sie herunterkommen müssten, um in Gewahrsam genommen zu werden.

Kletteraktion auf dem Brandenburger Tor in Potsdam anlässlich der „Brückentechnologie"-Prozesse vor dem Amtsgericht, Februar 2013
Quelle: Privat

Wer geht denn freiwillig in den Knast? Luftakrobatik ist doch viel attraktiver.

Kurz darauf trifft die Sondereinheit der Polizei mit einem mit zwei Hebebühnen ausgestatteten Turmtriebwagen ein. Die PolizistInnen vom »Technischen Einsatzdienst für Höhen und Tiefen« holen die AktivistInnen herunter. Gegen 6:45 Uhr befinden sich die KletterkünstlerInnen der Gruppe »Brückentechnologie« in Gewahrsam. Gegen Mittag kommen alle frei.

Die Luftblockade war ein Glied in einer langen Kette von Protestveranstaltungen gegen die Atomkraft. Es war ein heißer, kreativer, stark umkämpfter Herbst! Mit ihrer kreativen spektakulären Aktion wollte die Gruppe ihre Entschlossenheit im Protest gegen die atomare Demokratur zeigen. Das ist ihr gelungen. Atomausstieg ist auch Seilarbeit!

Die Bundespolizei verschickte gegen die beteiligten AktivistInnen Bußgelder in Höhe von jeweils 500 Euro. Die Verfahren wurden im Jahre 2013 vor dem Amtsgericht Potsdam verhandelt – und schließlich auf Staatskosten eingestellt.

Quelle: Aktenzeichen 162 Js 42685/10 Staatsanwaltschaft Kassel

22 Nach der Aktion ist vor der Aktion

Der Hubschrauber fliegt. Ob er uns sehen kann? Ob die anderen schon entdeckt wurden? Wir liegen eng nebeneinander unter einer Plane. Ich zittere. Der Waldboden ist feucht. Die Morgensonne schafft es durch die Blätter nicht durch. Werden wir es schaffen? In Zeiten, wo das Wort Atomausstieg in aller Munde ist, liegt es mir besonders am Herzen, mit öffentlichkeitswirksamen Aktionen darauf aufmerksam zu machen, dass dem leider nicht so ist. In Gronau wird Uran für Atomkraftwerke in aller Welt angereichert. Heute ist ein Transporttag für den Müll aus der Anlage. Der Müll soll nach Frankreich. Aus den Augen, aus dem Sinn. Atommülltourismus als Scheinentsorgung. Nein, das darf nicht sein!
Der Hubschrauber ist weg. Wir klettern los.
Ich bin erst wenige Meter hoch gekommen und schon außer Atem. Der Rucksack mit den Seilen wiegt schwer! Noch ein paar Meter und wir sind alle vier außerhalb der Reichweite. Der Hubschrauber fliegt über uns. Ich umarme den Baum und traue mich nicht, mich zu bewegen. Wir dürfen nicht zu früh entdeckt werden! Ob es eine gute Idee war, genau die Bäume beim Bahnkilometer 36/2 zu wählen, wo ich bereits vor vier Jahren gegen einen Atommülltransport sechs Stunden lang demonstrierte? Damals war es ein Überraschungscoup, mit Protest in dieser Form rechnete die Polizei nicht. Ich bin inzwischen bei meiner fünften Aktion über dieser Strecke in luftiger Höhe. Vor vier Jahren waren es noch »Wertstofftransporte« nach Russland. Dem konnte der Protest ein Ende setzen. Heute fährt dieselbe Fracht, als Müll deklariert, nach Frankreich.
Dieses Mal bin ich nicht alleine. Weder in der Luft noch am Boden. Das ist ein schönes Gefühl.
Eine Regionalbahn fährt unter uns durch und bremst kurz darauf. Ein bremsender Zug, das haben die anderen KletteraktivistInnen auch wahrgenommen. Was nun? Hat uns der Lokführer gesehen? Glänzen unsere frisch gespannten Seile in der Sonne? Es vergeht eine Viertelstunde und es ist immer noch keine Polizei zu sehen. Der Bahnverkehr scheint aber eingestellt zu sein. Per Funk kommt dann die Erklärung: In Höhe des Bahnübergangs K65/Welbergener Damm demonstriert ein Dutzend AktivistInnen; zwei Menschen haben sich an der Schiene festgekettet. Yeah! Die Maulwürfe haben es auch geschafft! Ich freue mich und spüre Erleichterung. Doch die Aktion fängt erst an. Das wissen wir. Ihr »Glück« kennt die Polizei noch nicht. Der Hubschrauber kreist ohne Ende. Er beschäftigt sich aber nicht mit uns – gesehen hat er uns noch gar nicht –, sondern mit der Demonstration vor uns. Ich mache es mir zunächst auf einem Ast gemütlich.
Wir halten uns auf dem Laufenden, die Meldungen sind verblüffend, der Zug soll in die Anlage zurückgefahren sein! Was heißt das für uns? Wir können bereits den ersten Erfolg mit hohem Symbolwert feiern.
Eine rabiate Räumung mit Ingewahrsamnahmen wird uns per Funk gemeldet. Wie geht es unseren FreundInnen, wo werden sie hingebracht? Diese Fragen gehen mir durch den Kopf. Doch ich muss mich jetzt auf das Klettern konzentrieren. Jetzt sind wir dran.

Zwei Stunden sind seit Beginn der Protestaktionen vergangen, die Polizei weiß Bescheid. Nach der Aktion ist vor der Aktion. Der Hubschrauber findet uns trotzdem nicht! Wir ziehen uns Warnwesten an und tanzen in den Seilen über die Bahnstrecke. Jetzt hat er uns! Und das werde ich bald bedauern. Der Hubschrauber kreist, der Lärmpegel macht uns wahnsinnig. Nach und nach versammeln sich PolizistInnen unter uns. Es passiert lange nichts. Die Polizei ist, wie wir es später erfahren, noch mit den AktivistInnen der Ankettaktion beschäftigt. Selber Schuld, wenn sie auf die unsinnige Idee kommt, die Menschen in Gewahrsam zu nehmen und quer durch die Gegend zu karren.
Irgendwann, es ist mindestens eine weitere Stunde vergangen, werde ich von einem Herrn mit vier Sternen auf der Schulter persönlich gegrüßt. Er fühlt sich wichtig, mit seinen Sternen und seinem Megafon in der Hand. Uns beeindruckt es nicht wirklich. Sterne gibt es noch mehr im Himmel. Eine Spezialeinheit trifft ein. Die Ausstattung an Klettermaterial eines einzigen Beamten hat bestimmt mehr Wert als unsere vier Ausstattungen zusammen.
Die Durchsagen des Polizisten mit Megafon empfangen wir mit lautem Gesang. Zwischen seinen Durchsagen schreibt sich der Polizist etwas auf. Wir amüsieren uns über die Auflage, die unserer Versammlung in den Bäumen erteilt wird: »Keine Äste herunterfallen lassen«. Das schaffen wir schon! Ich hänge bequem in der Hängematte und mache zwischendurch ein paar Übungen, kopfüber mit zwei anderen Eichhörnchen. Das macht Spaß.
Es kommt die nächste Auflage: Wir müssen uns nun entfernen, den Lichtraum, ca. 12 Meter über der Schiene, verlassen. Ansonsten wird unsere Versammlung wegen Nichtbeachtung der Auflage aufgelöst. Da hat sich der Sterne-Mensch was ausgedacht! Dann soll die Polizei unsere Versammlung doch selbst auflösen. Wir werden uns nicht freiwillig entfernen und vorschreiben lassen, wo wir demonstrieren dürfen!
Die hochgerüsteten Polizisten fangen an, die Bäume rechts und links zu erklimmen. Immer wieder müssen wir sie darauf aufmerksam machen, dass sie uns gefährden, indem sie mit ihren Steigeisen auf unsere Seile treten. Steigeisen sind eigentlich völlig überflüssig. Aber die Polizisten können es nicht ohne…

»Ein Turmtriebwagen kommt!«
Ich muss doch aus meiner Hängematte herauskrabbeln! Ich will mich nicht einfach so runterpflücken lassen. Ich gehe Eichhörnchen–Bulle spielend von Ast zu Ast. Der Polizist im Baum hat nicht gelernt, sein Seil korrekt mitzunehmen. Pech gehabt. Ich schnappe mir das Seil und binde es fest. Der Polizist findet das gar nicht so spaßig, er muss sich erstmal befreien, bevor er sich um mich kümmern kann. Ich lasse mich schließlich kopfüber in die Hebebühne ziehen. Stolz erzählt mir der Kranführer der Bahn, er sei schon bei drei Aktionen mit mir im Baum dabei gewesen. Der Chef vom »Technischen Einsatzdienst für Höhen und Tiefen« fragt, wie es dem Kumpel der Fuldatalbrücke geht. Man kennt sich. Die letzte Begegnung

Kletteraktion gegen Uranmüllzug in Metelen im Juli 2012
Quelle: aaa-West

war vor nicht einmal drei Monaten. Und die Fuldatalbrücke, das war der dreistündige Castorstopp von November 2010 bei Kassel.
Die PolizistInnen am Boden empfangen mich gewaltsam und drängen mich zur Seite. Ich amüsiere mich noch über das Katz- und Maus-Spiel mit dem letzten Kletteraktivisten im Baum. Die PolizistInnen wollen überhaupt nicht lachen. Meine Sachen werden durchsucht – und durcheinander gebracht. Es wird mir erklärt, dass ich mich nun in Unterbindungsgewahrsam befände und einem Richter vorgeführt würde. Dazu kommt es dann aber nicht. Die PolizistInnen haben keine Lust auf meine Klagen gegen ihre Maßnahmen. Ich habe da schon einige gewonnen. Ich werde nach einer knappen Stunde mit einem Platzverweis für die 500 Meter rechts und links von der Schiene entlassen. Dass ich auf Grund meiner Schwerbehinderung so weit nicht laufen kann, wollen die BeamtInnen nicht verstehen. Die anderen AktivistInnen stützen mich und wir machen uns auf den Weg zum Camp. Dort mische ich bis in die Abendstunden hinein an den Vorbereitungen für die Blockade der Uran-Anreicherungsanlage am Tag darauf mit.
Atomausstieg ist Wurzel-, Hand-, Schotter- und Seilarbeit!

Erstdruck: Monatszeitschrift GWR 371, September 2012

Grob ungehörig

Lüneburg… Die einen denken an die Lüneburger Heide, entstanden durch die Waldzerstörung zum Trocknen des unter der Stadt geförderten Salzes – weshalb ein Teil der Stadt heute absäuft –, »Senkungsgebiet«, wie es so schön heißt.
Die anderen denken an den Kalten Krieg, an die Bundeswehr. Der Eiserne Vorhang war nicht weit, entsprechend viele Soldaten waren in der Stadt stationiert.
Und weil der Tod heutzutage in aller Welt immer noch ein gutes Geschäft ist, prägt das Militär weiterhin das Stadtbild.
Aber dem Herrn Oberbürgermeister und seinen FreundInnen reicht es nicht. Die Bundeswehr muss salonfähig werden und ihre mörderische Propaganda auf dem Marktplatz verbreiten. Große Anti-Atom-Demonstrationen werden in Lüneburg regelmäßig per Verfügung und Verbot zur Gefahrenabwehr aus der Innenstadt vertrieben. Die Soldaten dagegen dürfen mit ihren Panzern auf den Marktplatz rollen. Als ehemaliger Karrieresoldat und guter Politiker muss der Oberbürgermeister seine Klientel bedienen…

Und nun? Was kann man gegen diese Propagandashow machen?
Panzer rosa anmalen, mit einem frisch rot gefärbten T-Shirt durch die Menge laufen oder auch Unruhe, Unordnung und Ungehorsam verbreiten?
Für Letzteres entschieden wir uns als kleine Gruppe KriegsgegnerInnen bei einem Zapfenstreich in Lüneburg. Bewaffnet mit Hunderten von Flummis tauchten wir in die Menge unter. Zur Tarnung half mir ein schickes Kleid.
Bald sprangen kleine Bällchen auf dem Marktplatz hin und her. Als Symbol der Unkontrollierbarkeit, der Unordnung.
Doch die richtige Störung verursachten Polizisten, die uns jagten. Zwei stürzten sich auf mich. Wir gingen zu Boden. Mitten in der Menge. In Handschellen wurde ich dann abgeführt.
Wenige Monate später landete ein gelber Umschlag im Briefkasten:
»Grob ungehörige Handlung, Belästigung der Allgemeinheit« lautete der Vorwurf. Über meinen Einspruch sollte zunächst verhandelt werden. Ein Hauptverhandlungstermin wurde anberaumt. Und weil ich für meine Verteidigung die Ladung von Zeugen beantragen kann, schlug ich vor, die »Allgemeinheit« zu laden. Zum Beweis der Tatsache, dass die Bundeswehr mit ihrer Propagandashow im öffentlichen Raum die Allgemeinheit belästigt.
Das Gericht hatte dann doch keine Lust zu verhandeln… und stellte das Verfahren ein. Bei Ordnungswidrigkeitsverfahren gilt für die Verfolgung das »Opportunitätsprinzip«, der Staat kann, muss aber nicht verfolgen. Schade um die politische Bühne. Ich hätte gerne den KriegsmacherInnen den Prozess gemacht. Ungehörig bin ich gerne.

Amtsgericht Lüneburg
Gerichtsbeschluss
Aktenzeichen 34 OWi 639/12

...wird die Beschlagnahme folgender Gegenstände bestätigt:

- Trillerpfeife, rot
- Drehrassel, rot
- Plastiktröte, weiß/lila

Käse und Schimmel

Was haben Käse und Schimmel gemeinsam mit einer politischen Kletteraktion zu tun? Eine ganze Menge!
Was haben Käse und Schimmel mit Beweismitteln zu tun? Ebenfalls eine ganze Menge!
Im März 2009 wird im Rahmen der Aktionswoche gegen das Atomkraftwerk Belene unter anderem gegen die Beteiligung der Versicherungsfirma Allianz an der Finanzierung von neuen Atomkraftwerken in Osteuropa demonstriert. Allianz ist der größte Einzelanteilseigner im Kapital des Atomkonzerns RWE.
Vor dem Gebäude der Allianz, mitten in der Berliner Spree, steht der »Molecule Man«, ein ca. dreißig Meter hohes Kunstwerk, das sich zum Klettern und für Pressebilder wunderbar eignet. Das Kunstwerk hat zahlreiche Griffe und sieht wie Schweizer Käse aus – nein, wie Gruyère! Im Klettertrio ist eine französische Kletteraktivistin dabei. Sie kennt sich mit den über 400 französischen Käsesorten und mit dem Klettern gut aus. Ihre Aktion haben die AktivistInnen sorgfältig vorbereitet. Sie machen keine Erstbegehung des »Molecule Man«, der Alpenverein hat dem einsamen Kunstmann mitten in der Spree bereits einen Besuch abgestattet. Die Aktion verläuft wunderbar – ohne Polizei. Der Freund und Helfer in Uniform taucht nach gut einer Stunde über den Wasserweg auf und wartet das Ende der Protestaktion ab, um strafprozessurale Maßnahmen durchzuführen: Personalienfeststellung der unerwünschten Protestierenden und Beweissicherung. Der Freund und Helfer macht jedoch alles ganz schön kompliziert! Das Polizeiboot kann nicht sehr nah an den »Molecule Man« heran, es ist viel zu groß. Nach etwas akrobatischen Übungen schaffen es letztendlich doch alle, noch an Bord zu kommen. Die Wasserschutzpolizei nimmt es ernst, sie ist der Meinung, dass die AktivistInnen einen Hausfriedensbruch mitten in der Spree begangen haben. Die Beamten wollen die Kletterausrüstung der ungehorsamen KletterInnen in Beschlag nehmen. Sie kämpfen zunächst mit der Sprache, denn die Betroffenen bestehen auf einem vollständigem Protokoll. »Reepschnur? Wie wird's geschrieben?«, fragen die Beamten. Das ist aber nicht das einzige Problem an diesem etwas regnerischen Wintertag… Was die AktivistInnen den Beamten schildern, deutet auf eine Art Apokalypse! Schimmelndes Klettermaterial mit sich rasch vermehrenden Schimmelpilzen im Asservatenkeller. Die Beamten lassen es schließlich lieber sein und verzichten auf die Beschlagnahme.
Monate später stellt das Gericht das Strafverfahren endgültig ein, dabei lässt es sich zu der Frage des Hausfriedensbruchs mitten in der Spree einiges einfallen: »Die Skulptur weist keine Einfriedung auf und befindet sich auch nicht in einem räumlichen Zusammenhang zu einem der in §123 Abs. 1 StGB geschützten Örtlichkeiten. Befriedete Besitztümer können nach h. M. zudem nur unbewegliche Sachen sein […]. Die Skulptur ›Molecule Man‹ wurde in der Spree montiert und verankert, insofern ist sie auch wieder zu demontieren und damit keine unbewegliche Sache.
Die Skulptur ist auch nicht in ein anderes Besitztum einbezogen und taugt schon aufgrund ihrer Form nicht als dessen Begrenzung. Schließlich ist der ›Molecule Man‹ nicht zum Aufenthalt von Menschen – auch nicht des berechtigten Eigentümers – geeignet und bestimmt und wird insoweit schon vom Sinn und Zweck des Straftatbestandes des Hausfriedensbruches nicht erfasst.«
Eine interessante rechtliche Bewertung… AktionskletterInnen besuchen des Öfteren Orte, die nicht für den Aufenthalt von Menschen bestimmt sind!

28 Einradfahren

Bundeswehr und Polizei haben keinen Humor. Bundeswehrsoldaten, die eine Übung auf dem Marktplatz durchführen, dürfen nicht als Slalomstangen für das Einradfahren genutzt werden. Obwohl die Soldaten so schön geradestehen. Die militärische Propaganda kann ich nicht einfach so stehen lassen – vor allem, wenn das Spektakel auf meinem Nachhauseweg stattfindet. »Du hast den Verstand verloren, findest ihn nicht mehr, findest ihn nicht mehr, denn du hast den Eid geschworen bei der Bundeswehr«, singe ich bei meiner Slalomfahrt durch die Bundeswehrstangen. Das Katz-und-Maus-Spiel mit der Polizei, die mich »zur Gefahrenabwehr« festnehmen will, dauert gut eine Viertelstunde. Im Slalomfahren sind die Uniformierten nicht geübt und ihre Durchsagen stören das Ganze mehr als meine künstlerischen Übungen. Aber was soll's. Das öffentliche Auftreten der Bundeswehr soll die Menschen davon überzeugen, dass man Hunger mit Panzern stillen kann, dass Hunderte von zivilen Todesopfern als Kollateralschaden bei Fehl-Bombardierungen im Kampf gegen Terrorismus eine Notwendigkeit sind etc. Gefährlich sind dagegen die KritikerInnen dieser Politik. Insbesondere wenn sie ihre Meinung mit ungewöhnlichen Mitteln zum Ausdruck bringen. »Die Verursacherin störte eine genehmigte Übung der Bundeswehr auf dem Marktplatz, indem sie mit einem Einrad zwischen Soldaten fuhr und diese anpfiff. Einem Platzverweis kam die Verursacherin nicht nach. Ingewahrsamnahme.« So heißt es in der Vorgangsnummer 200600829567 der Lüneburger Polizei. Und weil meine Tatwaffe, das Einrad, zumindest genauso gefährlich für die öffentliche Sicherheit und Ordnung ist wie ich, erhielt ich es bei meiner Entlassung aus dem Gewahrsam gefesselt zurück.
Bitte merken: Auf dem Lüneburger Marktplatz wird ein Einrad von den Behörden als gefährlicher angesehen als Panzer, Fackeln und Schusswaffen.

Die Verursacherin störte eine genehmigte Übung der Bundeswehr auf dem Marktplatz, indem sie mit einem Einrad zwischen die Soldaten fuhr und diese anpfiff.

Aktenauszug, PI Lüneburg

II.

Skurriles

Der Beweismittelvernichter

Es ist Castorzeit. Die einen wollen den Castor stoppen und die anderen ihn fahren lassen. Die, die ihn fahren lassen wollen, tragen eine Uniform. Ob die Uniform ihnen den gesunden Menschenverstand nimmt, weiß ich nicht. Auf jeden Fall machen sie bei jeder Kleinigkeit einen Riesenaufriss! Zwei Eichhörnchen mit Transparent auf dem Vordach und gleich eine große Aufregung. Das ist ja klar, die zwei Eichhörnchen gehören zu den »Bösen«, die den Castor überhaupt nicht mögen. Sie wollen die Menschen vor den Gefahren der Atomkraft schützen. Die Uniformierten dagegen wollen die Menschen vor der Gefahr der zwei Eichhörnchen schützen. Gefahrenabwehr nennen sie das. Und diese Aufgabe nehmen sie ernst. Das ist eigentlich gar nicht so schlecht. Sie spielen ihre Rolle so gut, dass die Eichhörnchen-Aktion für das Publikum erst recht interessant wird. Die PassantInnen bleiben stehen. Erdmenschen, die den Castor ja auch nicht mögen, erläutern ihnen die Situation. Und als die Bahn einen Beweismittelvernichter in Aktion treten lässt, ist die Aufführung fast perfekt. Der Bahnmanager trägt auch eine Uniform – darauf steht »DB Sicherheit« statt »Polizei«. Aber er fühlt sich mit den anderen UniformträgerInnen verbunden – er steht ja für Sicherheit. Heldenhaft kommt er durch ein Fenster an das Transparent an der Fassade 'ran – und zerreißt es. »Verdammt!« murmelt ein Wichtigmensch mit vier Sternen auf der Uniform unten. »Er hat das Beweismittel vernichtet. Außerdem hatten wir noch kein Foto davon!«
Die zwei Eichhörnchen amüsieren sich sehr und sind zufrieden mit ihrer Aktion. Dies erfüllt aber sicherlich den Tatbestand der »Sternpolizist-Beleidigung«. So fühlt sich der Empfang unten an. Schmerzhafte Beuge- und Kreuzfesselgriffe, ab in die Zelle auf der Polizeiwache.
Und weil noch ein bisschen Action im Szenario fehlt, wird ein Eichhörnchen vor Ort entlassen und das andere bis nach Hause begleitet. Nein, nicht zum Teetrinken. Hausdurchsuchung nennt man solche feindlichen Besuche. Training nennen das die Eichhörnchen-FreundInnen. Denn sie haben sich blitzschnell aufs Fahrrad gesetzt, sie wollen die feindliche Teeparty nicht verpassen. Die BesucherInnen mit der Uniform verlassen die Wohnung triumphierend mit ihrer Beute. Keine Ahnung, sie stehen heute wirklich auf Transparente. Das neue ist immerhin nicht beschädigt. »Der Castor kommt, sprengt den Bahnhof!« soll darauf stehen. Ob die Welt dadurch sicherer wird, dass die BeamtInnen ihr Büro damit schmücken? Die Gefahr lauert überall und das nächste Beweismittel können sie nicht mitnehmen. »Der Castor kommt, sprengt den Bahnhof!« steht am Tag darauf an einer Wand des Bahnhofes. Für Bahnhofswände ist aber kein Platz im Asservatenkeller. Ätsch!

32 Eichhörnchen sucht Oberleitung

Die Bilder sind haften geblieben. In der Nacht vom 16. auf dem 17. Januar 2008 protestierte das Eichhörnchen in luftiger Höhe über der Schiene bei Steinfurt gegen den Export von radioaktivem Müll in Form von UF6 nach Russland durch die Urenco, die Betreiberfirma der Uran-Anreicherungsanlage (UAA) in Gronau. Der Protest hatte weiter den 2004 durch Rot-Grün genehmigten Ausbau der Anlage als Hintergrund.
Die luftige Blockade war eine durchaus erfolgreiche Aktion. Diese Aktion und die ständigen Proteste örtlicher Anti-Atom-Initiativen bewegten die Urenco, die Uranmülltransporte nach Russland einzustellen.
»Zu hoch für die Justiz« schrieb die Zeitung, als das Eichhörnchen vor dem Amtsgericht Steinfurt vom Vorwurf der Nötigung freigesprochen wurde. Für Unterhaltung sorgte nicht nur die Staatsanwaltschaft mit ihren absurden Vorwürfen, sondern auch die Bahn, die auf Schadenersatz klagte.

Schon kurz nach der Aktion erhielt das Eichhörnchen eine Schadensanzeige. Die Bahn schrieb, die Anzeige enthalte noch keinen Betrag, weil der Schaden noch berechnet werden müsse. Außerdem würde die Aktivistin u.a. für die Kosten der GSG9 aufkommen müssen. Drei Jahre später flatterte ihr die angekündigte Rechnung ins Haus. Eine Schadenersatzforderung in Höhe von 3.189,83 Euro – und zwar ohne Kostenforderung für die GSG9 –, dafür aber mit 1.106,19 Euro für Arbeiten an den Oberleitungsanlagen! Und schon freute sich das Eichhörnchen auf eine unterhaltsame Verhandlung vor dem Amtsgericht Gronau, mit Ortsbegehung auf der Suche nach der Oberleitung der nicht elektrifizierten Bahnstrecke.

So weit kam es leider nicht. Die Bahn zog ihre Klage – ohne Angabe von Gründen – zurück.
Ob ihre Suche nach der Oberleitung erfolglos verlief? Ob die Bahn dem Eichhörnchen doch keine politische Bühne zur Darlegung ihrer Beweggründe – solange die Uran-Anreicherungsanlage in Gronau in Betrieb bleibt, kann von Atomausstieg nicht die Rede sein – anbieten wollte? Schade eigentlich. Der Pressesprecher der Polizei, der nach der Aktion damals den JournalistInnen erklärte, Forderungen im fünfstelligen Bereich würden auf die Kletterkünstlerin zukommen, steht nun ein bisschen doof da mit seiner Drohgebärde! Und muss in Zukunft mit weiteren »eichhörnchenartigen« Aktionen rechnen – bis zur endgültigen Stilllegung der Anlage!

Quelle: Aktenzeichen 11 C 7/12 – Amtsgericht Gronau

Die Erdanziehungskräfte

Es ist schon spannend, womit Gerichte sich so beschäftigen können…

Es war einmal eine Polizistin, die ihren Job freiwillig gewählt hatte, die dazugehörenden Unannehmlichkeiten aber nicht haben wollte und gerne DemonstrantInnen dafür verantwortlich machte. Was zur Folge hatte, dass ein Gericht sich mit den Erdanziehungskräften und anderen skurrilen Einzelheiten wie dem Vergleich zwischen Äpfeln und Birnen oder PolizistInnen und Umzugskartons beschäftigen musste.

Wir sind im Jahre 2009 im von Profit- und Machtgier regierten Bundesland Hessen. Weil die ökonomischen Profitinteressen der Flughafenbetreibergesellschaft Fraport über der Natur, dem Grundrecht auf Gesundheit und körperlicher Unversehrtheit standen, wurden 250 Hektar Bannwald für den Flughafenausbau in Kelsterbach bei Frankfurt zur Fällung freigegeben. Dagegen wehrte sich eine Handvoll ÖkoaktivistInnen. Mitten im Wald hatten sie ein rebellisches Dorf eingerichtet. Mit Baumhäusern, Bodenhäusern und einem unterirdischen Versteck. Der Freund und Helfer schützte die Privatinteressen der Fraport sowie die Machtinteressen der Regierenden mit großem Eifer.

Weil sie eines Tages aus Protest gegen die Zerstörung der Umwelt auf dem Dach einer Baumerntemaschine landeten, wurde neun AktivistInnen die Freiheit entzogen. Auf der Polizeiwache verlangte man von den AktivistInnen, dass sie an der eigenen Freiheitsberaubung aktiv mitwirkten. Doch die Widerständigen blieben unbeugsam.

Solch eine Frechheit wollte sich eine Polizistin, nennen wir sie Jessica, nicht gefallen lassen. Von einer Ungehorsamen forderte sie 1.200 Euro Schmerzensgeld und klagte vor Gericht.
Jessica trug vor, die Aktivistin sei für ihre Verletzung am Handgelenk verantwortlich. Sie habe sich beim Wegtragen der AktivistInnen am Handgelenk verletzt. Die Umweltschützerin sei also dafür verantwortlich, sie habe sich schwer gemacht. Zum Beweis der Tatsache, dass die Gefangene sich nicht »schwer« machen konnte, wurde ein Gutachten für »Erdanziehungskräfte« beantragt. Ursächlich für die erst drei Tage nach dem Vorfall festgestellte Verletzung sei zudem nicht das Verhalten der Aktivistin, sondern die unsachgemäße Vorgehensweise der Beamtin. Ein Umzugshelfer könne den Umzugskarton, den er falsch angefasst habe, wegen der daraus resultierenden Verletzung nicht verklagen. So könne die Aktivistin für die Verletzung der Beamtin auch nicht verantwortlich gemacht werden. Einen Vergleich, der die Gegenseite auf die Palme brach. Die Beklagte würde Äpfel mit Birnen vergleichen, das sei abwegig. Außerdem gebe es bei der Polizei keine Ausbildung zum Wegtragen von Menschen.
Das erklärt vielleicht, warum PolizistInnen gleich mit Gewalt vorgehen, wenn ein Mensch auf ihre Befehle nicht reagiert. Denn Zwangsmittel und schmerzhafte Zwangsgriffe gehören sicher zu ihrer Ausbildung.

Ebensowenig gab es sonstige physikalische Veränderungen, insbesondere keine Veränderungen der Erdanziehungskraft, aus denen auch nur annähernd geschlossen werden könnte, die Beklagte habe sich "plötzlich schwer" gemacht.

Entgegnung auf eine Klage-Begründung

Beweis: Einholung eines Sachverständigengutachtens

Dem absurden Streit schob das Gericht letztendlich einen Riegel vor, zu der unterhaltsamen Beweisaufnahme kam es nicht mehr. Entgegen der weit verbreiteten Meinung bei PolizeibeamtInnen sind Betroffene zu keinerlei aktiven Mithilfe bei ihrer Ingewahrsamnahme verpflichtet, so das Gericht. Sitzenbleiben ist ihr Grundrecht!
Das Gericht fühlte sich außerdem nicht dafür verantwortlich, »das allgemeine Lebensrisiko abzuwenden. Genau dieses allgemeine Lebensrisiko [habe] sich aber vorliegend im Rahmen der Ausübung des überdurchschnittlich risikobehafteten Berufes der Klägerin als Polizistin manifestiert.«

Schmerzensgeld? – nix da! Ende gut, alles gut, das absurde Märchen ist nun zu Ende.

Quelle: Aktenzeichen: 31 C 1253/09 – 23 Amtsgericht Frankfurt am Main

36 Öschöschen – Die Alpinistin

Die Radioaktivität kennt keine Grenzen. Das ist für die französische Atomlobby eine Selbstverständlichkeit. Atommülltourismus hin und her, Freisetzung von Radioaktivität im »Normalbetrieb« hier, Störfall dort. 'Tschuldigung. Störfall und Normalbetrieb sind Synonyme. Den Rekord hält die Atommüllvervielfältigungsanlage – pardon »Wiederaufbereitungsanlage« – La Hague mit Atommüll aus aller Welt von Deutschland über Japan bis Amerika und Italien. Recycling und geschlossener Kreislauf, das ist für die schönen bunten Werbeprospekte. Faktisch wird der Müll vervielfältigt und schön von den Augen ferngehalten: 50 Tonnen Plutonium liegen unter der Anlage herum, die Meeresluft und das Meerwasser werden reichlich mit radioaktivem Tritium angereichert – davon wird in La Hague im störanfälligen Normalbetrieb mehr als von allen 59 französischen Atomreaktoren zusammen freigesetzt. Strahlende Küste für die lieben TouristInnen. Es besteht keine Gefahr. Und die Fische sollten sich bitte an die Warnschilder halten und nicht in der Kluft zwischen La Hague und Flamanville herumschwimmen!

Widerstand kennt keine Grenzen. Das ist für AtomkraftgegnerInnen eine Selbstverständlichkeit. Demotourismus hin und her, Besetzung hier, Sabotageaktion dort. 'Tschuldigung, das sind alles Synonyme. Böse, böse AktivistInnen also. Die werden vor Gericht gestellt, weil es nicht angehen kann, dass sie das, was auf den bunten Werbeprospekten der Lobby steht und viel Geld bringt, in Frage stellen und an den Deus Atomkraft nicht glauben. Aber die bösen AktivistInnen bedanken sich für die Zwangseinladung der Ermittlungsrichterin zum Gespräch über eine erfolgreiche Strommastbesetzung ein Jahr zuvor, weil am Tag darauf Gelegenheit für ein Touristenzusammentreffen besteht. Die Agentur für Atommülltourismus namens AREVA hat italienischen Müll eingeladen. Uniformierte sind für die Sicherheit des Zuges mit großen weißen Behältern zuständig. Die haben Angst vor den DemotouristInnen. Diese sorgen immer wieder für Zwangspausen, halten Plakate hoch und stolpern auch mal in eine Falle hinein und können sich dann nicht mehr vom Beton unter der Schiene befreien. All das soll schon vorgekommen sein.
Vorm Eichhörnchen fürchten sich die Männer in Blau auch sehr. Das habe ich bemerkt.

Weil Maulwürfe sich von ihrem Spiel mit dem Schotter nicht abbringen ließen, verspätete sich die Ankunft der strahlenden Behälter in Valognes. Und die Schlümpfe, wie die bewaffneten blauen Männer in Frankreich oft genannt werden, waren der Meinung, dass ich keine einfache Touristin bin. Sie untersuchten mein mitgeführtes Plastikstück, das dem französischen Staat gehört und sich »Carte d'identitée« nennt. Und der Computer erzählte anhand dieses Stückes Plastik gaaanz viele Geschichten.

»Ah, c'est vous Öschöschen, l'alpiniste!« Der Herr mit dem komischen Hut auf dem Kopf meinte sicherlich meinen Spitznamen »Eichhörnchen«. Die KollegInnen aus Deutschland haben ihre Informationen fleißig übermittelt. Die Phonetik haben sie aber nicht mitgeliefert. Ich würde sowieso bezweifeln, dass Linguistik und Phonetik zur Grundausbildung von PolizistInnen gehört.

Ich kann meine Aufzählung vervollständigen: Radioaktivität, Widerstand und Polizeiüberwachung kennen keine Grenzen.

Weitere Erkenntnis: »Öschöschen« sind sehr gefährlich. Das sagte zumindest der Computer. »Sie klettern nicht auf die Bäume, auch nicht auf den Zaun. Wenn Sie sich in diese Richtung bewegen, werden Sie festgenommen, der Kollege verletzt sich dabei, dass ist dann eine Anzeige wegen Rebellion und Körperverletzung. Es gibt dann Verhandlungshaft und ein Schnellverfahren – verstanden?« Das ist die französische Version des Platzverweises.

War mir doch egal, andere spielten ja schon »Castor schottern«. Ich fuhr zum Mittagessen in ca. 15 Kilometer Entfernung. Dicht gefolgt von meinen Be-Überwachern, die direkt vor der Haustür parkten. Endlich mal 'was los im Dorf, befanden meine GastgeberInnen. Zurück in Valognes achtete ich genau darauf, keinen Schritt zu machen, damit der Polizist sich ja nicht verletzt. Ich verließ den Güterbahnhof nach Ankunft der gefährlichen Fracht und ging eine Fahrkarte kaufen. Statt nach dem Castor zu schauen, fuhren meine Bewacher hinter mir her. Ich dachte der Castor ist gefährlich. Aber gut. Die blauen Männchen sahen es anders. Sie stellten sich brav in der Schlange vor dem Schalter an und fragten anschließend die Bahnangestellte nach meinem Reiseziel – und folgten mir zum Gleis. »Wollen Sie mich bis nach Orléans begleiten? Haben sie Langweile?« – »Nein, ich gehe nur auf Toilette«, erwiderte ein Bewacher. Auf dem Gleis gab es keine Toilette, aber egal.

Diese Geschichte ist irgendwie kafkaesk – aber wahr.

38 Telekinese

Die Pressekonferenz der Polizei nach Ankunft eines Castortransportes im atomaren Zwischenlager Gorleben hat Tradition. Die Polizeiführer stellen sich hin und erklären, wie furchtbar die DemonstrantInnen waren. Beeindruckende Zahlen, zum Beispiel von »gewaltbereiten« DemonstrantInnen und verletzten PolizistInnen, werden auf den Tisch gelegt. Dass über 10.000 PolizistInnen zur Durchsetzung eines Atomtransportes gegen den Willen der Bevölkerung eingesetzt werden, muss irgendwie gerechtfertigt werden. So darf der Atomstaat beim nächsten Mal weiter aufrüsten und härter durchgreifen.

Wie die Statistik zustande kommt, weiß ich nicht. Meine Erfahrung ist aber, dass die Polizei an telekinetische Kräfte glaubt. Telekinese bezeichnet eine Bewegung, die durch rein geistige Einwirkung hervorgerufen werden kann. Wie beim Castortansport nach Gorleben im Jahre 2006 geschehen.

Wir sind im November 2006. Gefährliche AtomkraftgegnerInnen wie das Eichhörnchen nimmt der Staat gerne schon ein paar Wochen vor dem Transport ins Visier, wer weiß, was sie vor haben.
»Längerfristige Observation mit dem verdeckten Einsatz technischer Mittel zur Gefahrenabwehr« heißt das im Polizeijargon. Benachrichtigt wurde ich postalisch einen Monat später. Das war eine Rund-um-die-Uhr-Überwachung mit fünf Spezialeinheiten – vier mobilen Einsatzkommandos und einer Fahndungseinheit aus Pirna –, das sichert Arbeitsplätze.
»[…] Sie begab sich in die Walter-Bötscher-Straße und betrat dort eine Schule. Dort hielt sie sich in der Zeit von 18.25 – 19.43 Uhr auf, vermutlich im Lehrerzimmer. […] Sie verließ die Wohnung um 19:43 Uhr und fuhr mit dem Einrad zum Bahnhof Lüneburg […].« Ein bisschen dämlich haben sich die BeamtInnen sicher gefühlt… Aufschreiben, ob ich mit dem Ein- oder Zweirad durch die Gegend fahre und wann ich mich im Lehrerzimmer aufhalte… stupide Arbeit!

Für die Krönung sorgen aber die Kollegen einer Beweis- und Festnahmeeinheit aus Thüringen am Transporttag. Der Castor war noch gar nicht da und wir waren in der Stadt unterwegs, aber Befehl ist Befehl. Auf den Befehl der Zivilkräfte hin erfolgt in Cowboy-Manier der Zugriff auf fünf RadfahrerInnen. Die Beamten können nicht so gut zählen, sie stürzen sich auf fünf Personen, obwohl vier Personen gemeldet wurden. Eine Person lassen sie schnell weiterfahren.
Das kriege ich alles aber erst im Nachhinein mit. Denn ich bin für wenige Sekunden oder gar Minuten (?) einfach weg. Ein Polizist hat mich von meinem Fahrrad heruntergeschleudert, mein Hinterkopf ist gegen die Bordsteinkante des Gehsteiges geschlagen. Die nächste Erinnerung vom Geschehen? Ich befinde mich auf einem Grünstreifen neben der Straße und werde gefesselt. Ein Krankenwagen ist da. Der wurde aber nicht für mich bestellt. Ich werde belehrt: »Gefährliche Körperverletzung, Widerstand gegen Vollstreckungsbeamte und gefährlicher Eingriff in den Straßenverkehr«. Ich verstehe nur Bahnhof.

Weil ich so gefährlich bin, darf ich anschließend zwei Stunden in einem 50 mal 50 Zentimeter großen Käfig im Polizeifahrzeug warten und dann weitere Stunden bis zu meiner Freilassung am Abend in einer »Gefangenensammelstelle« – wie es im Polizeijargon heißt – mit zwei anderen Frauen verbringen. Dort erklärt mir eine Freundin, was geschah. Die Berichte aus der Akte bestätigen dann ihre Schilderungen zur Verletzung des Polizeibeamten:
»Kurzsachverhalt: Bei einem Anhalteversuch der Beschuldigten musste der Fustw. [Funkstreifenwagen] einen Schlenker fahren, um auszuweichen. Dabei stürzte der geschädigte Polizeibeamte aus der geöffneten Schiebetür und verletzte sich.« In einem weiteren Bericht heißt es: »Dabei fiel der Beamte aus dem Fahrzeug und sein rechtes Handgelenk wurde vom Hinterrad erfasst.«
Für die Polizeiführung ist der Vorgang peinlich. Fünf Spezialeinheiten, eine auf Festnahmen spezialisierte Einheit und dann so etwas… Die Logik sagt, dass es keine gute Idee ist, nicht angeschnallt und mit geöffneter Schiebetür zu fahren – aber nein! – für den Unfall können die Polizisten doch nicht verantwortlich sein, das ist für die Statistik nicht gut. Ich bin also für das Geschehen hinter mir – was ich nicht einmal mitbekommen habe – verantwortlich. Ich kann Polizisten zu Fall bringen, ohne sie zu berühren – per Telekinese ?
Die Staatsanwaltschaft ist dem Vortrag der Polizei nicht gefolgt und hat das Verfahren eingestellt. Selbst die Überwachung erklärte die Polizei zwei Jahre später für rechtswidrig. Die Strafvorwürfe bleiben aber in der Polizeiakte gespeichert – zur Begründung der nächsten Überwachungsmaßnahme oder Festnahme. Das belegt nämlich, dass ich ganz schön gefährlich bin! »Gefahrenprognose« wird das genannt.

So wird Statistik – und Stimmungsmache gegen AktivistInnen – gemacht!

Quelle: Aktenzeichen: 3 A 209/07 Verwaltungsgericht Lüneburg

Polizeiinspektion Lüneburg /
Lüchow-Dannenberg / Uelzen
- ZKD - FK 4 -

VN 2006 01 480 710

Lüneburg, 06.11.2006

Sb.: KHK Geball
Tel.: -2341

Vermerk

Observationsmaßnahmen - Kräfteplanung

Nachdem es am Samstag, 04.11.2006, nicht gelungen war, den Aufenthaltsort der Lecomte festzustellen, nahm PHK Bublitz am Abend des 04.11.2006 fernmündlich Kontakt mit mir auf.

Wir kamen einvernehmlich zu den Feststellung, dass die Durchführung der Observation mit dem bisherigen Kräfteansatz wenig zielführend sei. Lecomte habe offensichtlich neben ihrer Meldeanschrift noch weitere regelmäßige Aufenthaltsorte, die bisher nicht bekannt sind.

Es wurde daher beschlossen, dass PHK Bublitz versuchen wird, mit Unterstützung anderer Kräfte eine durchgängige Observation zu gewährleisten.

Heute, 11.00 Uhr, teilte mir PHK Bublitz nunmehr mit, dass ab sofort eine durchgängige Observation beabsichtigt und mit Unterstützungskräften auch realisierbar ist:

06.11.2006	Tag	MEK V Lüneburg
06./07.11.2006	Nacht	MEK I Hannover
07.11.2006	Tag	MEK V Lüneburg
07./08.11.2006	Nacht	MEK II Osnabrück
08.11.2006	Tag	MEK V Lüneburg
08./09.11.2006	Nacht	MEK VII Hannover
09.11.2006	Tag	MEK V Lüneburg
09./10.11.2006	Nacht	MEK I Hannover
10.11.2006	Tag	MEK V Lüneburg

Die Informationsübermittlung an die hiesige Dienststelle erfolgt über PHK Bublitz.

Aktenauszug mit der Liste der Überwachungseinheiten
Quelle: Scan

Ich stehe an der Fußgängerampel und warte auf Grün. Ein Auto hält mit Blaulicht und quietschenden Reifen in der Kurve im Gegenverkehr vor mir an, zwei Polizisten springen aus ihrem Auto. Ich gebe gerne zu, dass ich mich eher selten an Ampelphasen halte, sondern nach dem Verkehr schaue, wenn ich mit dem Einrad unterwegs bin. Ich frage mich, was die Polizei jetzt von mir haben will und was solch ein gefährliches Automanöver rechtfertigt. Nutzen die Beamten etwa ihr Blaulicht als Spielzeug für Geisterfahrten?

»Frau Lecomte, ihren Ausweis!« Ich verstehe nur Bahnhof. Eine ältere Dame, die ebenfalls an der Ampel steht, kann es nicht fassen. Sie mischt sich ein und fragt sinngemäß, warum die Polizisten mich nach meinem Ausweis fragen, wenn sie mich schon mit Nachnamen ansprechen.
»Sie stören eine polizeiliche Maßnahme. Sie erhalten hiermit einen Platzverweis, entfernen Sie sich!«, antwortet ein Polizist. »Geben Sie die Kreide her, wir haben vor einer Stunde beobachtet, wie Sie mit Kreide gemalt haben«, sagt er in meine Richtung. Richtig. Wir haben heute den 26. April. Mit Kreidesprüchen im öffentlichen Raum habe ich mit Bekannten an die Atomkatastrophe erinnert. Ich drücke dem Beamten die Kreide in die Hand. Ein Beschlagnahmeprotokoll will er mir nicht aushändigen, ich könne es auf dem Polizeirevier später bekommen. Die Beamten fahren weg. Die ältere Dame hat das Geschehen aus der Entfernung weiter beobachtet, sie ist fassungslos. »So vertragen sich Demokratie und Atomkraft«, stelle ich fest. Wir schmunzeln und gehen jeweils weiter unserer Wege.

Eine Freundin besucht mich wenige Stunden später. Sie begleitet mich, um das Beschlagnahmeprotokoll abzuholen. Ich lasse sie zuerst hinein. »Ist es strafbar, wenn ich mit meinen Kindern mit Kreide auf der Straße oder an Wände male?«, fragt meine Freundin. »Das kann ich mir nicht vorstellen«, antwortet die Beamtin am Schalter. Sie bemerkt dann meine Anwesenheit und präzisiert ihre Aussage. »Ach, Sie sind mit der Frau Lecomte zusammen, also wenn es um politische Parolen geht, das kann schon eine Sachbeschädigung sein.«
Sachbeschädigung wird bei Graffiti bei einer nicht nur vorübergehenden Substanzverletzung bejaht, zum Beispiel, wenn der Spruch sich nicht ohne Beschädigung der Substanz entfernen lässt. Was der Inhalt der aufgemalten Parole daran ändern soll? Meine Frage will die Polizistin nicht beantworten. Sie drückt mir mein Beschlagnahmeprotokoll für die sechs Kreidestifte in die Hand und wir werden darum gebeten, die Wache zu verlassen – ansonsten sei es ja Hausfriedensbruch.

»Gefahrenabwehr« steht als Begründung für die polizeiliche Maßnahme auf dem Protokoll. Abwehr von welcher Gefahr denn? Und das rechtfertigt den Einsatz von Blaulicht und eine Fahrt unter Missachtung der Verkehrsregeln? Wenn es sich mit der politischen Gesinnung der Betroffenen die Maßnahme begründen lässt, dann schon. Politisches Kreidemalen ist eine schwerwiegende Tat, die es abzuwehren gilt!

Quelle: Vorgangsnummer 200700583214, Polizeiinspektion Lüneburg

III.

Normen und Gesetze

Drogentest, Nummer 1

Ich sitze wieder in einer weiß gekachelten Zelle – dieses Mal darf ich den Keller der Polizeiinspektion Strausberg kennenlernen. Die PolizeibeamtInnen weigern sich, mir eine Matratze und eine Decke zu geben. Das Licht wollen sie auch nicht löschen. Sie wollen die volle Kontrolle über mich behalten. Unter diesen Umständen finde ich lange keinen Schlaf. Also klettere ich die Wände hoch, um mich zu beschäftigen. Was meine Bewacher wiederum auf die Palme bringt. Warum sitze ich in dieser Zelle? Na, eben: weil ich klettere, weil die Herrschaften der Auffassung sind, ein Mensch, der sich vertikal statt horizontal bewegt, muss Drogen zu sich genommen haben.
Am Tag darauf wird es ernst. Eine Stunde lang werde ich von der Kriminalpolizei vernommen. Die Fragen interessieren mich nicht. Von Drogen habe ich überhaupt keine Ahnung. Ich trinke nicht mal Alkohol.
Ich lege meinen Kopf auf den Tisch und lasse meinen Gedanken freien Lauf. Seit über 20 Stunden werde ich nun festgehalten. Festgenommen wurde ich anlässlich einer so genannten Feldbefreiung der Initiative »Gendreck weg«. In Ostdeutschland wurde im Jahr 2007 viel gentechnisch veränderter Mais kommerziell angebaut, obwohl Gefahren für Mensch und Umwelt nicht ausgeschlossen werden können. Konzerne wie Monsanto interessiert nur der Profit. Die Polizei bezeichnet unsere Aktionen als Sachbeschädigung. Für mich geht es um das Unschädlichmachen gefährlicher gentechnisch veränderter Pflanzen. Bei so genannten Feldbefreiungsaktionen werden Dutzende Menschen festgenommen. Und weil das Polizeirevier nicht für Massenfestnahmen eingerichtet ist, werden die Gefangenen in so genannten Gefangenensammelstellen (GeSa) eingesperrt. Gestern landete ich mit 60 weiteren Menschen in einer zur GeSa umfunktionierten Turnhalle. Eine Turnhalle bleibt für mich eine Turnhalle und vorauseilender Gehorsam à la »ich bin Gefangene, also ordne ich mich unter« ist mir fremd. Nach wenigen Minuten schaukelte ich an einem Kletterseil unter der Decke… Die Beamten kamen dagegen – trotz Versuch – nicht hoch. Ich verweilte eine halbe Stunde oben und machte mich über die ohnmächtigen Polizisten lustig. Als ich herunterkletterte, wartete dann ein uniformiertes Spalier auf mich. Ich wurde umgehend gefesselt, ein erstes Mal zum Vorwurf der versuchten Sachbeschädigung vernommen und zum nächstgelegenen Polizeirevier gefahren. »Verdacht auf Verstoß gegen das Betäubungsmittelgesetz«, hieß es plötzlich. Die Tabletten, die ich mitführte, wurden als »Droge« abgestempelt. Dass es sich dabei um Lefluomid und Methotrexat, meine Basismedikation gegen meine chronische Polyarthritis handelt, wollten sie mir nicht glauben. Wer klettert, hat kein Rheuma. Wer klettert, ist nicht normal und hat Drogen zu sich genommen. Ruckzuck wurde mir die Nadel in den Arm gesteckt – Zwangsblutentnahme.

Ein Schrei und ein brutaler Handgriff holen mich aus meinen inneren Gedanken. »Hören Sie mal zu! Hier wird nicht geschlafen. Ich habe das Sagen und befrage Sie. Wenn Sie sich nicht kooperativ zeigen, dauert es hier noch länger.« Ich bleibe stumm. Entrüstet lässt mich mein Befrager von seinen Kollegen holen. Sie wenden schmerzhafte Griffe an, um mich zum Laufen zu zwingen. Ich werde zu einem farblosen Raum geführt. »Erkennungsdienstliche Behandlung« steht an der Tür.

Weil ich einer schweren Straftat verdächtigt werde, nämlich des Verstoßes gegen das Betäubungsmittelgesetz, will man Fingerabdrücke, Gewicht und Größe von mir haben. Beim Wiegen lande ich immer wieder neben der Waage. Eine vernünftige Gewichtsanzeige kommt nicht zu Stande. Bei den Fingerabdrücken rutschen meine Finger immer wieder weg. Die Polizei wendet Gewalt an und verdreht mir die Gelenke. Ich schreie vor Schmerzen. Zum Kooperieren können mich die Beamten aber nicht bringen. Sie brechen ab und suchen in den Dutzenden von Blättern nach verwertbaren Ergebnissen. Auf dem Weg zum Waschbecken untersuche ich den Inhalt einiger Schubladen und hinterlasse Tinte aus meinen Fingern. Die Beamten sollten sich nicht beschweren, wollten sie nicht meine Fingerabdrücke haben? Sieht nicht so aus. Die Beamten waschen mir die Hände.

Ich sitze wieder im Büro der Drogen-Kripo. Ich fühle mich jetzt wach und gehe auf Erkundung. Hier wachsen seltsame Pflanzen... Ob die Beamten ihre Beute im eigenen Büro lagern? Ich stelle Fragen. Dem Beamten gefällt es überhaupt nicht. Er packt mich gewaltsam an und setzt mich wieder auf den Stuhl. Wieder absurde Fragen, die ich nicht einmal verstehe. »Was ist Ecstasy?« frage ich. Dass es eine Droge ist, denke ich mir schon. Aber wenn ich sowieso hier sinnlos sitzen muss, will ich zumindest etwas lernen. »Wie sieht es aus?« frage ich noch. Mein Gegenüber ist der Auffassung, dass ich ihn an der Nase herumführen will. Tue ich gerne. Aber meine Frage war ernst gemeint.

Ich werde schließlich gegen Mittag freigelassen – es sieht sogar eher nach einem Rauswurf aus. Eine Minute länger, und der Beamte, der mich verhörte, wäre explodiert. Ich war ihm zu frech und zu selbstsicher; wenn Macht nicht die erwünschte Wirkung erzeugt, fühlen sich die Herrschaften ganz schnell beleidigt.
Ich laufe zur S-Bahn. In der Wohngemeinschaft meiner FreundInnen angekommen, stürze ich mich auf die Essensvorräte. Seit 24 Stunden habe ich nichts zu essen bekommen.

Nur weil die Polizei mich wegen der Kletterei, die ja nicht ihrer Vorstellung von »normalen« Menschen entspricht, für eine Drogenkonsumentin gehalten hat, wurde ich 24 Stunden lang meiner Freiheit beraubt. Das Strafverfahren wurde nach stolzen zwei Tagen eingestellt. Die Zeitspanne, bis das Ergebnis der Blutuntersuchung zu den Akten gelangte. Offiziellen Angaben zufolge wurde der Eintrag BTMK (Betäubungsmittelkonsument) in meiner Polizeiakte gelöscht. Dies scheint aber nicht überall der Fall zu sein... wenn ich sehe, mit welchem Eifer ich an der Grenze manchmal kontrolliert werde. Die Löschtaste ist im Polizeicomputer anscheinend nicht vorhanden.

Quelle: Aktenzeichen. MOL-Füst 5.2/454-00/08/07 Polizeipräsidium Frankfurt (Oder) Schutzbereich Märkisch Oderland

Drogentest, Nummer 2

»Frau Lecomte! Kommen Sie bitte!« Ich bin im Halbschlaf, der Nachtzug hat Basel vor einer knappen Viertelstunde verlassen. Doch ich brauche die Augen nicht aufzumachen. Die Person, die meinen Namen im Befehlston mit einem starkem deutschen Akzent ausspricht, trägt sicherlich eine grüne Uniform mit Adler auf dem Arm. »Die Freizügigkeit in Europa« gilt viel mehr für Waren als für Menschen. Diese Erfahrung habe ich schon häufiger gemacht. Ich bin selten unmittelbar betroffen, weil an meinem Aussehen nicht zu merken ist, dass ich überall außer in Frankreich »Ausländerin« bin. Wenn dunkelhäutige Menschen kontrolliert werden, kann ich es nicht so stehen lassen. Ich mische mich häufig mit Bemerkungen à la »Die Kontrollmaßnahme kommt mir rassistisch motiviert vor« ein. Böse Beamtenblicke und leere Drohungen à la »Wir können Sie wegen Beleidigung anzeigen« sind die Folge. Die BeamtInnen fühlen sich aber tatsächlich beobachtet und verkürzen meist ihre Kontrollmaßnahme.

Heute bin ich unmittelbar betroffen. Ich werde aufgefordert, mein Gepäck zwecks gründlicher Durchsuchung aus dem Abteil herauszunehmen. »Ist das eine verdachtsunabhängige Kontrolle?« will ich wissen. »Jein«, lautet die Antwort. Im Europol gebe es den Eintrag »Betäubungsmittelkonsument« zu meiner Person. Die Polizei Strausberg hat mich vor einigen Jahren verdächtigt, Drogen zu mir zu nehmen… weil ich klettere! Der Verdacht bestätigte sich nicht, wurde aber trotzdem in diverse polizeiliche Datenbanken aufgenommen. Die Strausberger Polizei versicherte mir vor ein paar Monaten, die Daten seien gelöscht worden, weil für ihre Speicherung keine Grundlage mehr bestünde. Dem Computer fehlt scheinbar die Löschtaste. Der Löschbefehl hat Europol jedenfalls nicht erreicht.

Meine Sachen werden im Zug im schmalen Gang ausgebreitet, ich werde zu meinem Reiseziel befragt. Ich erkläre, ich habe gerade meine Familie in Frankreich besucht und fahre nun nach Hause zurück. Drogen finden die Beamten in meinen Sachen nicht. Wieder einpacken darf ich trotzdem nicht. Ein Beamter telefoniert eifrig. Das Wort »Castortransport« fällt. Ich interveniere: »Ich dachte, Sie kontrollieren mich wegen Drogen!« Der Beamte mit dem Telefon entfernt sich, ich soll nicht mithören. Sein Kollege erklärt, es gäbe andere Gründe, weswegen die Polizei mich kontrollieren dürfe; im Zusammenhang mit internationalen politischen Großereignissen. Weil ich Kletterseile und ein Transparent mitführe, müssen die Beamten mit ihrem Dienstvorgesetzten klären, ob sie mich so laufen lassen dürfen. Man wolle überprüfen, ob ein Castortransport gerade unterwegs sei, ob meine Sachen zur Gefahrenabwehr von der Polizei in Beschlag zu nehmen seien.

Ich darf schließlich wieder einpacken. Die Beamten verabschieden sich noch mit einer Drohung: »Wenn der Zug außerplanmäßig zum Stehen kommt, haben wir ein Auge auf Sie!« Ich bin ja ›sooo‹ gefährlich…

46 Um Himmels willen!

Ich kenne kein Gesetz, das verbietet, sich vertikal zu bewegen. Doch wenn ich vertikal statt horizontal Schaufensterbummeln gehe, sorge ich für großen Wirbel. »Reclaim the City!« Auf Hochhäusern spazieren zu gehen ist für mich eine Möglichkeit, eine Stadt symbolisch zurückzuerobern und mein Grundrecht auf Bewegungsfreiheit im wahrsten Sinne des Wortes wahrzunehmen – als Protest gegen die zunehmende Privatisierung öffentlicher Räume.
Für BergsteigerInnen sind 150 Meter vertikal nicht unüblich. Zugegeben, das ist in der Stadt nicht so gewöhnlich, aber warum eigentlich nicht?

Für solche luftigen Spaziergänge bietet sich die Geld-Stadt Frankfurt besonders an. Doch damit werden die ungeschriebenen Gesetze der Gesellschaft gebrochen, die so formuliert werden könnten: »Finger weg von den heiligen Finanztempeln« und »Du sollst dich horizontal bewegen«.

Auf das Kraxeln auf Gebäude reagieren die OrdnungshüterInnen allergisch. »Spiderwoman in Frankfurt«, schrieb an einem Wintertag die Frankfurter Rundschau. Und dann in der Ausgabe vom 3. Januar 2009: »Jetzt haben sie Cécile Lecomte. Das mit dem Skyper am Dienstag – naja, geschenkt. Am Mittwoch dann 20 Meter überm Gleis 1 im Hauptbahnhof – war ja immerhin weniger als der 13. Stock des Büroturms an der Taunusstraße [...]. Am gestrigen Freitag aber wollte Cécile Lecomte auf Frankfurts Allerheiligstes rauf. Da griff die Polizei zu. Es war gegen 11 Uhr, da erschien die 27 Jahre alte Französin [...] vor der Börse. Als Lecomte sich anschickte, auch den Sandstein zu erklimmen, nahmen Streifenbeamte sie fest. Nun ist sie dem Haftrichter vorgeführt worden und muss erst einmal eine Nacht in Gewahrsam bleiben. Nichts Neues für die Kletterin.«

»Gefahrenabwehr« lautet immer die Begründung für die Freiheitsberaubung. Aber welche Gefahren denn? Das Geschehen spiegelt eine Gesellschaft wider, in der von oben bestimmt wird, was als Gefahr eingestuft wird und welche Gefahren eingegangen werden dürfen – oder nicht. Menschen dürfen Auto fahren und die Gefahr eingehen, gegen einen Baum zu prallen, aber nicht auf Gebäude klettern? Atomkraftwerke dürfen laufen, trotz der Gefahr für Leib und Leben für Millionen BürgerInnen durch eine mögliche Kernschmelze. Wer auf solche Gefahren aufmerksam macht, wird dagegen tagelang eingesperrt. Verrückte Welt!

Der Freiheitsentzug wurde Monate später vom Oberlandesgericht für rechtswidrig erklärt. Mehrere Seiten widmete das Gericht dem Fassadenklettern in seinem Beschluss. »Dabei ist bereits problematisch, ob die Umstände, die zur Festnahme der Betroffenen am 02.01.2009 geführt haben, eine Strafrat darstellen. Das Erklettern der Hausfassade, die keinen besonderen Schutz gegen ein solches Vorgehen aufweist, muss der Berechtigte zwar nicht dulden. Es stellt zweifellos eine Besitzstörung dar, gegen die mit zivilrechtlichen Mitteln vorgegangen werden kann. Ob dieses Verhalten auch den Tatbestand des Hausfriedensbruchs (§123 StGB) erfüllt, ist rechtlich nicht einfach zu beantworten. Die Betroffene hielt sich lediglich im

Außenbereich auf und hatte gar nicht die Absicht, in das Gebäude einzudringen. §123 StGB setzt in den hier nur in Betracht kommenden Tatbestandsmerkmalen voraus, dass jemand in das befriedete Besitztum eines anderen widerrechtlich eindringt. Es ist fraglich, ob eine Hausfassade ohne besonderen Schutz gegen das Erklettern unter das Tatbestandsmerkmal »befriedetes Besitztum« des §123 StGB fällt und das Erklettern einer solchen Hausfassade als »Eindringen« gewertet werden kann. [...] Letztlich kann der Senat diese Frage aber dahingestellt sein lassen. [...]« Endgültig klärte das Oberlandesgericht die Strafbarkeit des Sich-an-Fassaden-vertikal-Bewegens nicht – weil bereits andere Gründe für ein rechtswidriges Vorgehen der Polizei sprachen. Ein milderes Zwangsmittel wie ein Platzverweis hätte zur Verfügung gestanden.

Für mich steht fest: Klettern ist subversiv und kann einiges in Bewegung setzen...

Nach der Feststellung der Rechtswidrigkeit der polizeilichen Freiheitsentziehung durch das OLG klagte ich vor dem Landgericht Frankfurt am Main 800 Euro Schmerzensgeld gegen das Land Hessen erfolgreich ein (Amtsanhaftungsklage).

Quelle: Aktenzeichen: 20 W 258/09 OLG Frankfurt am Main

48 Eichhörnchen als Straftatbestand?

»Die oben genannte Person erschwerte am heutigen Tage erheblich die Zufahrtmöglichkeit des Zwischenlagers. Zudem erhielt die oben genannte Person am 29. 07. 2008 bereits einen Platzverweis für den oben aufgeführten Bereich und hielt sich erneut in Begleitung von Frau Lecomte, C. auf.«
So stand steht es in der Begründung eines Platzverweises gegen eine andere Person. Meine Anwesenheit wird also als Vorwand gegen andere Personen eingesetzt – zumindest wenn die Interessen der Atomlobby, hier der störungsfreie Betrieb des Zwischenlagers, verteidigt werden sollen.
Die Logik von Polizei und Gerichten ist ganz einfach: Das Eichhörnchen ist grundsätzlich gefährlich, weil es klettern kann. Das reicht für die Gefahrenprognose und einen Platzverweis, wie das Lüneburger Verwaltungsgericht 2009 gegen mich urteilte und in einer Pressemitteilung verkündete: »Der Platzverweis ist rechtmäßig. Nach dem Niedersächsischen Gesetz über die öffentliche Sicherheit und Ordnung (NdsSOG) kann ein Platzverweis ausgesprochen werden zur Abwehr einer Gefahr. Im vorliegenden Fall bestand die Gefahr, dass die Klägerin den Zaun an der Zufahrt des Zwischenlagers erklettert oder überklettert.« Klettern ist sicherlich gefährlicher als Atommüll und wenn schon meine Person als Begründung für einen Platzverweis gegen Dritte angeführt wird, fehlt nur noch ein Paragraph »Eichhörnchen« im Strafgesetzbuch. Denn bei Gefahrenabwehrgesetzen geht es um die Verhinderung von Straftaten. Also muss meine Anwesenheit einen Straftatbestand erfüllen können, wenn es schon als Begründung angeführt wird.
Das hätte die Bundespolizei auch gerne. Die Ermittlungsbehörde ermittelt nämlich lieber über meine Gesinnung statt über angeblich begangene Kletter-Ordnungswidrigkeiten. Einen spannenden Ermittlungsabschlussbericht hat Regierungsfrau Much von der Bundespolizei in einem Verfahren um eine Castorblockade gefertigt. Statt sich intensiv damit auseinanderzusetzen, ob der Bahnbetrieb durch die Kletteraktion ordnungswidrig gestört wurde oder ob die bekletterte Brücke wirklich der Bahn gehört und als Bahnanlage gilt, beschäftigte sich Frau Much mit meiner Persönlichkeit – ohne hierfür irgendeine Qualifikation beispielsweise als Sozialforscherin oder Psychologin zu besitzen, was einen unterhaltsamen Bericht zu Tage gefördert hat.
»Zur Person der Frau Cécile Stéphanie Lecomte:
Frau lecomte [sic] ist gebürtige Französin und unterhält unter http://eichhoernchen.ouvaton.org/deutsch/de.html eine eigene Internetseite. Die dort eingestellten Berichte, Reportagen, Auswertungen unter den Rubriken
›über mich‹
›Repression und Justizkritik‹ sowie
›Antiatom/Luftakrobatik gegen Atomtransporte‹
geben äußerst ausführlich Aufschluss über Frau Lecomte, ihre Gedanken, Aktionen. […]
Aus Sicht der Verwaltungsbehörde handelt es sich bei Frau Lecomte weniger um eine ernsthaft engagierte Atomkraftgegnerin. Vielmehr entstand bislang (unter

...und hielt sich erneut in Begleitung der Frau Lecomte, C. auf

Begründung Platzverweis

Berücksichtigung der anderen hier anhängigen Verfahren) der Eindruck, dass Frau Lecomte lediglich einen starken Geltungsdrang und Hang zur Selbstdarstellung aufweist. Ihr Internetauftritt ist eindeutig. Ihre Aktionen, die sie stets medienwirksam vornimmt, sind nach hiesiger Auffassung lediglich Mittel zum Zweck.
Frau Lecomte spricht zwar stets für sich selbst. Im Hintergrund agieren immer renommierte Rechtsanwälte, offensichtlich selbst aus der Anti-Atomkraft-Bewegung o.Ä. Deutlich wurde dies durch hier anhängige Bußgeldverfahren mit gleicher Problematik, bei denen Rechtsanwälte beauftragt wurden. Deren Argumentation ähnelt derer von Frau Lecomte außergewöhnlich stark. [...]
Aus Erfahrungen vergangener Hauptverhandlungen, vorrangig beim AG Hannover, kann festgestellt werden, dass Frau Lecomte immer mit einem ›Fanblock‹ zu den Verhandlungen erscheint. Zudem nutzt sie derartige Termine gern für ihre Selbstdarstellung. Hier wird auf eine Aktion beim AG Hannover verwiesen, als Frau Lecomte am Verhandlungstag in Anwesenheit von Polizeibediensteten ungehindert an der Außenfassade des Gerichtsgebäudes hochkletterte.
Es wird daher angeregt, genügend Sicherheitspersonal am Verhandlungstag vorzuhalten und entsprechende sicherheitsrelevante Maßnahmen zu ergreifen« (Bericht vom 03. Januar 2011).

Letzteres ist derart staatsgefährdend, dass es in meiner Akte beim Niedersächsischen Verfassungsschutz Erwähnung findet: »Am 12. November 2007 kletterten Sie die Fassade des Amtsgerichtes empor, um ein Transparent auszubreiten. Das gegen Sie eingeleitete Verfahren wurde durch die Staatsanwaltschaft eingestellt.« Die dicke Akte habe ich nicht erhalten, sondern nur Auszüge davon.
Und inwiefern der Luftraum oder eine Kanalbrücke juristisch als Bestandteil einer Bahnanlage zu sehen ist, ist immer noch nicht endgültig geklärt. Seit mehreren Jahren beschäftigen Eichhörnchen und weitere KletteraktivistInnen die Justiz mit diesen Fragen. An den Luftraum über der Bahnanlage hat der Gesetzgeber nicht gedacht.
Einen Eichhörnchen-Paragraphen gibt es im Gesetzbuch nicht, aber die Polizei handelt so, als ob es einen gäbe. Gemäß Artikel 20, Absatz 3 Grundgesetz ist die Gesetzgebung an die verfassungsmäßige Ordnung, und die vollziehende Gewalt und Rechtsprechung sind an Gesetz und Recht gebunden.
Dass sie sich in meinem Fall nicht darum schert, wirft die Frage auf, ob wir nicht die Polizei vom Verfassungsschutz beobachten lassen sollten. Das ist natürlich ein Witz vor dem Hintergrund des Behördenversagens bei den NSU-Morden.

Quellen:
Aktenzeichen Verwaltungsgericht Lüneburg: 3 A 238/08
Aktenzeichen Amtsgericht Potsdam 75 OWi 4133 Js 3985/11 (21/11).
Aktenzeichen Verfassungsschutz Niedersachsen: 61.111 – 18533 – Lecomte

Dies ist die Geschichte von Aghali, einem Touareg aus Niger, der aus seiner Heimat flüchten musste, weil er sich mit dem weltweit größten Atomkonzern AREVA angelegt hat. In Niger interessiert sich der französische Konzern für die Uranressourcen und begeht Landraub. Die Ironie von Aghalis Schicksal ist, dass der AREVA-Flüchtling im AREVA-Land Frankreich politisches Asyl fand und eine Aufenthaltsgenehmigung erhielt. Wie viele Flüchtlinge hat Aghali Heimweh. Seinen Kampf führt er aber weiter. In Frankreich gründete er den Verein »AREVA ne fera pas la loi au Niger«, auf Deutsch etwa: »Areva wird nicht über Niger bestimmen«. Als er eine Einladung zu einer internationalen Anti-Atom-Konferenz in Österreich bekam, zögerte er nicht mit seiner Zusage. Er wurde Teil einer französischen Delegation nach Salzburg. Er lernte spannende Menschen kennen und erläuterte einem interessierten Publikum die Situation in Niger. Atomkraft tötet schon am Anfang der Atomspirale in den Abbaugebieten. Doch Atomkraft blieb nicht das einzige politische Thema seiner Reise. Auf der Rückfahrt nach Paris durfte er die »Gastfreundschaft« der Rosenheimer Polizei, die gerne Menschen mit dunkler Hautfarbe und atypischer Touareg-Kleidung aus dem Zug holt, kennenlernen. Deutschland zeigte sein rassistisches, ausländerfeindliches Gesicht. Freizügigkeit wird innerhalb Europa gerne großgeschrieben. Das gilt aber nicht für alle Menschen. Waren kommen unabhängig von ihrer Herkunft sogar besser über die Grenzen als Menschen.

Die fünfköpfige Delegation aus Frankreich hatte es sich im Nachtzug nach Paris bequem gemacht, als Bundespolizisten den Zug bestiegen und… Menschen mit dunkler Hautfarbe nach ihren Identitätspapieren fragten. Aghali ahnte noch nichts vom Alptraum der nächsten 24 Stunden, er hatte eine von der französischen Ausländerbehörde erstellte vorläufige Aufenthalts- und Freizügigkeitsgenehmigung. Sogar ein Schreiben der Behörde, das seinen Anspruch auf eine unbefristete Aufenthaltsgenehmigung bescheinigte, trug er bei sich. Die Behörde hatte ihm mitgeteilt, dass diese zwei Monate später zur Abholung bereitstehen würde. Doch diese Papiere und Aghalis Zugfahrkarte nach Paris – in Deutschland wollte er sich nicht aufhalten, er war nur auf dem Rückweg aus Österreich – reichten den Bundespolizisten nicht. Eine vorläufige Genehmigung sei für die Einreise nach Deutschland nicht ausreichend. Sie erklärten ihm seine vorläufige Festnahme wegen illegaler Einreise nach Deutschland.

Seine WegbegleiterInnen protestierten und stiegen aus dem Zug mit aus. Sie seien verpflichtet, Straftaten zu verfolgen, erwiderten die Beamten. Aghali wurde abgeführt, seine FreundInnen blieben vor der Polizeiwache zurück – Aghali verstand nicht, was ihm gerade passierte. Ein Dolmetscher traf erst Stunden später ein. Da waren ihm längst Fingerabdrücke gewaltsam abgenommen worden. Ohne, dass er verstand, was die PolizistInnen von ihm wollten.

Am frühen Morgen wurde er dann dem Amtsgericht Laufen vorgeführt. Die Anhörung erwies sich als eine Farce, es zählte nur der Vortrag der Polizei. Seine Inhaftierung »zur Sicherung seiner Zurückschiebung« nach Frankreich innerhalb von 45 Tagen wurde verkündet. »Bei der Bestimmung der Dauer der Haft wurde auf die

Verhältnismäßigkeit geachtet. Die zuständige Behörde hat ihre Bemühungen um eine schleunige Zurückschiebung ausreichend dargetan.« Im Beschluss findet die Tatsache, dass Aghali mit einer gültigen Fahrkarte in einem Zug mit Paris als Ziel aufgegriffen wurde, keinerlei Erwähnung. Auch nicht, dass er im Besitz von einer vorläufigen Aufenthalts- und Freizügigkeitsgenehmigung ist und er bald eine unbefristete Genehmigung erhalten würde. AusländerInnen leben hier als Menschen zweiter Kategorie, weil sie aus dem »falschen« Land stammen. Jahrelang leben abgelehnte AsylbewerberInnen in Deutschland, aber nur geduldet, mit der Befürchtung von heute auf morgen abgeschoben zu werden. Eine soziale und berufliche Integration verhindern menschenunwürdige Gesetze: Geduldete leben meist zwangsweise in Sammelunterkünften, sie dürfen weder arbeiten noch den Landkreis verlassen.

Aghali wurde nach Verkündung des Beschlusses von Amtsrichter Häusler in die Justizvollzugsanstalt Reichenhall eingeliefert; mit der Perspektive, bis zu anderthalb Monate in »Zurückschiebehaft« auf seine Rückreise nach Hause in Frankreich zu warten. Für die Sicherung der »Rückführungskosten« mussten zuvor 500 Euro eingezahlt werden.
Weitere 200 Euro verlangte die Staatsanwaltschaft zur Sicherung des Strafverfahrens wegen Verstoßes gegen das Aufenthaltsgesetz.

Aghalis WegbegleiterInnen blieben draußen nicht inaktiv. Sie schalteten Anwälte und Europaabgeordnete ein. Und konnten die Freilassung von Aghali am Abend erreichen. Sie verpflichteten sich bei der Polizei, Aghalis Zurückführung nach Frankreich zu übernehmen und – stiegen 24 Stunden nach Aghalis Verhaftung in den Nachtzug nach Paris ein! In Frankreich angekommen, musste Aghali noch zu den Behörden, um den Nachweis über die erfolgreiche »Zurückschiebung« zu erbringen.

Die gezahlte Sicherheitsleistung in Höhe von insgesamt 700 Euro hat Aghali von den deutschen Behörden nie zurückerhalten, obwohl die deutschen Behörden die »Zurückführung« letztlich nicht selbst durchführten und das Strafverfahren später eingestellt wurde. Viel mehr musste Aghali weitere 30 Euro an die Bundespolizei zahlen – zur Bearbeitung seines Antrages auf Aufhebung des gegen ihn im Zuge des Verfahrens um seine Fahrt mit dem Nachtzug verhängten Aufenthaltsverbotes. Aghali besaß inzwischen eine unbefristete Aufenthalts- und Freizügigkeitsgenehmigung. Die deutsche Grenze blieb ihm aber noch lange versperrt, weil die Bundespolizei sich alle Zeit der Welt zur Bearbeitung des Antrages nahm. Eine Einladung nach Berlin, auf einer großen Anti-Atom-Demonstration als Redner aufzutreten, konnte er deswegen nicht wahrnehmen. Um so mehr freute ich mich, als wir uns dann drei Jahre später auf einer internationalen Urankonferenz in Münster trafen und ich seinen Vortrag dolmetschen durfte. Aghali war noch nicht die Lust, seinen politischen Kampf fortzuführen, vergangen. Angst hatte er schon auf seiner Reise nach Deutschland. Das Aufenthaltsverbot war aufgehoben worden, aber ob die Polizeidateien alle aktualisiert wurden? Ob es eine Löschtaste gibt? Kontrollen sind nicht, wie die Polizei immer mal behauptet, »verdachtsunabhängig«, sondern »herkunfts- und aussehensabhängig«. Das ist Rassismus.

Quelle: Aktenzeichen XIV 0168-09 – Amtsgericht Laufen

Tuareg Aghali mit Dolmetscherin Cécile
bei der Urankonferenz 2012 in Münster
Quelle: aaa-West

IV.

Nackte Staats- gewalt

Es ist doch ganz einfach, sagte jemand zu mir, wenn viele Menschen das Gleiche wollen, dann muss das doch gemacht werden. Es liegt doch völlig auf der Hand, dass das dann richtig ist.
Aha, habe ich gesagt.

Es war ein gelber Wagen, der fuhr mitten in der Nacht große Kästen herum. Uniformierte Menschen standen an der Strecke mit Stecken und Stab, die beschützten das Gefährt.

Was ist denn da drin, in den Kästen, habe ich gefragt.
Der Tod, hat einer gesagt.
Warum beschützen Sie denn den Tod, habe ich gefragt.
Weil der Tod uns reich macht, hat einer gesagt.
Aha, habe ich gesagt.

Ich sah mir das Treiben an und wunderte mich, denn auf dem Feld, an dem der Wagen vorbeifuhr, waren Menschen und sie schrien ihre Sorgen in den Wind. Alles ging sehr langsam voran, taghell erleuchtet war die Nacht, Scheinwerfer blendeten mich mit grellem Licht.

Jemand sang: Mit Wasserwerfern, Tränengas, Verboten aller Art lässt die Staatsgewalt die Katze aus dem Sack. Freund und Helfer knüppeln los, oft sogar in Gegenwart der Presse auf unappetitliches Pack.

Gestern habe ich sie wieder gesehen. Sie standen in der Stadt herum und verteilten kleine Broschüren. Da stand drin: Wir sorgen für Recht und Ordnung. Die Broschüren waren hübsch anzusehen. Lachen mit geprellten Rippen kann sehr weh tun, habe ich gemerkt.

Anmerkung: Dieser Text wurde vom Autorenkollektiv Lüneburger Initiative gegen Atomanlagen (LIgA) zur Verfügung gestellt. Entstanden ist er anlässlich einer Lesung zum Thema Repression, nach einer bekannt gewordenen Überwachung von AktivistInnen der Gruppe durch ein Mobiles Einsatzkommando der Polizei im Jahre 2006.

56 Überlebensstrategie

Bure ist ein hübsches kleines Dorf im französischen Lothringen, unweit der deutschen Grenze. Am Ende der Welt, würden manche sagen. Schließlich wohnen hier in der Gegend durchschnittlich drei bis sechs Menschen pro Quadratkilometer. Junge Erwachsene sind kaum zu sehen, sie sind längst in die Stadt gegangen. Die Region gilt als strukturell schwach. Außer Landwirtschaft und Militär gibt es kaum Beschäftigung. Die Landschaft ist leicht hügelig und die Dörfer sind über die Jahrzehnte fast intakt geblieben: die Kirche in der Dorfmitte und traditionell aus dicken Steinen gemauerte Häuser. Die Gegend würde sich für ruhige Ausflüge ins Grüne sicherlich gut eignen… gäbe es keine Atomkraft auf der Welt.

In Bure soll nach dem Willen der französischen Regierung zukünftig hochgefährlicher radioaktiver Atommüll tief endgelagert werden. Derzeit wird noch »erkundet«, wie es im behördlichen Jargon so schön heißt. Doch die Entscheidung für Bure ist schon lange gefallen. Schließlich wurden ja bereits viele Gelder in die Erkundung gesteckt. Und das schafft Arbeitsplätze. Der Untergrund weist zwar zahlreiche Risse auf, aber die atom-gefilzten WissenschaftlerInnen haben als Wahrheit verkündet, dass die Tonschicht ausgerechnet in einem Dreieck um Bure dicht sei. Die Ähnlichkeiten mit dem deutschen Endlager-Erkundungsbergwerk Gorleben sind frappierend, werden aufmerksame LeserInnen einwenden. Und es stimmt, was die Zuverlässigkeit der offiziellen WissenschaftlerInnen und die Geopolitik angeht. In Gorleben wurde das Widerstandspotenzial von den Regierenden jedoch falsch eingeschätzt. In Bure hingegen gehen keine Zehntausende auf die Straße, um gegen die Endlagerung und die Atompolitik zu demonstrieren. Wenn die ersten Atommülltransporte nach Bure stattfinden, kann es sein, dass wir ein paar mehr werden. Es wird aber mit großer Wahrscheinlichkeit, was den Widerstand angeht, kein Gorleben werden. Vielleicht weil das Militär die Anti-Atom-Bewegung bereits Ende der Siebzigerjahre (z)erschlagen hat? Und der durchschnittliche französische Bürger ist doch – zumindest innerlich – stolz auf die so genannte »Force de Frappe«, die Atombombe…

Nichtsdestotrotz kommt es vor der Endlagerbaustelle immer wieder zu bunten Protestaktionen und Demonstrationen – und die tief ländliche Ruhe wird jeweils für einige Tage gestört. An jeder Kreuzung, vor den Toren der Baustelle oder mitten in einem Feld stehen gepanzerte bewaffnete Militärpolizisten. »Société nucléaire = société totalitaire« (atomare Gesellschaft = totalitäre Gesellschaft) lautet ein alter Spruch der Anti-Atom-Bewegung. Immer wieder mache ich die Erfahrung, dass er an seiner Bedeutung nichts verloren hat. Der Sommer 2005 – und insbesondere die eine Juli-Nacht – ist mir besonders in Erinnerung geblieben – für immer.

Über 2000 Menschen hatten sich für ein mehrtägiges Anti-Atom-Musikfestival unweit von der Baustelle der ANDRA (Nationalagentur zur Atommüllentsorgung) versammelt. Immer wieder kam es in diesem Zusammenhang zu Protestaktionen direkt am Zaun der Baustelle. Die Zufahrtsstraßen wurden tagsüber mit Steinmauern symbolisch gesperrt – im Acker nebenan gibt es Steine ohne Ende. Das ist eine

Art gewaltfreie Anspielung auf den erfolgreichen Kampf gegen das Atomkraftwerk Plogoff in den Siebzigerjahren. Dort ging es besonders hart zu. Steine gegen Gewehre, hieß es. Sogar die Elite der Armee, das Fallschirmbataillon, wurde gegen die Bevölkerung eingesetzt. Dennoch, das AKW wurde von der Bevölkerung verhindert.
Abends wurde in Bure öfter am Tor der ANDRA gerüttelt oder ein kleiner Spaziergang um die Anlage gemacht. Die französische Militärpolizei wird für ihre Gewaltbereitschaft sehr gefürchtet. Das wusste ich damals nur aus der Theorie und bekam es nun in der Wirklichkeit zu spüren.

An jenem Abend war es dunkel. Ich war um die Anlage auf Spaziergang gegangen – alleine, was sich im Nachhinein als fataler Fehler erwies. Als ich wieder nach vorne kam, herrschte Bürgerkrieg vor der Baustelle. Gepanzerte Polizisten griffen die DemonstrantInnen mit Schlagstock und Tränengas an, die Menge löste sich rasch auf. Von hinten kommend, geriet ich auf die falsche Seite von der Tränengaswolke – auf die Seite, wo die Polizisten standen. In der Hoffnung, noch nicht gesehen worden zu sein, hockte ich mich ins Gebüsch. Doch ich sah die Polizisten auf mich zu rennen. Sie waren voll gepanzert in Schwarz. Als Menschen waren sie nicht zu erkennen. Sie schlugen bereits auf ihre Schutzschilder und schrien gewaltig unverständliche Worte – die Gasmasken verzerrten ihre Stimmen. Ich stand auf und erhob die Hände. Damit wollte ich zeigen, dass ich keinen Widerstand leisten würde. Doch es half nichts. Ein Polizist griff meinen Kopf an den kurzen Haaren und zwang mich in eine gebeugte Haltung. Ein anderer Polizist hielt meine Hüften fest. Die anderen schlugen minutenlang mit ihren Schlagstöcken zu. Wie lange? Das weiß ich nicht. Ich erinnere mich nur an den Schmerz. Aus meiner subjektiven Perspektive dauerte es lange, viel zu lange. Am folgenden Tag ließ ich die Verletzungen ärztlich attestieren. Ich wurde für zwei Wochen krank geschrieben, ich konnte mich kaum bewegen, mein ganzer Rücken war blau.

Zurück zum nächtlichen Geschehen. Nachdem ich zusammengeschlagen worden war, wurde ich noch mit Handschellen auf dem Rücken gefesselt und in ein Gebäude der Baustelle geschleift. Etwas Verunsicherung konnte ich bei den Beamten zunächst verbreiten, indem ich mit ihnen nur auf Deutsch redete. »Folgen« und »Aufstehen«. Der Wortschatz der Beamten beschränkte sich auf diese beiden Worte. Ich wurde von den männlichen Beamten durchsucht. Für Verwirrung sorgte meine Identitätskarte. Ich bin Französin. In diesem Moment spürte ich die Kraft der Sprache. »Sie haben ein Verständigungsproblem, ich nicht«, erläuterte ich den Beamten auf Französisch. Anschließend sang ich mir laut deutsche Widerstandslieder vor, ich war nicht mehr aus dem Konzept zu bringen und sah den Beamten direkt in die Augen. Es half, den Schmerz zu vergessen. Ihr Gesicht konnten sie nicht mehr unter ihren Gasmasken verstecken. Der Blick des mächtigen Prügelbeamten flüchtete zu Boden. In diesem Moment wusste ich, dass ich gewonnen hatte. Ich fühlte mich stark. Ich wurde noch kurz in einen Raum zum Verhör beim Polizeieinsatzleiter geführt. Landfriedensbruch, lautete der Vorwurf.

**Tränengaswolke bei der Atommüll-Endlager-baustelle in Bure (Frankreich) 2005
Quelle: aaa-West**

Doch der Polizist wusste auch nicht, was er mit einer andauernd in einer Fremdsprache singenden Person anfangen sollte. Ich wurde ganz schnell wieder heraus begleitet. Von den Vorwürfen habe ich nie wieder etwas gehört. An die Schmerzen und an die Macht des Singens erinnere ich mich aber wohl. Letztere ist Kraft für den weiteren Widerstand. »Wir suchen neue Wege für dieses Land«, hieß das Lied.

Käfighaltung und die Macht der Gewaltlosigkeit

Die Überforderung der PolizeibeamtInnen ist spürbar. Sie haben ein Problem. Es könnte wie folgt zusammengefasst werden: Gefangen, aber doch noch so frei. Die BeamtInnen können mit Menschen, die sich ihre Freiheit nicht nehmen lassen, gar nicht umgehen. Heute müssen sie ca. hundert Neonazis den Weg frei machen – das schaffen sie wohl nicht, ohne Hunderte von GegendemonstrantInnen in Gefangenschaft zu nehmen. Viele Menschen sind fest entschlossen, sich dem braunen Mob in den Weg zu stellen. Wenn GegendemonstrantInnen auf die Idee kommen, mitten auf der Straße zu picknicken… das geht doch nicht! Also werden Menschen zur Polizeiwache gebracht und in Käfige gesperrt. Dafür hat die Polizei ihren Begriff: »Polizeigewahrsam«. Die DemonstrantInnen nennen dies stattdessen »Käfighaltung«. Sie werden wie Tiere in Käfigen stundenlang festgehalten, die »Zellen« bestehen in der Tat aus einer offenen Garage, ausgestattet mit Gittern. Die frierende März-Kälte beißt hinein. Es gibt wenig Platz, um sich zu bewegen, Schlafen ist auf dem harten, staubigen Boden quasi unmöglich.

Eine Aktivistin hält sich mit akrobatischen Turnübungen am Gitter warm. Das Gitter verwandelt sie in ein Turngerät, dass sie eingesperrt ist, spürt die Kletterin kaum noch. Sie fühlt sich frei.

Das passt den Polizisten nicht. Von Gefangenen erwarten sie ja schließlich Fügsamkeit und Gehorsam. Sie wollen zeigen, wer die Macht hat. Im Amtsjargon heißt das »Gewaltmonopol«. Also zeigen die Beamten, wozu sie fähig sind, um renitentes Verhalten zu unterbinden: Zu fünft stürmen sie in die Zelle hinein und fassen die ungehorsame Kletterin an Händen und Füßen. Die Hände werden in Kopfhöhe am Gitter gefesselt, die Füße unten, ebenfalls am Gitter. Zwei Stunden muss das Opfer dieser Polizeiallmacht in dieser Position ausharren. Es ist alles wunderbar abgeschirmt. Die Polizisten fühlen sich in Sicherheit, sie haben die Macht. Der Aktivistin wird es kalt und sie spürt mit der Zeit auch starke Schmerzen. Sie weist die Beamten daraufhin, dass sie rheumakrank ist. Von den kaltherzigen Uniformierten wird sie aber lediglich ignoriert oder ausgelacht. Jetzt erst recht, denkt sich die Gefangene. Sie weiß, wofür sie steht! Die Gewalt der Gegenseite verwandelt sie nun in Energie. Der Innenhof der Polizeikaserne wird für ca. zwei Stunden mit kämpferischen Widerstandsliedern beschallt. Die Gedanken sind frei, sie können nicht eingesperrt oder gefesselt werden. Dagegen sind die Polizisten machtlos. Das ist die Macht der Gewaltlosigkeit.

Quelle: Aktenzeichen: 51XIV 19/07 – Landgericht Göttingen

60 Der ungelesene Brief aus dem Gefängnis

Verwundert sehe ich auf die kahle, leere Wand und kann es nicht fassen, fühle mich fremd und einsam. Bin das wirklich ich, die hier sitzt? Bin das wirklich ich? Es ist wie ein merkwürdiger Traum, der nicht enden will. Eine Mischung aus Angst, Schmerzen und Langeweile. Wie langsam die Zeit vergeht, Stillstand im Kopf, nur ab und zu tauchen ein paar Bilder auf, kurze Sequenzen aus einem anderen Film. Es ist alles so irreal, ich bin tatsächlich in einem Gefängnis.

Es ist ein schönes Gefängnis, wie im Film. Alles ist sauber und hat seine Ordnung. Bevor man in das Gefängnis kommt, muss man eine halbe Stunde in der Kälte stehen, gefesselt und mit dem Blick auf die Mauer. Ich frage nicht nach dem Sinn dieses Vorgehens, es ist kein Scherz und mir ist auch nicht zum Lachen zumute. Es spielt für sie keine Rolle, wie lange du da stehst. Irgendwann darf man eintreten. Man gibt einfach alles ab, was man hat, alle persönlichen Sachen, alle Verantwortung, jegliche Selbstbestimmung. Wenn man noch ein wenig Würde hat, zieht man die gleich mit aus, damit steht man völlig nackt vor der Gefängniswärterin. Ich bin zu müde, um noch zu protestieren, völlig gleichgültig lasse ich die Prozedur über mich ergehen. Es tut weh, die Arme zu bewegen, das lange Gefesseltsein hat seine Spuren hinterlassen. Man bringt mich in eine Zelle und sperrt mich ein und endlich, endlich bin ich wieder allein. Ein winziges Stück Privatsphäre in der Anonymität dieses Raumes. Die Zelle ist klein und doch erscheint sie mir riesig, weil ich sie nicht mit 11 anderen Frauen teilen muss. Es ist wunderbar still und man kann sogar das Licht ausschalten. Ich muss keine Angst mehr haben, zu ersticken, denn es gibt ein Fenster, das sich öffnen lässt, durch die Schlitze im Fensterladen kann man sogar einen Blick nach draußen werfen. Ein Fernseher, ein Schrank, ein Regal, ein Waschbecken und ein Bett, schnell haben sich meine Augen an den Dingen satt gesehen. Es gibt keine Farben, nur graue Eintönigkeit. Ich muss an den verträumten Mäuserich Frederik denken, der Sonnenstrahlen sammelte für die kalten, dunklen Wintertage und Wörter für lange Tage, an denen man nicht mehr weiß, worüber man sprechen soll. Mein Kopf ist leer und mir ist kalt. Ich schlafe tief und fest und traumlos – zum Glück – und als morgens die Tür aufgeht und fremde Menschen in einer fremden Sprache auf mich einreden, ist es nur die Frühschicht, die mir das Frühstück bringt. Essen, endlich essen, mein Magen ist leer und ich fühle nichts. Im Halbschlaf stopfe ich das Essen in mich hinein. Es ist wie ein Trieb, iss, wenn du essen kannst, du wirst es brauchen.

Die Welt ist klein geworden, aber sie funktioniert. Ich drücke auf den Knopf in der Wand und die Tür öffnet sich. Ich frage, ob ich auf die Toilette darf und man geleitet mich dahin. Ich bitte um eine Zahnbürste und bekomme eine. Ich bin freundlich und anspruchslos. Wenn man die richtigen Fragen stellt, bekommt man auch die richtigen Antworten. Telefonieren darf ich nicht und auch nicht mit meinem Anwalt reden, vielleicht später. Die Polizei hat zu viel zu tun,

„Es wird Zeit, dass wir leben." Antiknast-Protest in Frankfurt am Main, Sommer 2012
Quelle: Privat

natürlich habe ich Verständnis. Ich möchte wissen, wie lange ich bleiben darf, aber sie sagen, sie wissen es nicht, natürlich glaube ich das.

Der Tag geht vorüber, es gibt Mittagessen, ich gehe auf die Toilette und ich bekomme Freigang. Ein schöner Gefängnishof, die Frauen laufen im Kreis, eine jede in ihrem Tempo, nachdenklich, traurig, wütend und unausgelastet oder freudig erregt. Die Wärterinnen sehen uns freundlich zu, es ist ein schöner Tag, die Sonne geht hinter den Gefängnismauern unter.

Anmerkung: Vielen Dank an »Ella«, die mir ihren Text zur Verfügung gestellt hat. Der Text ist 2007 im Zusammenhang mit dem Kampf um das selbstverwaltete Jugendzentrum Ungdomshuset in Dänemark entstanden.

62 Rechts-Staats-Anwalt

Unwissenheit schützt vor Strafe nicht? Das gilt nicht für den Staat und seine HüterInnen.
Sommer 2009, das Eichhörnchen wird in Gießen wegen »Kreidemalen« gegen Gentechnik zur »Verhinderung weiterer politisch motivierter Aktionen« festgenommen, wie es in dem polizeilichen Festnahmebericht steht. Es folgen eine Klage gegen die Freiheitsentziehungsmaßnahme und ein Beschluss vom Oberlandesgericht Frankfurt, der die polizeiliche Maßnahme für rechtswidrig erklärt, sowie ein Beschluss vom Verwaltungsgericht, der die Behandlung während der Haft, wie das Nackt-Ausziehen, ebenfalls für rechtswidrig erklärt. Das Eichhörnchen erstattet zudem Strafanzeige gegen den Einsatzleiter EPHK Klingelhöfer.

»Auch verwirklichten die Beschuldigten den Tatbestand der Freiheitsberaubung zum Nachteil der Anzeigeerstatterin sowohl in objektiver als auch subjektiver Hinsicht, da der Beschuldigte EPHK Klingelhöfer die Ingewahrsamnahme der Anzeigeerstatterin anordnete und die Beschuldigten PK Seibel und PK Brettschneider diese umsetzten.«
Wer diesen Auszug aus einer Verfügung der Gießener Staatsanwaltschaft liest, denkt, dass die Behörde gegen die Beamten Anklage wegen Freiheitsberaubung erhoben hat.

Er/sie täuscht sich aber gewaltig... Der Auszug ist Teil einer »Einstellungsverfügung« der Staatsanwaltschaft und der beschuldigte erste Polizeihauptkommissar ist kurz nach der Tat sogar zum Leiter der Polizeistation Wetzlar befördert worden. Unwissenheit schützt vor Strafe nicht. Dies gilt aber nicht für StaatsdienerInnen wie PolizeibeamtInnen (oder auch einige PolitikerInnen)... Eingestellt wurde das Verfahren, weil die Polizisten angegeben hatten, nicht gewusst zu haben, dass sie rechtswidrig handelten, weil sie die Gesetze, die sie täglich anwenden – ausgerechnet gegen das Polizeigesetz haben sie verstoßen – angeblich nicht kennen. Im Jargon der Staatsanwaltschaft, die sich richtig zwar zum Rechtsanwalt des Staates, aber zum Gegner des Rechtsstaats macht, heißt es:
»Allerdings ging der Beschuldigte EPHK Klingelhöfer von der Rechtmäßigkeit seines Handelns aus. Denn er meinte, die Ingewahrsamnahme der Anzeigeerstatterin wäre gem. §32 Abs. 1. Nr. 1. und Nr. 2 HSOG erforderlich und seine Anordnung damit gerechtfertigt gewesen.
Damit handelte der Beschuldigte in einem Irrtum über rechtfertigende Umstände (so genannter Erlaubnistatbestandsirrtum), was zur Straflosigkeit seines Handelns führt.«

In anderen Worten, die Beamten können wegen Freiheitsberaubung nicht bestraft werden, weil sie nicht vorsätzlich handelten, sie wussten ja nicht, dass sie rechtswidrig handelten und kennen das hessische Polizeigesetz und ihre Auslegung nicht. Als in diversen Medien darüber berichtet wurde, sorgte die Nachricht für eine gewisse Empörung.

Denn die Straflosigkeit scheint nur für eine bestimmte Klasse von Menschen zu gelten. Wenn ein Staatsoberhaupt Kredite zu Sonderkonditionen erhält und seine privaten Reisen dubios finanziert, ist dies kein Grund, ihn anzuklagen. Für viele PolitikerInnen ist dieses Verhalten ganz normal und gehört zum Alltag. Sie haben dabei kein Schuldgefühl und keine Ahnung davon, was es bedeutet, mit wenig Geld zu leben. Über das Leben dieser Menschen wollen sie aber bestimmen und urteilen. Das ist Klassengesellschaft pur.

Wenn Menschen »containern« gehen und beispielsweise abgelaufene Kekse aus den Mülltonnen einer Großbäckerei entnehmen, müssen sie sich – im Gegenzug zu PolitikerInnen und Bankern, die mit Millionen jonglieren – vor Gericht verantworten. Die Staatsanwaltschaft sieht da ein öffentliches Interesse bei der Strafverfolgung. Solch einen Prozess gab es in Lüneburg, mit vielen Verhandlungstagen in zwei Instanzen vor dem Landgericht.

Der Gießener Staatsanwaltsschaft habe ich in einem Beschwerdeschreiben mitgeteilt, was ich von dieser Schutzbehauptung halte. Die Ermittlungen wurden daraufhin wieder aufgenommen – und eingestellt. Wegen Geringfügigkeit, diesmal. Wenn ein Polizist bei einer Festnahme einen Kratzer, eine Schürfwunde von fünf Millimeter abbekommt, ist es eine Anklage wert, das öffentliche Interesse wird von der Staatsanwaltschaft bejaht – so ein Schürfwundenprozess gegen mich steht noch an. Wenn ein Polizist mich meiner Freiheit beraubt, ist es aber »geringfügig«. Die STAATsanwaltschaft ist wirklich der Anwalt vom Staat! Für diesen Staat ist die Freiheit von BürgerInnen nicht so wichtig wie der Schutz eines Polizeiführers.

Nach der Feststellung der Rechtswidrigkeit der polizeilichen Freiheitsentziehung durch das OLG klagte ich vor dem Landgericht Gießen 1500 Euro Schmerzensgeld gegen das Land Hessen erfolgreich ein (Amtsanhaftungsklage).

Quelle: Aktenzeichen: Staatsanwaltschaft Gießen 501 Js 7182/10 POL

64 Im Namen von Vattenfall

»Vattenfall-Cyclassics«, so heißt Hamburgs größtes jährliches Radrennen. An diesem Radrennen beteiligen sich bis zu 20.000 Menschen. Das ist beeindruckend und an sich eine gute Sache. Denn nur die wenigsten Radrennen haben etwas Besseres zu bieten als reinen Wettbewerb, als einen Haufen gedopter rasender Gestalten auf Rädern…
Problematisch ist aber der Sponsor Vattenfall, der mit Ereignissen wie den Cyclassics oder auch den »Lesetagen« sein Greenwashing betreibt und damit von seiner unverantwortlichen Politik ablenken will. Die Pannen-Atomkrafwerke von Vattenfall haben in der Vergangenheit für Schlagzeilen gesorgt. Hinzu kommen die schmutzigen Kohlegeschäfte des Konzerns; als Beispiel seien genannt: das Kohlekraftwerk Moorburg bei Hamburg und die riesigen Landstriche, die der Konzern bei Cottbus für den Braunkohle-Tagebau abbaggern lässt.
Öffentliche Aktionen – auch an vom Konzern unerwünschter Stelle – bringen diese Politik ins Licht der Öffentlichkeit. Im Namen von Vattenfall geht der Staat dann mit Gewalt gegen die KritikerInnen vor.

Meine erste harte »Begegnung« mit diesem Konzern war im Jahre 2007 in Lacoma. Dort lässt der Konzern ganze Landstriche für 20 Jahre Profit im Braunkohletagebau abbaggern: Menschen werden aus ihren Dörfern vertrieben, Ökosysteme zerstört.
Immer wieder gab es Widerstand – dieser bremste das Monster in seiner Zerstörungswut. Vattenfall ganz aufzuhalten gelang nicht – in einer strukturschwachen Region, wo ein Konzern wie Vattenfall das Sagen über Wirtschaft und Arbeitsplätze hat, ist es besonders schwer, sich Gehör zu verschaffen. Die Dörfer, die von der Landkarte gestrichen werden sollten, wurden besetzt und von der Polizei gewaltsam geräumt.
2007 fand eine Baumbesetzung statt, an der ich mich beteiligte. In einem Areal von über zwei Quadratkilometern wurden Bäume durch zwei Dutzend AktivistInnen besetzt gehalten. Mein Zuhause war eine mehrere Hundert Jahre alte Eiche mit einer gewaltigen Krone. Ich wohnte alleine in »meinem« Baum. Die Besetzung dauerte ca. zwei Wochen an. In dieser Zeit berührte ich nur dreimal den Boden. Seilbrücken bauen, Transparente spannen, Tag für Tag wurde mein Zuhause größer. Per Funk hielten wir Kontakt zu unserer »Basisstation«, die uns mit Essen und weiteren für die Besetzung notwendigen Gegenständen versorgte. Ohne die »Bodenleute« hätte die Besetzung gar nicht funktionieren können. Die Teichlandschaft war idyllisch, ein echtes Biotop mit zahlreichen seltenen Pflanzen- und Tierarten.

Schlafen konnten wir nachts allerdings kaum. Das Geräusch der Pumpen von Vattenfall, die das Wasser aus den tieferen Bodenschichten absaugten, ließ uns kaum ein Auge zumachen. Die Natur rund um uns starb allmählich. Die triste, lebensleere Grube des Tagebaus rückte immer näher. Irgendwann, das war Ende September 2007, kamen am frühen Morgen die Fälltrupps von Vattenfall. Der Sicherheitsdienst des Konzerns prügelte auf die Menschen, die sich am Boden versammelt hatten, ein.

Die Werksfeuerwehr machte sich dann an den Bäumen zu schaffen. Im Minutentakt wurden die Bäume um meine Eiche herum gefällt. Einer fiel nur wenige Meter von mir entfernt. Mit Hilfe der Polizei wurde ich dann geräumt. Die Polizei macht sich gerne zum Handlanger privater Konzerne. Umweltzerstörung im Namen des Profits.

Ich hatte mich am Baum in ca. 10 Meter Höhe mit einem Stahlrohr fest gekettet. Einen Schlüssel, um mich selbst zu befreien, trug ich nicht bei mir. UnterstützerInnen wurden auf 100 Meter Entfernung abgedrängt, es wurde keine Vertrauensperson in meiner Nähe zugelassen – nach dem Schlüssel hätte ich also nicht fragen können. Wenn sie das Leben der Menschen gefährdet, achtet die Polizei darauf, dass es keine ZeugInnen gibt.

Der Baum wurde bis auf wenige Zentimeter über meinem Kopf Stück für Stück mit einer großen Kettensäge abgetragen. Geschützt vor herabfallenden Holzklötzen und Spänen wurde ich nicht. Als ich dann zum Polizeifahrzeug geführt wurde, musste ich noch zusehen, wie mein Baum gefällt wurde... Den anderen AktivistInnen erging es ähnlich.

Es folgte dann eine Gerichtsverhandlung. Nicht gegen die Polizei, sondern gegen mich: Mir wurde »Passivbewaffnung« vorgeworfen. Die »passive Waffe« soll das Stahlrohr gewesen sein, womit ich mich am Baum fest gekettet hatte. Die Verhandlung platzte, als die Polizei zugeben musste, dass sie die Räumung zwar gefilmt habe, das Beweismaterial aber inzwischen nicht mehr auffindbar sei... Oder war die Polizei auf ihre Cowboy-Räumungsaktion mit Gefährdung von Menschenleben doch nicht so stolz? Inzwischen konnte eine Einstellung des Verfahrens erreicht werden.
Ob Klimacamp, Baumbesetzungen oder Aktionen bei Vattenfall-Greenwashing-Veranstaltungen: In Hamburg gibt es schon lange Proteste gegen Vattenfall. Ich habe mich häufig daran beteiligt.

Für viele Debatten in der Öffentlichkeit sorgte unsere erfolgreiche Baumbesetzung gegen das Kohlekraftwerk Moorbug und die dazu gehörige Fernwärmeleitung im Winter 2009/10. Drei Monate hielten wir die Bäume im verschneiten Gählerpark besetzt. Täglich besuchten uns EinwohnerInnen, PassantInnen, Schulklassen und JournalistInnen, um sich über unsere Aktion zu informieren. Eine Baumbesetzung mit so viel Öffentlichkeit hatte ich zuvor nie erlebt. Wir konnten bei der Fernwärmeleitung einen Baustopp erreichen. Es ist nicht das Aus für das Kohlekraftwerk, aber ein Schritt in die richtige Richtung. Es verlieh uns Flügel für weitere Aktionen gegen den Konzern! Das Unternehmen verlor allein in Hamburg Zehntausende KundInnen an Ökostromanbieter. Fukushima spielte hier sicherlich eine gewisse Rolle. Wir nutzten unsererseits die Gelegenheit, um Vattenfall aufs Dach zu steigen und Transparente an der Fassade des Konzerns aufzuhängen.

Erfolgreiche Kletteraktion gegen die Vattenfall-Cyclassics im Zielbereich des Radrennens, August 2013
Quelle: Gegenstrom 13

Die heiligste Veranstaltung des Konzerns zum Grünwaschen seines Images bleiben die Vattenfall-Cyclassics. Als Anti-Vattenfall-Initiativen im Jahr 2010 und 2011 zum Protest aufriefen, war klar, dass die Polizei dem Konzern bei der Verhinderung von Aktionen zur Seite stehen würde. 2010 gelang uns ein großer Überraschungscoup. Wir spannten ein riesiges Transparent über der Rennstrecke am symbolträchtigsten Ort des Rennens, der Köhlbrandbrücke. Zahlreiche RadfahrerInnen zeigten ihre Unterstützung mit Beifallsbekundungen beim Durchfahren. Die Polizei war zum Zuschauen verdammt.

Ein Jahr später suchten wir uns Bäume an der Rennstrecke in der Nähe des Zieles aus. Doch Vattenfall zeigte seine Zähne.
Zuerst hantierten Verantwortliche des Radrennens mit einem an einer Stange befestigten Messer um uns zwei KletterInnen herum, dies führte – wohl aus Sicherheitsgründen, weil Material der AktivistInnen beschädigt wurde – zum Abbruch der Aktion. Obwohl die Polizei erst eintraf, als wir uns bereits abseilten, wurden wir auf Anordnung von Landespolizeipräsident Kneupper festgenommen.

Laut Gesetz darf einer in Gewahrsam genommenen Person keine aktive Mithilfe an ihrer Festnahme abverlangt werden. Aber für ihre eigenen Gesetze interessiert sich die Polizei schon gar nicht... Also scheuten die BeamtInnen nicht davor zurück, uns zu verletzen, um so aktive Mithilfe zu erzwingen. Meine Schwerbehinderung war den PolizistInnen vollkommen egal, sie verletzten mich an meinem rheumakranken Handgelenk und verweigerten mir dann ärztliche Hilfe. Die durch diese Misshandlungen hervorgerufenen Schmerzen hielten mehrere Wochen an. Meinem Kletterpartner erging es ähnlich. Vor seiner Festnahme war er unverletzt. Als wir uns wieder sahen, blutete er an den Beinen sehr stark, auf seinem Gesicht waren Prellungen zu sehen.

Es wurde gegen die Polizeimaßnahmen Klage eingereicht. Ein Jahr später war darüber aber immer noch nicht entschieden worden. Nicht einmal die Akte wurde vorgelegt. Im Namen von Vattenfall wurde dagegen schnell geurteilt. 100 Tagessätze bekam mein Kletterpartner vom Landgericht aufgebrummt, weil eine Polizistin, die zuvor an den Misshandlungen beteiligt gewesen war, sich von ihm beleidigt gefühlt hatte. Ist es nicht etwa sozialadäquat, mit irgendeiner Äußerung auf Polizeigewalt zu antworten? Diese Klärung hielt das Gericht nicht für nötig, obwohl sie eine Voraussetzung für die Strafbarkeit einer Beleidigung darstellt. Das war nackte Staatsgewalt im Namen von Vattenfall.

Quelle: Aktenzeichen 5 K 1971/11 – Verwaltungsgericht Hamburg

Explosiver Kampf gegen eine Hochspannungsleitung

In Erinnerung an Vital Michalon, der 1977 bei einer Anti-Atom-Demonstration durch die französische Militärpolizei ermordet wurde.

Vom 22. bis zum 24. Juni 2012 fand in der französischen Normandie in Montabot unweit von Le Chefresne ein »Widerstandswochenende gegen die HSL« statt. Das 350-EinwohnerInnen-Dorf Le Chefresne ist bekannt geworden, weil es sich vom Stromnetzunternehmen RTE nicht kaufen ließ und gegen den Bau einer Hochspannungstrasse à zwei mal 400.000 Volt kämpfte. 197.518 Euro bot RTE an. Das ist der Jahreshaushalt der Kommune. Damit sollte für die Hochspannungsleitung (HSL) Akzeptanz geschaffen werden. 46 Gemeinden sprachen sich zu Beginn gegen die neue Hochspannungsleitung aus. Heute sind es nur noch vier. Der Widerstand wurde »gekauft«, sagen viele. Das ist keine neue Taktik der Atommafia. AKW-Standorte oder auch die Gegend um Bure (geplantes Atommüllendlager in Lothringen) wurden in ähnlicher Art und Weise »konvertiert«. Doch tot ist der Widerstand in der Normandie nicht – im Gegenteil. Seit Beginn der Bauarbeiten Ende 2011 hat er sich auf die Baustellen verlagert. Dabei gerät »das Ganze«, die Atom- und Energiepolitik, nicht aus dem Blickfeld.
Eine Sorge, das Camp in Montabot nicht zu finden, brauchten sich die BesucherInnen nicht zu machen. Der Hubschrauber im Tiefflug zeigte, wo es hingeht. An etlichen Straßenkreuzungen standen schwer bewaffnete Menschen in Uniform, die meinen Ausweis sehen wollten. Das war die Militärpolizei. Wer Atomkraft sagt, sagt auch Polizeistaat. Der Schock war nach 20 Stunden Zugreise groß, die Anspannung sofort zu spüren.

PressevertreterInnen waren auf dem Camp unerwünscht. Das sorgte für Diskussionen, denn ein Anliegen war ja auch, Inhalte des Antiatomkampfes nach Außen zu tragen. Es herrschte aber Misstrauen der Presse gegenüber. Und die Angst vor Repression. Erst wenige Tage vorher waren drei AktivistInnen für einen Tag in Gewahrsam genommen worden. Ihr Vergehen? Sie haben anlässlich der Demonstrationen gegen den letzten Gorleben-Castor in Valognes mit der Presse geredet und werden nun wegen »unerlaubter bewaffneter Zusammenrottung« und Sachbeschädigungen an der Bahnanlage (mit)verantwortlich gemacht.

Ca. 400 Menschen hatten ihr Zelt in Montabot aufgeschlagen. Die Workshops waren gut besucht. EinwohnerInnen kamen auch vorbei. Die Einheimischen beleuchteten die Geschichte der Atompolitik in der Normandie.
Es ging gleich nach dem Krieg mit der militärischen Nutzung der Atomkraft los. Die Ökobewegung hat es damals schwer gehabt. Bei ihrem Entstehen waren bereits Tatsachen geschaffen worden.
Landwirte erzählten von ihren Problemen mit den bestehenden Hochspannungsleitungen. In der Normandie gibt es bereits zwei Leitungen. Verringerte Milchproduktion, plötzlicher Tod bei vielen Tieren sind die Folge. In solchen Fällen bieten

das Stromnetzunternehmen RTE, die Landwirtschaftskammer und das Landwirtschaftsministerium Geld. In den Verträgen steht dann, dass über deren Inhalt niemand unterrichtet werden darf, ohne dass dies schriftlich von den Parteien genehmigt wird. Wer sein Schweigen bricht, muss das Geld zurückzahlen. Eine effektive Art, die Auswirkungen der Hochspannungsleitung zu verstecken. Ein Bauer erklärte, die öffentliche Auseinandersetzung um die Trasse habe immerhin ein paar Betroffene dazu gebracht, das Tabu zu brechen. Das feuchte Klima und der eisenreiche Boden begünstigen Streustrom. Das wird als Ursache für die Probleme angesehen. Gesicherte Erkenntnisse gibt es aber nicht.
Dass es den TeilnehmerInnen ums Ganze ging, zeigte sich bei einem gut besuchten Workshop zum Thema »Internationale Energie-Großprojekte«. Angelpunkt waren die so genannte »europäische Stromautobahn« von der Normandie über Spanien nach Deutschland, und »Desertec«, der Solarstrom aus der Wüste. Die Normandie produziert bereits 300% ihres eigenen Stromverbrauchs! Ein neues AKW in Flamanville befindet sich im Bau; ein riesiges Gezeitenkraftwerk ist in Planung. Als ich die Situation in Deutschland schilderte, die neuen Kohlekraftwerke und den geplanten Bau von neuen Hochspannungsleitungen quer durch Deutschland erwähnte, wurde die Brücke zur »europäischen Stromautobahn« geschlagen. Der gemeinsame Nenner der genannten Projekte ist der Zentralismus und ihre Durchsetzung über die Köpfe der Menschen hinweg. Energiewende ja, aber dezentral! Darüber waren sich alle Beteiligten einig.

»Wer hat noch keine Schwimmbrille? Wo ist das Augenspülmittel hin? Wer hat Atemschutzmasken übrig?« Die Polizeipräsenz um das Camp ließ befürchten, dass diese Ausrüstung benötigt wird. Es sollte an diesem verregneten Tag zwei Demonstrationszüge geben. Eine ruhige Demo mit Kind und Kegel und eine »offensive« Demonstration mit einer geplanten Straßenblockade. Die DemonstrantInnen waren dementsprechend mit Schutzbrillen, Masken und Gegenständen zum Barrikadenbau ausgerüstet. Barrikaden gehören in Frankreich regelmäßig zu einer Demonstration dazu. Sitzblockaden werden von der Polizei mit Tränengas angegriffen.
Die »Divergenz-Aktionen« sollten die Logistik der Polizei beeinträchtigen. Nur so hätten sich andere dem Objekt des Protestes nähern können: den Strommasten.
So weit kam es an diesem Sonntag nicht. Die »ruhige Demonstration« wurde nach wenigen Hundert Metern mit Tränengas angegriffen und musste den Rückzug antreten. Der »offensiven« Demonstration erging es nicht viel anders – trotz Ausrüstung, die mir in der Situation wie eine Ritterrüstung aus dem Mittelalter vorkam. Die Polizei griff nach hundert Metern ohne Vorwarnung an. Der schmale Waldweg wurde den DemonstrantInnen zum Verhängnis. Bereits beim ersten Angriff gab es Schwerverletzte. Ein Teil der DemonstrantInnen wich in ein Feld aus. Die Verletzten wurden versorgt. Doch selbst auf die SanitäterInnen, die sich um die Verletzten kümmerten, schoss die Polizei. Eine Praxis, die selbst in einer Kriegssituation als Verbrechen gegen die Menschheit gilt.

Innerhalb einer halben Stunde wurden ca. 25 Menschen verletzt. Die meisten durch die Splittergranaten. Eine Frau wurde von 15 Splitterteilen am ganzen Körper (Brust und Vagina inklusive) verletzt. Ein Splitterteil wurde im Krankenhaus entfernt, weil ein Nerv durchgeschnitten wurde – was ihr Schwierigkeiten bei der Steuerung ihrer Finger bereitet. »In unserer schönen Demokratie darf mit Kriegswaffen auf die Bevölkerung geschossen werden«, erklärten die DemonstrantInnen später. Zwei Personen wurden am Auge schwer verletzt. Einen Demonstranten traf eine Granate am Kopf, ihm bleibt an einem Auge nur noch 1/20 der Sehfähigkeit. Er wurde bewusstlos zum Camp zurückgebracht, der Krankenwagen wurde über eine halbe Stunde von der Polizei in Campnähe festgehalten. Ein zweiter Krankenwagen erreichte nie sein Ziel. Die anderen Verletzten mussten auf eigene Faust mit FreundInnen zum Krankenhaus, was keine einfache Sache war, da die Polizei Sperren um die Krankenhäuser eingerichtet hatte, um an die Identität der Verletzten zu kommen.

»Es hat mich an Malville erinnert; das war das Aus der Anti-Atom-Bewegung«, erklärte mir ein etwa 60-jähriger Aktivist.
Malville steht für den schnellen Brüter Superphoenix und den Tod von Vital Michalon 1977. Eine Splittergranate traf damals Vital Michalon auf Brusthöhe, kurz darauf starb er, offiziell an einem Herzinfarkt. Mehrere Demonstranten verloren eine Hand oder einen Fuß, als die Granaten explodierten. Genau solche Granaten setzte die Polizei in Montabot ein: Bei der Explosion dieser Granate ist eine extrem laute Detonation zu hören (160 Dezibel), Gummigeschosse sowie Splitterteile aus Metall verteilen sich. Eine Explosion am Boden macht einen Krater von einigen Zentimetern. Die Splitterteile der Granate können Menschen treffen und sich mehrere Zentimeter durch das Fleisch in den Körper fressen.

Malville war für viele Menschen ein Schock. Viele resignierten. Es wurde nach »Schuldigen«, nach »Erklärungen« gesucht. Eine Spaltung der Anti-Atom-Bewegung war die Folge. Die einen meinten, der Staat spalte zwischen »guten« und »bösen« DemonstrantInnen, zwischen »militanten« und »gewaltfreien«. Genau diese Schwächung wolle der Staat erreichen. Die anderen meinten, der Staat spalte sehr wohl, aber nicht zwischen »militant« und »gewaltfrei«, sondern zwischen »illegal« und »gesetzestreu«. Wer die Legalität überschreite, mit welcher Aktionsform auch immer, gelte als »böse«. Es war das Ende einer Massenbewegung (mit wenigen Ausnahmen in der Zeit danach), die von der Staatsgewalt niederschlagen wurde und sich dann selbst zerfleischte.
Wie es sich in der Normandie nun, nach der Wende vom 24. Juni 2012 entwickeln wird, ist ungewiss. Es fühlte sich an diesem Tag besonders seltsam an. Die Geschichte war nicht weit – damit ist Malville gemeint.
Die Bewegung in ihrer Vielfalt muss sich zunächst mit sich selbst beschäftigen und einen gemeinsamen Weg finden. Die Nachbereitung hat bereits angefangen.

Ihre bittere Enttäuschung formulierten zahlreiche AnwohnerInnen. »In der Presse ist nur die Rede von Chaoten. Es war ein Fehler, den Journalisten den Zutritt zum Camp zu verbieten. Die haben nur die Bilder der Auseinandersetzung mit der Polizei!«

Aufgehobene Trännengasgranate in Montabot nach der Demonstration, Juni 2012 Quelle: Privat

Der Schock bringt Unterschiede zutage. Die einen lehnen das ganze System ab, die anderen engagieren sich allgemein gegen die Atomkraft, andere stört es nur, weil es den »eigenen Garten« betrifft.
Was den Widerständigen am meisten zu schaffen macht, sind Ohnmachtsgefühle. Die Explosion vom 24. Juni war eine Folge der Entwicklungen seit Baubeginn im November. Der Staat steigert die Intensität der Repressionsmaßnahmen: Festnahmen, Hausdurchsuchungen, Hubschrauber im Tiefflug über die Häuser zur Tages- und Nachtzeit und nun der Einsatz von Splittergranaten bei Demonstrationen – dazu war es vorher noch nicht gekommen. Bei den EinwohnerInnen liegen die Nerven blank. Die Anspannung, auch innerhalb der Bewegung, muss aus dieser Perspektive betrachtet werden. »Der Staat reagiert mit dieser Gewalt, weil wir einfach zu gut sind«, schmunzelt ein Aktivist. Er hält eine 21 Seiten lange, einstweilige Anordnung in der Hand. Das Stromnetzunternehmen RTE untersagt ihm, sich einem Strommast zu nähern. Pro Verstoß und angefangener Stunde muss er 2000 Euro zahlen. Begründet wird dies mit den über 60 Sabotageaktionen an Masten oder Baustellenmaterial seit Beginn der Bauarbeiten. Polizeibekannte Menschen haben diese Verfügung vor den Aktionstagen von Polizisten persönlich ausgehändigt bekommen. Die Liste ist nicht einmal vollständig, erklärt ein anderer Aktivist mit glänzenden Augen. Über 60 Sabotageaktionen und es wurde keiner erwischt – bei der Polizei liegen die Nerven auch blank.
Das ist nicht zu übersehen. Streit und Anspannung überwiegen an diesem Tag. Werden die Sabotageaktionen aber erwähnt, gibt es viel Gelächter. Ein Grund zu denken, dass es weitergehen wird. Ihr Ziel haben die Menschen nicht aus den Augen verloren.

Über den Widerstand gegen die Atomkraft in der Normandie habe ich 2012 einen halbstündigen Radiobeitrag produziert: http://blog.eichhoernchen.fr/post/Radiobeitrag-ueber-aktuelle-Entwicklungen-im-Antiatomwiderstand-Normandie

Erstdruck in der Zeitschrift Graswurzelrevolution, Nummer 371

V.

Im Gedenken an Sébastien Briat

Im Zuge der Protestaktionen gegen einen Castortransport von La Hague in Frankreich nach Gorleben versuchte eine Gruppe von UmweltaktivistInnen am 7. November 2004 bei Avricourt in Frankreich den CASTOR-Zug zu stoppen. Mit einer Ankettaktion wollten sie ihrem Protest gegen die Atomkraft Ausdruck verleihen. Eine Verkettung von Fehlern und Fehleinschätzungen führte zu einem tödlichen Unfall. Sébastien, der zur Blockierergruppe gehörte, wurde vom Fahrtwind des Zuges erfasst und auf die Schiene geschleudert. Er starb noch am Unfallort in den Armen eines Freundes. Als ich von dem Tod von Sébastien erfuhr, saß ich in einer Zelle auf der Polizeiwache in Nancy.
Wie ich dies erlebte, wie seine Weggefährtinnen und Weggefährten reagierten und wie es weiter ging, wird in den drei folgenden Texten geschildert.

Tief in der Nacht zum 07. November 2004 machten wir uns auf den Weg nach Laneuveville-devant-Nancy. Die 14-köpfige Gruppe setzte sich ins Gebüsch neben der Schiene. Der Anfang einer langen kalten Nacht.
Gegen 11 Uhr kam die erste Nachricht: »Der Zug passierte gerade Nancy«. Ganz schnell wurde der Schotter weggeschoben, und der Hubschrauber, der dem Zug voraus flog, entdeckte gleich die Gruppe. Bald bekamen wir das Signal: »Der Zug bremst«. Eine kleine Gruppe ging mit einem Transparent Richtung Zug und empfing die Bereitschaftspolizisten mit einem Zettel, worauf stand, es gehe um eine gewaltfreie Aktion gegen Atomkraft. Zur Überraschung der Polizei war die Presse auch schon vor Ort.
Es ging uns darum, gegen die Atomkraft und Atomtransporte durch eine entschlossene Aktion zu protestieren. Seitdem Atomtransporte in Frankreich zum Militärgeheimnis erklärt wurden, wissen die Leute nicht einmal, dass solche Züge durch Städte und Gemeinde fahren. Ja, mit unserer Blockade haben wir ein Militärgeheimnis gelüftet! Die Aktion fand zudem in der Nähe einer Chemiefabrik statt. Ich wohnte in Toulouse in Frankreich und weiß, wie eine solche Fabrik explodieren kann! 2001 kam es in der Fabrik der AZF (Azote de France) bei Toulouse zu einer Explosion, bei der 31 Menschen starben und eine riesige Panik entstand.
Erst als die Polizei sich in Richtung Blockadestelle bewegte, kettete ich mich mit einem Rohr an den Schienen an, zusammen mit Camille. 12 weitere UnterstützerInnen besetzten die Schiene. Die Polizei versuchte, mich zunächst mit Gewalt loszuziehen, dies gelang ihr aber nicht. Sie holte Werkzeug und flexte das Rohr auf. Der Rest der Gruppe kommentierte die – ineffektive – Handlung der Polizei amüsiert, es wurden Lieder gesungen.
Nach anderthalb Stunden Arbeit wurden wir »befreit« und gleich mit Handschellen abgeführt. Der Polizeichef nahm offenbar die Sache ernst und kam vor Ort, um die Ingewahrsamnahme beider »Angeketteten« selber festzustellen. Die Festnahme wurde mit Akkordeonspiel begleitet, eine Unterstützergruppe aus Nancy war nachgerückt und wartete beim Bahnübergang. Die 12 weiteren BlockiererInnen wurden zum Zweck der Personalienfeststellung mitgenommen. Der Zug fuhr gegen 13:30 Uhr weiter.
Der Abtransport dauerte noch etwas Zeit, da die Polizei meinen Ausweis haben wollte. Aber mit gefesselten Händen war das ja nicht möglich. Wir wurden auf der Polizeiwache wie üblich verhört und anschließend in engen Einzelzellen – mit getrockneter Blutlache am Boden – stundenlang eingesperrt. Störung öffentlicher Betriebe wurde uns vorgeworfen. Das Gesetz stammt aus dem zweiten Weltkrieg, aus der Vichy-Zeit. Beeindruckt war ich von alldem nicht. Wir hatten uns gut vorbereitet und wussten, wie wir mit Repression umgehen wollten. Die Freude, den Zug für über zwei Stunden zum Stehen gebracht zu haben, war groß.
Die Freude dauerte aber nicht lange. Ein Polizist kam Ende des Nachmittags grinsend zu mir in die Zelle und sagte: »Der Zug hat einen Atomkraftgegner überrollt.« Trauer, Wut und Empörung, ich konnte es nicht fassen. Es war umso schwieriger, dass ich alleine in der Zelle war und mich nicht mit Menschen unterhalten konnte.

**Ankettaktion bei Nancy (Frankreich) gegen den Castortransport 2004 nach Gorleben
Quelle: David Sterboul/Privat**

Ich wusste nicht, ob ich mit dieser – vielleicht falschen – Information zur Aussage erpresst werden sollte oder ob wirklich jemand ums Leben gekommen ist.
Wir kamen gegen 20:30 Uhr frei und wurden von Presseanfragen überrumpelt. Viele AktivistInnen standen unter Schock und wollten mit der Presse nicht reden. Doch überall war die Rede davon, die AktivistInnen um Sébastien seien lebensmüde gewesen. Als seien die Gefahren der Atomkraft, gegen die die Gruppe sich wehrte, nicht größer. Ich fühlte mich dafür verantwortlich, gegen diese Verdrehung anzukämpfen.
Beide Aktionsgruppen haben unabhängig voneinander gehandelt. Die Gruppe um Sébastien hatte genauso viel Erfahrung wie unsere. Für uns ist eines klar: Atomkraft hat getötet, und Menschenleben sind der Atomlobby nichts wert. Wir alle sind schockiert. Wir wollen weder Helden noch Märtyrer sein. Aber wir vergessen die Nachricht von Sébastien nicht und wir werden uns weiterhin quer stellen. Sébastien kämpfte für das Leben!

Anmerkung: Dieser Text entstand 2004 kurz nach dem Tod von Sébastien.

Erklärung der Freundinnen & Freunde von Sébastien zu den Umständen seines Todes

„Am 7. November 2004 starb Sébastien, als ihn die Lokomotive des Atommüllzugs nach Gorleben erfasste. Einige Wochen zuvor hatte er sich mit anderen von uns zum Handeln entschieden, um die Angreifbarkeit dieser Transporte publik zu machen. Die Tatsache, dass er tot ist, sollte nicht vergessen lassen, dass diese Aktion gewaltfrei, überlegt und freiwillig war.
Auch wenn dieses Drama es so erscheinen lässt, war unsere Tat keinesfalls unverantwortlich, bzw. ein Akt der Verzweiflung. Unser Engagement ist das Ergebnis tiefster Überzeugung von der Realität der bestehenden Gefahr, welche die Atomkraft schon viel zu lange darstellt. Diese Aktion war gemeinsam genauestens vorbereitet: Genaue Ortskenntnisse und die Berücksichtigung eines Notfallstopps.

Wir hatten mehrfach die Möglichkeit in Betracht gezogen, dass der Zug nicht anhalten könnte. Da wir uns in einer langgezogenen Kurve mit eingeschränkter Sicht befanden, war uns klar, dass wir notfalls die Gleise sehr schnell verlassen müssten. Wir lagen zu viert neben den Schienen, da wir zwei Rohre unter den Gleisen platziert hatten. Niemand lag zwischen den Schienen, um notfalls schnell wegzukommen. Wir waren nicht angekettet und hatten so die Möglichkeit, schnell den Arm aus dem Rohr zu ziehen.

Leider konnte die Gruppe, die den Zug 1500 m vorher zum Bremsen bringen sollte, nicht handeln. Der Hubschrauber, der ständig dem Zug voraus fliegt, fehlte. Er war »Tanken«; aber die Gruppe rechnete damit, dass er die Ankunft des Zuges signalisieren würde. Da neben dem Zug Fahrzeuge der Gendarmerie mit hoher Geschwindigkeit fuhren, konnte die Stoppergruppe nicht handeln. Vor dem Transport konnte also weder vom Hubschrauber noch von den StopperInnen gewarnt werden und so kam er mit 100 km/h auf uns zu. Diese Verkettung von Umständen brachte uns in Gefahr. Deswegen hatten die Personen, die an den Gleisen lagen, sehr wenig Zeit festzustellen, dass der Zug seine Geschwindigkeit nicht verringerte. Wir hatten es geübt, sekundenschnell wegzukommen.

Sébastien wurde dabei erfasst, als er die Gleise verließ. Sein Arm steckte nicht in dem Rohr fest, wie die durchzuführenden Untersuchungen beweisen werden. Es ging alles so schnell, dass wir ihm nicht helfen konnten.

Wir waren in der Kälte zehn Stunden lang etwa 30 m von den Gleisen entfernt am Waldrand versteckt. In dieser Zeit wurden weder wir noch die Vorposten zur Benachrichtigung (15 Kilometer entfernt vom Ort der Aktion) noch die Gruppe, die den Zug stoppen sollte, von den Sicherheitskräften entdeckt. Wir wurden auch nicht entdeckt, als wir im Vorfeld um fünf Uhr morgens die Rohre unter die Schienen legten. Es ist klar, die Verantwortung jedes Beteiligten muss festgestellt werden, unsere inbegriffen. Zur Stunde erleben wir einen der schlimmsten Augenblicke unseres Lebens.

Neben vielen bekannten Gründen für die Aktion ging es uns in erster Linie um den Schutz unseres Planeten, der Jahr für Jahr mehr zerstört wird. Es ging uns aber auch um die Infragestellung dieses monolithischen Staates. Wir haben nicht aus Unreife oder Abenteuerlust versucht, den Zug zu stoppen, sondern weil die Atompolitik dieses Landes nur so zu einer elementaren Frage werden kann. Sébastien ist durch einen Unfall gestorben, er hat es sich nicht ausgesucht, niemand wollte es. Er starb nicht nach einem Discobesuch betrunken am Steuer, sondern bei einer Aktion, um seiner Überzeugung Gehör zu verschaffen.

Sein Tod wird deshalb für uns nie ein beliebiges Vorkommnis sein. In der Situation, in der wir derart verlassen und verloren waren, hätten wir uns nie vorgestellt, so viel Unterstützung zu bekommen. Wir danken vor allem unseren FreundInnen und Eltern, vielen Initiativen, aber auch Tausenden anonymen Deutschen und Franzosen/Französinnen, die in seinem Andenken Demonstrationen und Andachten organisierten. Die Stärke der Solidarität überwältigt und berührt uns. Das Wichtigste ist für uns, einen Bruder zu beweinen und seine Familie zu unterstützen, nicht sein Bild zu instrumentalisieren. »Bichon« war voller Lebensfreude und -energie, nicht nur Atomkraftgegner. Dieser Text ist weder eine Beichte noch eine Anschuldigung, wir wollen dadurch nur die Wahrheit dieser Ereignisse wiedergeben."

Seine Weggefährtinnen und Weggefährten

Seit dem Tod von Sébastien hat es in Frankreich weitere Ankettaktionen an der Schiene gegeben. Mit Unterstützung von GewerkschaftlerInnen der französischen Bahn konnten die AktivistInnen ihre Sicherheitsvorkehrungen verbessern. Die zweitgrößte französische Eisenbahngewerkschaft Sud-Rail nimmt öffentlich Stellung gegen Atomtransporte. Trotzdem gab es 2010 bei einer Ankettaktion gegen den Castortransport nach Gorleben in Caen Schwerverletzte, weil die Polizei beim Auftrennen der Ankettvorrichtungen keinerlei Schutzmaßnahmen traf. Sie verweigerte beim Aufflexen mit einer ungeeigneten Straßenflex die Kühlung und eine Schutzschiene in der Ankettvorrichtung. Die Folge waren Verbrennungen dritten Grades und durchgeschnittene und durchgeschmolzene Sehnen. Als Antwort darauf wurde dann für den Castortransport nach Gorleben zu Massenprotesten nach Valognes aufgerufen. Dem Aufruf folgten über 800 Menschen. Eine Premiere bei einem Transport nach Gorleben in Frankreich.

Dabei! Eine kleine Castor-Geschichte

Es ist wie auf einem Schlachtfeld. Es ist Nacht. Die Menschen sind ermüdet und nass. Sie haben stundenlang versucht, den Castor mit seinem hochradioaktiven Müll anzuhalten. Eine riesige Polizeiarmee mit ihren Schlagstöcken und Wasserwerfern hat sie daran gehindert.

Die tödliche Fracht hat jetzt ihr Ziel erreicht, und du denkst, die Schlacht ist für heute vorbei. Aber nein, eine Berliner Einheit rennt plötzlich auf die Menschen zu. Das ist die Rache. Sie schlägt auf alles ein, was sich bewegt. Ich stürze und kriege ein paar Schläge ab. Ich bin verzweifelt, und ich frage mich, ob der Preis für den Kampf gerade nicht zu hoch geworden ist. Meine Gesundheit ist mir ja wichtig.

Kurz darauf fange ich aber den Blick von einem guten französischen Freund ein. Tränen kommen mir in die Augen. Vor ein paar Jahren starb Sébastien in seinen Armen, als er vom Castorzug erfasst wurde. Ich fühle mich plötzlich wieder stark. Trotz der harten Repression sind wir dabei. Wir kämpfen für das Leben.

VI.

Überwachung… mit besonderen Mitteln

Bilder… überall Bilder. Ich schrecke auf, werde wach… nur geträumt. Was war das? Ich ging durch bekannte und unbekannte Gegenden. Urwald und Zivilisation und überall tauchten Kameras auf. Mal mit Fotograf, mal nur 'ne Filmkamera und sie knipsten… mich!
In Augenblicken voller Bedeutungslosigkeit. Wer sind sie, die mich fotografieren? Was fangen sie mit den Bildern an?

Ach, hätte ich dem Kerl doch den Vogel gezeigt oder wenigstens schöne Grimassen geschnitten. Der, der in einer Gruppe am Dienstag neben der unseren stand. Ich drehe mich zufällig um und blicke in eine direkt auf mich gerichtete Objektivlinse. Klick, klick. Der Auslöser muss ein volles Frontalbild von mir eingefangen haben. Schade! Wer ist der Süffsack? Ich hätte ihn auch fotografieren sollen, aber: keine Kamera da. Fände er es toll? Reagiert der genauso nervös und panisch verängstigt wie der eine neulich, weil das, was er tut, Unrecht ist?

Mein Bild gehört mir. Aber in Bildern steckt auch Macht. Macht auch für uns. Zu Bildern gehören Gesichter, Namen, Taten. Sie können beweisen und öffentlich machen, können erinnern. Und allein die Androhung, jemanden zu filmen lässt manch einen sich auf seine Pflichten besinnen. Ich kann zwar nicht ständig mit einer Maske mit der Aufschrift: »Kameramann Punkt, Punkt, Punkt« herumlaufen; aber ich kann den Spieß umdrehen.

Anmerkung: Dieser Text wurde vom Autorenkollektiv Lüneburger Initiative gegen Atomanlagen (LIgA) zur Verfügung gestellt. Entstanden ist er anlässlich einer Lesung zum Thema Repression, nach einer bekannt gewordenen Überwachung von AktivistInnen der Gruppe durch ein Mobiles Einsatzkommando der Polizei im Jahre 2006.

Der Kollateralschaden

Heute treffe ich einen guten Freund, ich freue mich darauf. Wir haben uns seit ein paar Wochen nicht mehr gesehen. Wir haben so viel zu besprechen, aber wir können uns ja nicht am Telefon darüber unterhalten.
Nein, versteht mich nicht falsch! Ich habe nichts zu verbergen. Aber ich möchte nicht, dass der Verfassungsschutz oder auch der Staatsschutz mithört. Das ist ja meine Privatsphäre. Ich möchte selbstbestimmt leben!
Was? Ihr glaubt mir nicht? Stimmt. »Wer überwacht wird, muss ja etwas Schlimmes gemacht haben.« Das meinen auf jeden Fall meine ArbeitskollegInnen.

Aber nein. Der Staat sieht in jeder politischen Äußerung, in jedem politischen Handeln eine Gefahr. Vor allem, wenn diese Kritik sich gegen den Staat, seine Politik und Institutionen richtet.

Gestern hatte ich ein langes Gespräch mit Noni, meiner Nachbarin. Wir quatschen manchmal beim Briefkasten im Treppenhaus. Sie glaubt fest an unseren Rechtsstaat: »Die demokratische Grundordnung ist in der Verfassung verankert, unsere Grundrechte werden dadurch garantiert«, sagt die Noni immer. Und sie ist sich sicher, dass ihr nichts passieren kann, weil sie sich ja nichts vorzuwerfen hat. Also die Polizei, das ist für sie der Freund und Helfer. Sie beschimpft mich immer, wenn ich sie Schergen nenne.

Aber gestern... Noni ist hereingekommen, als ich dabei war, einen besonderen Brief zu lesen. Ich sah so blass aus, dass sie gleich gefragt hat:
»Was ist dir bloß passiert, meine Liebe?«
Ich habe ihr den Umschlag mit dem Stempel vom »zentralen Kriminaldienst« in die Hand gedrückt. Worauf sie gefragt hat, was ich denn gemacht habe. Wer so einen Brief bekommt, muss ja etwas Schlimmes getan haben.
»Nix, ich habe nix gemacht. Es geht um eine präventive Maßnahme.« Ich habe ihr den Brief vorgelesen. »Hiermit teile ich Ihnen mit, dass über Sie in der Zeit vom 30.10. – 12.11. personenbezogene Daten mit besonderen Mitteln oder Methoden im Sinne des SOG (längerfristige Observation und verdeckter Einsatz technischer Mittel) erhoben wurden. Anlass für die Maßnahme waren die zu erwartenden Aktionen zur Ver-/Behinderung der Fahrt des Castor-Transportzuges zum Zwischenlager Gorleben.
Die Datenerhebung erfolgt auf Grund einer Anordnung der Polizeiinspektion.«

Noni ist zunächst sprachlos geblieben. Ich auch. Ich habe diesen Brief als Eingriff in meine Privatsphäre empfunden. Nur weil die Polizei die Vermutung hat, dass ich am Tag X, wenn der strahlende Atommüll kommt, in den Bäumen über der Schiene protestieren würde, wurde ich tagelang rund um die Uhr von insgesamt fünf Sondereinheiten (MEK) überwacht. Das ist doch verrückt!

Nach wenigen Minuten hat Noni das Wort ergriffen.
»Du..., das mit der Politik, das solltest du weglassen. Du hättest keine Probleme.«

Sehr geehrter Frau Lecomte,

hiermit teile ich Ihnen gemäß § 30 Abs. 4 des Niedersächsischen Gesetzes über die öffentliche Sicherheit und Ordnung (Nds. SOG) mit, dass über Sie in der Zeit vom 30.10. - 12.11.2006 personenbezogene Daten mit besonderen Mitteln oder Methoden im Sinne von § 34 Nds. SOG (längerfristige Observation) i.V.m. § 35 Nds. SOG (verdeckter Einsatz technischer Mittel) erhoben wurden.
Anlass für die Maßnahme waren die zu erwartenden Aktionen zur Ver- / Behinderung der Fahrt des Castor-Transportzuges zum Zwischenlager Gorleben.

Die Datenerhebung erfolgte auf Grund einer Anordnung der Polizeiinspektion Lüneburg/Lüchow-Dannenberg/Uelzen – Kriminaldirektor Grimme – vom 30.10.2006 – VN 2006 01 480 710 – gemäß §§ 34, 35 Nds. SOG.

Ergänzend weise ich darauf hin, dass Sie unter den in § 16 des Niedersächsischen Datenschutzgesetzes (NDSG) genannten Voraussetzungen ein Auskunfts- und Akteneinsichtsrecht haben.

Mit freundlichem Gruß
i. A.

Geball, KHK

Brief vom zentralen Kriminaldienst der Polizei
Quelle: Scan

Ich habe wütend geantwortet:
»Verstehst du nicht, wo das Problem liegt? Ich lasse es mir nicht gefallen! Ich bin wütend und diese Wut verwandelt sich in Energie. Ich kämpfe weiter gegen dieses System, gegen diesen Polizeistaat, gegen diese Demokratur; gegen ein System, das von einer Demokratie nur den Schein hat und real wie eine Diktatur funktioniert. Wer sich nicht wehrt, stimmt dieser autoritären Politik zu. Übrigens, du wurdest bestimmt mit überwacht. Die Überwachung von Dritt-Personen ist, wenn nicht vermeidbar, zulässig… Das ist ein Kollateralschaden im Polizeistaat!«

Noni hat geschwiegen, sie schien tief bestürzt zu sein. Zu begreifen, dass man, auch wenn man sich nichts vorzuwerfen hat und sich gesetzestreu verhält, überwacht werden kann. Das war für sie ein Schock! Ohne weitere Worte haben wir uns verabschiedet. Und heute früh stand sie auf einmal vor der Tür und sie hat etwas zögerlich gefragt, wann die nächste Demo stattfindet. Sie will auch hin. Das hat mich gefreut.

Jetzt gehe ich zu meinem Freund, ich will einiges mit ihm besprechen.
Ich habe aber das Gefühl, dass jemand hinter mir herläuft. Hoffentlich ist es nur ein Gefühl, nur Paranoia.

Quelle: Aktenzeichen: 2006 01480 710 – Polizeiinspektion Lüneburg

Der Sonderzug nach Hamburg

Seltsame Szene an diesem schönen Herbsttag im Zug nach Hamburg. Ich sitze an einem Tisch und unterhalte mich mit einer Freundin, die ich kurz zuvor am Bahnhof zufällig getroffenen habe. Als der Zug sich in Bewegung setzt, laufen zwei uniformierte Bundespolizisten auf mich zu.
»Guten Tag, Frau Lecomte, was haben Sie vor, wo fahren Sie hin?«, fragen sie mich. Abweisend antworte ich, mein Privatleben gehe sie nichts an. »Dann behalten wir Sie im Auge.« Das Gespräch ist beendet, die Beamten setzen sich in der Sitzreihe neben mir hin. Von den umstehenden Zugreisenden werde ich schief angeguckt. Mir fällt aber keine kluge Reaktion ein. Wie soll ich vermitteln, dass ich keiner kriminellen Handlung verdächtigt werde. Die Polizei hält es nur deswegen für nötig, mich »im Auge zu behalten«, weil ich als aktive Castorgegnerin und Kletteraktivistin bekannt bin.

Der Beamte mit dem goldenen Stern auf der Uniform telefoniert und gibt Befehle durch. Ein Einsatzwagen möge sich über die Autobahn auf den Weg nach Hamburg machen. Die Frau Lecomte befände sich im Zug nach Hamburg, man wisse ja nicht, was die Lecomte vor habe. Sie habe ein Seil im Gepäck.

Ich weiß, dass die Polizei mich mit allen Mitteln einzuschüchtern versucht. Aber dass die Beamten einfach mitfahren... Sie haben augenscheinlich nicht viel nachgedacht. Sie haben mich am Bahnhof gesehen und sind mir reflexartig hinterhergekommen.
An ein richtiges Gespräch mit meiner Freundin ist gerade nicht mehr zu denken. Wir machen uns einfach über die skurrile Situation lustig. Der Polizist telefoniert immer wieder mit seinen Untergebenen. Nervös wird er, als die Kommunikation wegen schlechtem Empfang abbricht. Er redet leise. Das Wort »Castor« ist aber immer wieder zu hören. Der besagte Castor fährt eigentlich erst in drei Wochen – und nicht nach Hamburg, sondern nach Lüneburg!

Meine Freundin steigt in Radbruch aus. Dies wird auch fleißig den KollegInnen gemeldet. Allein bin ich aber immer noch »gefährlich«. Meine Begleitung bleibt im Zug sitzen und der Polizist wird immer nervöser, als es heißt, die KollegInnen bleiben auf der Autobahn in einem Unfallstau stecken. »Könnt ihr nicht von euren Sonderrechten Gebrauch machen?«, fragt er mit aufgeregter Stimme.

Winsen ist durch, wir nähern uns langsam Hamburg. Das ist ein anderes Bundesland – dort hört die Zuständigkeit der Lüneburger Beamten auf. Es wird wieder telefoniert. Der Goldstern-Polizist fragt die KollegInnen in Hamburg-Harburg, ob sie die Begleitung meiner Person übernehmen mögen. Die KollegInnen fragen nach dem Zusammenhang zwischen dem Castor und Hamburg und verstehen nicht so wirklich was die Kollegen befürchten. »Ja, Hamburg das ist nicht so die Castorstrecke, aber mit der Lecomte weiß man nie. Ihre Seile wird sie nicht zufällig mitführen.« Die Hamburger BeamtInnen gehen auf den Vorschlag nicht ein. Es folgt ein Gespräch über die Kaffeepause beim nächsten Halt. In Hamburg-Harburg verabschieden sich meine zwei unerwünschten Begleiter. Ich bin nicht mehr gefährlich! Am Nachmittag kann ich das schöne Herbstwetter genießen. »Schnupperklettern für Kinder« biete ich an.

Meine Begleiter haben mich amüsiert und zugleich schockiert. Ist Baumklettern so staatsgefährdend? Darf mich die Polizei einfach so nach Lust und Laune »begleiten«? Mit einem Brief beschwere ich mich bei der Bundespolizeidirektion. Die Antwort ist ehrlich. Es war eine präventiv-polizeiliche Maßnahme, eine »Gefährderansprache«, schreibt mir die Polizei am 16. Dezember zurück.

»Den Sachverhalt habe ich geprüft. [...] Sie waren den Beamten als Atomkraftgegnerin persönlich bekannt, die in der Vergangenheit bereits mehrfach spektakuläre rechtswidrige Aktionen auf Bahnanlagen durchgeführt hat. Diese Aktionen haben ausnahmslos als Kletteraktionen unter Verwendung von Seilen stattgefunden. Deshalb war die durch die Beamten erfolgte Befragung uneingeschränkt als rechtmäßig anzusehen, da diese eine mögliche Gefährdungssituation ausschließen mussten. [...] Die Anmerkung der Polizeibeamten: 'Sie im Auge zu behalten', bezog sich nicht auf den konkreten Einzelfall, sondern war allgemein im Rahmen einer sogenannten 'Gefährderansprache' zu verstehen, mit dem Ziel, weitere rechtswidrige Kletteraktionen im Bahnbereich zu verhindern.«

Daraus schließe ich, dass Klettern den Atomstaat gewaltig gefährdet!

Quelle: Aktenzeichen: ÖA-21 01 07 – Bundespolizeidirektion Hannover

Gefährdetes Objekt

Bei zehn Grad minus und Dauerflug eines Hubschraubers ist an Entspannung nicht zu denken. Ob der Hubschrauber uns observiert? Er fliegt schon seit zwei Stunden über uns. Gut, es ist Castortag, es sind viele Menschen im Wald unterwegs – er fliegt hier nicht wegen uns. Oder doch? Das Handy hat ein merkwürdiges Geräusch gemacht – obwohl weder ein Anruf noch eine SMS kamen. Mit der Gruppe auf der anderen Seite der Schiene können wir schon seit einer Weile nicht mehr telefonieren. Es klingelt und sie gehen nicht ran. Merkwürdig. Dass wir heute Transparente über der Castorstrecke spannen werden, daran glauben wir seit einer Weile nicht mehr. Wir sind uns sicher, die Polizei hat unsere Handys geortet. Weg können wir aber nicht. Überall ist Polizei. Wir bleiben in unseren Decken eingewickelt und versuchen zu schlafen, es fällt uns nichts anderes ein, als hier liegenzubleiben.

Die Bestätigung, dass wir überwacht werden, lässt nicht mehr lange auf sich warten. Wie aus dem Nichts leuchten von allen Seiten plötzlich ca. zwanzig Taschenlampen und bewegen sich gezielt auf uns zu. Wir bleiben in unseren Decken liegen. Mit drei Frauen haben die PolizistInnen augenscheinlich gerechnet. Die Anwesenheit von zwei Pressevertretern überrascht sie dagegen. Als erstes untersagen sie den Journalisten, das Geschehen zu filmen. »Alles klar, wir haben sie«, funkt ein Polizist, als ich ihm meine Personalien angebe. Von diesem Augenblick an ist es keine Personalienfeststellung mehr, sondern eine Festnahme zur Gefahrenabwehr. »Sie befinden sich in der Nähe eines gefährdeten Objektes«, heißt es als Begründung für die Ingewahrsamnahme. Damit ist die Bahnanlage in 300 Metern Entfernung gemeint. Ich frage nach dem Gefährdeten-Objekt-Paragraphen im Polizeigesetz oder Strafgesetzbuch. Außer einem: »Weil ich das sage!« und »gefährdetes Objekt« ist jedoch nichts zu holen.

Bald sitze ich an einem Bahnübergang im 50 mal 50 Zentimeter großen Einzelkäfig eines Gefangenentransporters. Meine zwei Freundinnen und die zwei Journalisten sitzen in der Gruppenzelle des Polizeibusses nebenan. Selbst eine Kamera und ein Mikrofon sind für den Castortransport eine Gefährdung. Die Polizei hat die zwei Journalisten mit in Gewahrsam genommen, sie befanden sich ja auch in der Nähe des gefährdeten Objektes.

Nach wenigen Minuten fährt der Castor an uns vorbei. Der Abstand zwischen Castor und Polizeibus beträgt keine zehn Meter. So viel zum Verständnis von Gefahrenabwehr bei der Polizei. Von der Strahlung will sie nichts wissen. Dafür erfindet sie einen »gefährdetes-Objekt«-Paragraphen.

Wir haben den Castor nicht gestoppt. Dafür aber die Polizei gut beschäftigt – ein Hubschrauber, eine Hundertschaft und, wie es sich später herausstellte, technische Kräfte zur Störung unserer Telekommunikation. Das haben Staat und Atomlobby zur Durchsetzung der Atompolitik nötig.

Vor dem Amtsgericht Volgast bei der
Verhandlung einer Klage gegen die Polizei, 2012
Quelle: Privat

Im Fadenkreuz des Verfassungssch(m)utzes

Der NSU-Terror ist seit Bekanntwerden seiner Untaten in aller Munde. Neun Morde sollen durch Mitglieder dieser rechtsextremen Organisation begangen worden sein. Trotz zahlreicher Spitzel und V-Männer in der Neonazi-Szene wollen die Behörden nichts geahnt haben, um Aufklärung sind sie nicht bemüht. Rein zufällig sollen bei der einen und der anderen Behörde ausgerechnet NSU-Akten geschreddert worden sein. Vor dem parlamentarischen Ausschuss wollen die Verantwortlichen von Kriminalämtern und Verfassungsschutz entweder nichts gewusst haben oder sich nicht erinnern. Die Behörden arbeiten angeblich nicht zusammen. Und dass der rechte Terror faktisch über die V-Männer mit Staatsgeldern mitfinanziert wurde, stört nicht. Viel mehr werden Forderungen nach erweiterten Befugnissen für die Behörden laut. Das »Terrorismusargument« ist für die Einschränkung von Grundrechten immer gern gesehen.

Das Problem der Ausländerfeindlichkeit und des rechten Terrors würden neue Gesetze aber nicht lösen – weil es nicht eine Frage des Dürfens und Könnens, sondern des Wollens ist. Die Behörde ist auf dem rechten Auge blind, weil dort große Sympathie für rechtes Gedankengut vorhanden ist. Der Fehler liegt bei Polizei und Verfassungsschutz selbst. Oder warum soll eine Zusammenarbeit zwischen den Behörden im Fall von rechtem Terror nicht möglich sein, wenn dies im bestehenden System ohne Gesetzesänderung im Fall einer Umweltaktivistin augenscheinlich problemlos funktioniert?

»Übermittlung Ihrer Personalien an das Bundesamt für Verfassungsschutz zur Erlangung dort vorhandener zusätzlicher Informationen«, teilt mir das Bundeskriminalamt auf Anfrage mit. Der Verfassungsschutz teilt mir seinerseits mit, dass er über Informationen zu meiner Person verfügt, die er mir nicht mitteilen mag. Das würde die Quellen und die Sicherheit des Staates gefährden – Eichhörnchen ist gefährlich, Klettern ist gefährlich! Gar gefährlicher als mordende Rechtsextremisten. Meine Akte wurde nicht geschreddert. Eine Teilauskunft durfte ich erhalten. Der Überwachung meiner Person widmet der Verfassungsschutz mehr Elan als der Abwehr und der Aufklärung von Morden der Neonazis.

Vier eng gedruckte Seiten habe ich vom niedersächsischen Verfassungsschutz erhalten. Die Auskunft verdient die Note 5 in Linguistik. Dem Text fehlt jegliche Struktur und er sieht in großen Teilen nach Copy-Paste aus der Datei des Landes- und Bundeskriminalamtes aus. Meine angeblich verfassungsfeindlichen Handlungen sind nicht einmal chronologisch sortiert und ich frage mich, ob ich nicht einen Doppelgänger habe. Vielleicht kann ich mich durch zwei teilen und zum selben Zeitpunkt an zwei verschiedenen Orten erscheinen. Die Auflistung mit Demonstrationen, Redebeiträgen, Konferenzen, Vorträgen ist ewig lang(weilig).

»[...] In einem Verfahren wegen unbefugten Aufenthalts im Gleisbereich am 22. Oktober 2006 auf der Bahnstrecke Lüneburg – Dannenberg wurde durch das AG Hannover am 14. November 2007 ein Bußgeld in Höhe von 5 € verhängt [...];

Anlässlich der Jahrestagung Kerntechnik im CCH in Hamburg am 27. Mai 2009 seilten Sie sich vom Dach ab und entrollten ein Transparent [...]; Am 11. April 2009 nahmen Sie an einer Demonstration in Lüneburg teil unter dem Motto ›Wir stellen, uns quer!‹ teil und kletterten auf das Dach des Bahnhofsgebäudes. Das daraufhin gegen Sie eingeleitete Ermittlungsverfahren wegen Hausfriedensbruch wurde gem. §170 Absatz 2 eingestellt. Am 28. Juni 2011 seilten Sie sich anlässlich der Abrissarbeiten eines zuvor besetzten Hauses vom Dach eines Gebäudes ab und bemalten die Hausfront u.a. mit einem Anarchiesymbol. Das wegen Sachbeschädigung eingeleitete Ermittlungsverfahren wurde gem. §170 Absatz 2 StPO eingestellt. Zuletzt wurde gegen sie ein Ermittlungsverfahren wegen Hausfriedensbruchs eingeleitet, weil Sie am 22. Mai 2012 anlässlich der Jahrestagung Kerntechnik des Deutschen Atomforums e.V. in Stuttgart auf das Vordach eines Kongresszentrums kletterten und Transparente entrollt haben. [...]; Im September 2008 nahmen Sie an der Herbstkonferenz der Anti-Atomkraft-Bewegung in Braunschweig teil. Gegen Sie wurde zudem ein Ordnungswidrigkeitsverfahren eingeleitet, weil sie am 20. September 2008 anlässlich des europäischen Aktionstages einen nicht angemeldeten Infotisch in der Altstadt von Lüneburg betrieben hatten. [...]; Am 25. Oktober 2008 nahmen Sie an einer Demonstration gegen einen Castor-Transport in Uelzen teil. [...]; Am 07. November 2011 nahmen Sie an einer Gedenkveranstaltung zum Todestag von Sebastien Briat auf dem Marktplatz in Lüneburg teil. Zudem beteiligten Sie sich am 27. April 2012 an Protesten anlässlich eines Rückkehrappells der Bundeswehr auf dem Marktplatz in Lüneburg. [...]«

Sehr staatsgefährdend ist das alles doch nicht und begründet keine Überwachung durch die Behörde. Der Verfassungsschutz hat aber hier zur Rechtfertigung ein Argument parat. Weil er über Erkenntnisse zu linksextremistischen Aktivitäten meiner Person verfügt, darf er mich die ganze Zeit überwachen. Die besagten Erkenntnisse werden allerdings nicht offenbart, das würde ja die Sicherheit der Quellen und des Staates gefährden. Soviel über das im Grundgesetz verankerte Grundrecht effektiver Rechtsschutz. Ich bin fürs Überwachen des Verfassungsschutzes als verfassungsfeindlicher Behörde – und wegen seiner Unterwanderung durch die Neonazis. Nö, ganz auflösen wäre einfacher.
»System error – alle Systeme abschalten«, stand neulich bei einer Demo auf einem Transparent. Gefällt mir.

Quelle: Aktenzeichen: 51.20-18533-Lecomte – Verfassungsschutz Niedersachsen

VII.

Gefahr: eine Frage der Definition

Gefahrenabwehr, das Lieblingswort der Polizei, um ihre willkürlichen Maßnahmen, in diesem Fall den präventiven Gewahrsam, zu rechtfertigen. Wenn es dir zum ersten Mal passiert, wirst du zunächst eingeschüchtert und bist ratlos. Es triff dich meistens unerwartet. Wenn es dir des Öfteren passiert, denkst du, dass es nur ein Albtraum ist. Du fängst sogar an, nachts davon zu träumen. Deine Gedanken werden mit dir eingesperrt. Wie kommt es dazu?

Stell dir vor, es ist Castor-Tag und du fährst Fahrrad durch die Innenstadt. Oder du hältst dich in einem Zelt auf – in der Nähe findet eine politische Aktion statt. Und plötzlich: »Zack«, die Handschellen sind zu, du darfst dich nicht mehr bewegen. Du wirst abgeführt und in ein Fahrzeug gesperrt. Manchmal dauert es ein paar Stunden, bis du wieder aussteigen darfst. Oft wirst du von den BeamtInnen belästigt oder gar geschlagen. Sie üben ihre Lieblingspolizeigriffe und du schreist vor Schmerz. Nackte Gewalt. Dann kommt die Belehrung – oder auch nicht: »Gefahrenabwehr, Gewahrsam, zur Verhinderung einer Ordnungswidrigkeit von erheblicher Bedeutung für die Allgemeinheit«. Die Polizei hat Erkenntnisse darüber, dass du… demonstrieren willst… Und damit bist du eine Gefahr für die öffentliche Sicherheit und Ordnung.

»Ja, ich bin gefährlich!« schreist du plötzlich. Oder du singst Lieder. Es gibt dir Mut und die Schergen können schlecht damit umgehen. Du wirst für lange Stunden eingesperrt. Und bitte, wehre dich nicht dagegen, sonst wirst du gefesselt. Notfalls mit Armen und Füßen an einem Gitter – zu deiner eigenen Sicherheit natürlich. Und wenn du Pech hast, kriegst du ein paar Monate später noch die Rechnung für die Unterkunft und die Dienstleistungen dazu. Heranziehungsbescheid wird das genannt. Du hast dank der Polizei ein neues Wort gelernt. Bei der Präventivmaßnahme… Der Staat hat sein Ziel erreicht: Du wurdest daran gehindert, deine Meinung kundzutun und den Staat in Frage zu stellen, du wurdest sogar für deine politische Haltung bestraft. Was nun?
Du demonstrierst weiter, keine Frage! Die warme Suppe der Volksküche und die FreundInnen warten auf dich.

Wenn der Staat seine BürgerInnen schützt

November 2008. Der Castor kommt ins Wendland. Eine Aktivistin sitzt für rund dreieinhalb Tage in Langzeitgewahrsam – vorsorglich. Nein, der Staat will sie nicht vor dem atomaren Strahlenmüll schützen. Die Polizei schützt die potentiell ungehorsame Aktivistin davor, unter Umständen eine Ordnungswidrigkeit zu begehen. Sie könnte ja gegen den Castor-Transport mit einer Kletteraktion in luftiger Höhe demonstrieren wollen und dafür eine Anzeige kassieren. Wie ungeheuerlich! Deshalb soll sie – so die übereinstimmende Begründung von Polizei und Gerichten, die ihre entsprechenden Beschlüsse bereits vor Anhörung der Betroffenen gefasst haben – »zur Gefahrenabwehr« weggesperrt werden.

Eine solche Sonderbehandlung bekommt nicht jedeR. Die Aktivistin hatte sich mit drei weiteren Robin-Wood-KletterInnen drei Tage vor dem Atommülltransport ins Zwischenlager Gorleben an einer Aktion auf einer Bahnbrücke über der Castor-Strecke in Lüneburg beteiligt, um ihren Protest friedlich zum Ausdruck zu bringen. Nach der Räumung wurde sie in so genannten Langzeitgewahrsam zuerst in die Polizeiinspektion Lüneburg und anschließend nach Braunschweig verbracht. Die anderen drei KletterInnen hingegen kamen mit einer schlichten Personalienkontrolle davon.

Die Haftbedingungen im Langzeitgewahrsam sind alles andere als gemütlich. Aber was soll's? Etwas Ersatzbestrafung ist da sicher gewollt. Schließlich sollte sich die Betroffene ja darüber freuen, derart vor einer erneuten Anzeige wegen Baumklettern geschützt zu werden. Zudem legt die Polizei Wert darauf, dass die Aktivistin sich in Gewahrsam nicht verletzt, daher darf sie so gefährliche Gegenstände wie Stift und Papier nicht erhalten. Und wenn ihr das nicht passt, kann sie sich ein Bild davon machen, wie die OrdnungshüterInnen sie überzeugen möchten: An der Wand des Gewahrsamtraktes der Polizeidirektion in Braunschweig-Querum hängen aussagekräftige Bilder, die amtliche Fesselungs- und Foltertechniken darstellen. Eine Delle in der Wand wurde sorgfältig umrahmt. »Kopfstoß gleich kopflos« lautet die Bildunterschrift. Die BeamtInnen haben sogar Humor.

Auf Initiative von AktivistInnen und weiteren UnterstützerInnen wurden Bilder von den Zuständen in der Braunschweiger Polizeidirektion öffentlich. Es fand eine Pressekonferenz statt, worauf eine gemeinsame Begehung der Gewahrsamzellen zusammen mit BeobachterInnen von Amnesty International und einer Landtagsabgeordneten folgte. Die Bilder sorgten für große Empörung in der Öffentlichkeit. Kurz darauf teilte der Braunschweiger Polizeipräsident schriftlich mit: »Die Fotos mit Fesselungsbeispielen im Braunschweiger Polizeigewahrsam wurden entfernt.« Die Gewahrsamsordnung für Niedersachsen sei mit Wirkung zum 1.1.2009 geändert worden, um den »Forderungen des Europäischen Ausschusses zur Verhütung von Folter und unmenschlicher oder erniedrigender Behandlung oder Strafe« nachzukommen.

Doch unsere Geschichte ist längst nicht zu Ende. Wenige Monate nach der Ingewahrsamnahme flatterte der Aktivistin ein Strafbefehl ins Haus. Sollte die Polizei für ihre menschenverachtende Handlung nun zur Rechenschaft gezogen werden? Aber nein, Fehlanzeige! Der Strafbefehl richtete sich gegen die Aktivistin. Statt einer Ordnungswidrigkeitsanzeige wegen Kletterns erntete sie nun also eine Strafanzeige. Der Vorwurf lautete »Widerstand« und »Körperverletzung«.
Die Polizei hatte der Gefangenen innerhalb von dreieinhalb Tagen Gewahrsam einen ca. 30-minütigen »Freigang« gewährt. »Frei« heißt hier: mit Handfesseln an eine Polizistin gebunden. Statt sich zu bedanken, weigerte sich die Gefesselte, sich vom Sonnenschein zu verabschieden und freiwillig in die fensterlose, weiß gekachelte Zelle zurückzukehren.

Aus der Akte ist zu entnehmen, die Gefangene habe sich passiv verhalten und »schwer« gemacht. Die Polizei war offenbar der Meinung, die Angeklagte könne das Gesetz der Schwerkraft aufheben und schwerer wiegen, als dies eine Waage anzeigen könne. Und der arme verletzte Polizist wisse nicht mehr, wann und wo er sich seine »Schürfwunde« eingeholt habe. Da werden einem beim Lesen die Augen ganz schön feucht.

Dank der Bemühungen des Rechtsanwaltes der Aktivistin wurde das Theaterstück dann doch nicht vor dem Amtsgericht Braunschweig aufgeführt. Das Verfahren wurde stattdessen eingestellt. Die Staatsanwaltschaft wollte zwar zunächst keine Einstellung auf Staatskosten annehmen, die Aktivistin aber blieb stur und setzte sich schlussendlich durch.

Die Behörden verfehlten übrigens ihr Ziel, die Umweltschützerin von ähnlichen Aktionen abzuhalten. Sie enttarnte seither weitere geheime Atomtransporte und hielt diese erfolgreich auf. Mit Staatswillkür ist der Widerstand nicht kleinzukriegen.

Quelle: Aktenzeichen: ECHR-LGer 1.1R AMU/KU/tku Beschwerde Nummer 80442/12 – Europäischer Gerichtshof für Menschenrechte

Renitentes Eichhörnchen

»[…] absolut nervig und das ist absolut krank, was sie macht. […] Sie ist frei und dann klettert sie auf das nächste Ding und macht irgendetwas. […] Und das können wir unablässig […]. Ist hier eine bestimmte Motorik, die da […]. Als wenn wir eine Maschine anstellen. Und das ist ein Störfaktor. Das müssen wir irgendwann unterbinden […].«

Dies sind Auszüge aus einem Fernsehinterview mit dem Lüneburger Polizeipräsidenten Friedrich Niehörster. Gegenstand des Gesprächs war das Eichhörnchen. Das Interview sorgte für Wirbel – bis in den Landtag hinein. In der Öffentlichkeit wurde Herr Niehörster zwar verteidigt, intern hat er inzwischen einen Maulkorb bekommen: Öffentlich darf er sich nicht mehr über das Eichhörnchen äußern.

Warum er sich jemals auf diese Art geäußert hat und warum ein Polizeipräsident sich so stark für jemanden interessiert, der lediglich in Bäumen demonstriert, das frage ich mich wirklich. Ich selbst bin ihm nie begegnet – dementsprechend kennt er mich persönlich nicht. Er fühlte sich möglicherweise in seinem Feindbild der »nervigen kletternden Demonstrantin« bestärkt, als er das zitierte Interview gab.

Denn die Lüneburger Gerichte handeln gerne nach dem Willen der Polizei. Als ich im November 2008 vor einem Castortransport präventiv festgenommen wurde, stand der Beschluss von Amtsrichter Hobro-Klatte bereits vor meiner Anhörung fest – der Polizeidirektor hatte sich zuvor lange genug mit ihm unterhalten. Sätze à la »Angesichts des Gefährdungspotenzials der amtsbekannten renitenten Betroffenen« und »Die Betroffene ist eine amtsbekannte Kletteraktivistin, die kaum eine Gelegenheit ungenutzt lässt, um etwa gegen Baumfällungen und Castortransporte zu protestieren« dienten dem Beweis meiner Gefährlichkeit und rechtfertigten die Anordnung der viertägigen präventiven Ingewahrsamnahme. Das klingt sehr nach dem »Störfaktor«, der unterbunden werden muss. Doch es geht nicht um die eigentliche Gefährdung, sondern darum, dass die Herrschaften sich ungern an der Nase herumführen lassen und Ungehorsam überhaupt nicht vertragen. Dafür spricht auch die Reaktion einer weiteren Robenträgerin aus Hannover in einem anderen aktivistischen Zusammenhang: Amtsrichterin Busch verurteilte mich nach einer Kletteraktion gegen einen Castortransport zu einem hohen Bußgeld mit der Begründung, ich hätte ein früheres Bußgeld von fünf Euro nicht gezahlt. Dies zeige, wie uneinsichtig ich sei. Das Urteil diene der Generalprävention, schrieb sie. Im Namen des Volkes erklärte sie dann, Klettern sei gefährlich. Richterin Busch hat vom Klettern keine Ahnung, hat aber Deutungshoheit über dessen Gefährlichkeit. Herr Niehörster kennt mich nicht, behauptet aber zu wissen, wie nervig ich sei. Und das Gericht findet dies wiederum in Ordnung. Das ist die schöne Welt der vorgegebenen Rechtsstaatlichkeit.

»Bei einer Gesamtschau sind die Äußerungen des Polizeibeamten scharf formuliert und durchaus deutlich überspitzt, die Äußerungen sind aber kein Angriff auf die Persönlichkeit der Kletteraktivistin, sondern eine noch verständliche hinzu-

Prozess wegen Baumklettern vor dem Amtsgericht Lüneburg, September 2006 - Seitdem hat das Eichhörnchen einen Spitznamen! Quelle: Privat

nehmende Abwehrreaktion gegenüber ihren waghalsigen Aktionen«, schrieb das Lüneburger Verwaltungsgericht. Stimmt… Klettern ist gefährlich, das hatte ich schon wieder vergessen. Ach, und als »bekannte Person des Zeitgeschehens« muss ich anscheinend mehr an Kritik hinnehmen als andere Menschen. So verstehe ich das Gericht. Es sind nicht meine Worte, sondern die eines Gerichts, das mich für eine »Person des Zeitgeschehens« erklärt. Lustig ist es, weil die KollegInnen eines Amtsgerichts neulich verfügten, die Polizei dürfe mich »erkennungsdienstlich« behandeln. Ja, um in der Zukunft eine Identifizierung meiner Person zu erleichtern. In der Akte ist natürlich die Rede von einer »amtsbekannten Kletteraktivistin« – muss ja zum Zweck der Stimmungsmache drin sein. Nach dem Motto, »die Frau kennen wir, sie ist absolut nervig«. Widersprüche sind nicht schlimm, sofern sie der Erhaltung der Ordnung und der Ersatzbestrafung dienen. »Ich will diesen Rechtsstaat lieben, aber ich schaffe es einfach nicht…« (frei nach einem Songtext von Funny van Dannen).

Quellen:
Aktenzeichen 1 A 192/10 – Verwaltungsgericht Lüneburg
Aktenzeichen 101 XIV 65 L und 101 XIV 70 L – Amtsgericht Lüneburg

Alchemie im Namen des Volkes

Ich bin es gewohnt, präventiv festgenommen zu werden. Die Polizei sagt, ich könnte ja vielleicht dies und jenes vorhaben. Man müsse mich für einen oder mehrere Tage einsperren – zur Verhinderung einer potenziell strafbaren Handlung. »Justiz im Konjunktiv II« nenne ich das. Das betrifft in der Regel Staatshandlungen nach den Polizeigesetzen der Länder. Im Strafrecht geht es dagegen um Tatsachen und Beweise. »Zum Beweis der Tatsache, dass…«, heißt es zu Beginn eines Beweisantrages. Doch, wenn die Fakten nicht im Sinne der Anklage sind, werden sie zurechtgebogen. Aus Vermutungen werden Tatsachen. Die Kunst des Wahrheit-Schaffens ist die Alchemie der Justiz.

Als ich mich im Frühjahr 2010 wegen einer Baumbesetzung und der Besetzung einer Baumerntemaschine gegen Waldrodungen und Flughafenausbau vor dem Frankfurter Amtsgericht verantworten musste, zeigte mir Richter Henrici, wie er diese Kunst beherrscht. Für die Verhandlung hatte er einen Hochsicherheitssaal mit Plexiglas-Trennscheibe zwischen Gericht und Publikum gewählt. Mit einer sitzungspolizeilichen Verfügung wurde für das Publikum eine körperliche Durchsuchung bis in die Unterwäsche angeordnet. Die Anklage lautete unter anderem auf Nötigung, das ist eine Gewalttat und die Gesamtchoreografie der Verhandlung musste im Einklang mit dem Vorwurf stehen. Das ist für das Gelingen der Justiz-Alchemie im Sinne der Anklage eine Voraussetzung. »Im Sitzungssaal vorhandene Fenster sind unter allen Umständen verschlossen zu halten«, hieß es weiter. Klettern bzw. das Verhandeln darüber, ist nämlich staatsgefährdend. Die Verfügung nutzte aber nicht viel. Es wurde schließlich sowohl an der Gerichtsfassade als auch an der Plexiglaswand im Gerichtssaal geklettert.

Eine Nötigung und ein Hausfriedensbruch sollte laut Anklage die Besetzung der Maschine im Kelsterbacher Wald nahe Frankfurt sein. Doch als ein Zeuge vor Gericht erklärte, das angebliche Nötigungsopfer, der Maschinenfahrer, habe sich zum Zeitpunkt der Aktion in der Mittagspause befunden, bröckelte die Anklage. Richter Henrici gab nicht auf und fragte den Zeugen, ob der Maschinenfahrer seine Arbeit hätte wieder aufnehmen können, wäre er aus der Pause zurückgekehrt. Der Richter griff zu dieser Art der Fragestellung im Konjunktiv II zurück, weil die Fraport AG, die Betreibergesellschaft des Frankfurter Flughafens, für die Fällarbeiten auf die Ausbeutung von ausländischen Billig-ArbeitnehmerInnen zurückgriff. Der angeblich genötigte Arbeiter habe in Rumänien keine ladungsfähige Adresse, ließ sich aus Ermittlungen der Staatsanwaltschaft entnehmen.
»Eine Frage im Konjunktiv II ist unzulässig. Es geht in einer Beweisaufnahme weder um Einschätzungen des Zeugen noch um eine Vielleicht-Tatsache, sondern um Tatsachen. Doch die Modalität im Konjunktiv II ist eine Möglichkeits- und keine Tatsachenform«, rügte ich in einer Stellungnahme. Dem perplexen Richter erläuterte ich weiter, die Modalität von Sätzen bestimme deren eigentliche Bedeutung. »Mit dem Konjunktiv II verlassen wir die reale Welt und widmen uns der irrealen Welt«, stehe zu der Möglichkeitsform »Konjunktiv II« in Lehrbüchern.

Prozess wegen der Baumbesetzung gegen den Frankfurter Flughafenausbau, Frühjahr 2010
Quelle: Chris Grodotzki / visual.rebellion

»Dolus eventualis«: Die Staatsanwaltschaft meinte daraufhin, in den Gedanken der Angeklagten, also mir, lesen zu können und einen bedingten Vorsatz zu erkennen – die Angeklagte habe ja stören wollen. Das reiche für eine Verurteilung aus.

In seinem Urteil im Namen des Volkes ließ Richter Henrici den Konjunktiv II vorsichtshalber aus. Aus der Möglichkeit wurde eine gesicherte Tatsache. »Zusammen mit weiteren Personen stieg die Angeklagte auf das Dach einer in einem umzäunten Gebiet abgestellten Vollernter-Maschine im Bereich der Schoppenschneise, als der Arbeiter, der diese Maschine bediente, in seiner Pause war. Der Arbeiter konnte seine Arbeit nicht fortsetzen, als er aus der Pause zurückkehrte. [...] Die Anwendung von Gewalt liegt bereits dann vor, wenn durch Blockaden, beispielsweise – wie hier – Sitzblockaden, ein anderer in seiner Bewegungsfreiheit oder im Gebrauch einer Sache eingeschränkt wird. Deshalb ist auch in der Besetzung der Vollernter-Maschine durch die Angeklagte eine Gewaltanwendung zu sehen, denn dadurch wurde der Gebrauch der Sache unmöglich gemacht.« So hieß es im Urteil. Weil der Urteils-Künstler an der eigenen Wahrheitskreation zweifelte, legte er für drei Hausfriedensbrüche und eine Nötigung die Strafe im Namen des Volkes – und der Fraport AG – auf 15 Tagessätze fest. Bei dieser Tagessatzhöhe sind die Rechtsmittelmöglichkeiten sehr begrenzt, das Landgericht konnte es sich einfach machen und die Annahme der Berufung ablehnen. Denn welcher Richter hört sich meine dreißig Beweisanträge über Flugverkehr, Erderwärmung und Klimawandel freiwillig an? Das ist Sand im Getriebe der Urteilsfabrik. Mit einer Entscheidung über meine Beschwerde ließ sich das Bundesverfassungsgericht zwei Jahre Zeit. Dort hatte ich meine sprachwissenschaftliche Modalitätsrüge ins juristische Deutsch umgewandelt, was wie folgt klingt: »Verstoß gegen das Bestimmtheitsgebot, das Analogieverbot und das Grundrecht auf Versammlungsfreiheit.« Die Antwort des Gerichts bestand aus einem einzigen Satz: »Die Verfassungsbeschwerde wird nicht zur Entscheidung angenommen.« Eine Verurteilung in der Möglichkeitsform ist verfassungskonform.

Im realen Leben haben die Menschen wieder einmal zu spät begriffen, dass politisches Engagement schon dann angezeigt ist, wenn die Gefahren noch in der Möglichkeitsform formuliert werden. Wo waren die Tausende Menschen, die heute gegen Fluglärm und Klimawandel durch den Flughafen demonstrieren, als wir die Bäume im Kelsterbacher Wald besetzten?

Quelle: Aktenzeichen: 912 Ds 6140 Js 20145109 – Amtsgericht Frankfurt am Main

Menschenkette kann Pollenflug aufhalten

Im Sommer 2008 beteiligten sich ca. 80 Menschen an einer öffentlichen Aktion des zivilen Ungehorsams gegen Gentechnik, einer Feldbefreiung im bayrischen Kitzingen. Durch ihre Handlung wollten die AktivistInnen der Initiative »Gendreck weg!« auf die Gefahren der unkontrollierten Verbreitung von Gentechnik in der Umwelt hinweisen und die Pflanzen unschädlich machen. Die Sorte des Genmais, den die AktivistInnen in Kitzingen bei ihrer Feldbefreiung zerstörten, wurde ein Jahr später von der Genehmigungsbehörde selbst verboten. Vor Gericht mussten sich trotzdem etwa die Hälfte der AktivistInnen für ihre Feldbefreiungsaktion verantworten. Vorausschauend im Sinne der Allgemeinheit handeln dürfen BürgerInnen nämlich nicht.

Über 30 Beweisanträge stellte ich vor Gericht, um die Gefahren der Gentechnik im Allgemeinen und des Monsanto-Genmais MON810 im Besonderen zu beweisen. Auch das Versagen der institutionellen Politik und die Notwendigkeit des Widerstands direkt auf den Feldern begründete ich ausführlich. Der ehemalige zuständige Minister Gabriel habe selbst in einem Interview für Reuters 2008 von »organisierter Unverantwortlichkeit« geredet. Die Gefahren der Gentechnik erkannte das Gericht schließlich an.
»Die Gefahr kann auch als gegenwärtig eingestuft werden, da der Pollenflug in absehbarer Zeit bevorstand, der Eintritt des befürchteten Schadens bei natürlicher Weiterentwicklung der Dinge daher höchstwahrscheinlich war. Das Vorgehen der Angeklagten war schließlich auch geeignet, die von diesem Feld ausgehende Gefahr abzuwenden, da rechtzeitig staatliche Hilfe zu diesem Zeitpunkt insbesondere angesichts der damals bestehenden Rechtslage nicht mehr zu erwarten war«, hieß es im Urteil.
Verurteilt wurde ich trotzdem: »Die Strafkammer ist sich zwar der Schwierigkeit der praktischen Umsetzung durchaus bewusst, weist aber dennoch darauf hin, dass es möglich gewesen wäre, die Aussaat auf diesem Feld durch eine Menschenkette o. Ä. auch ohne Verstoß gegen strafrechtliche Bestimmungen zu verhindern; derartige Aktionen sind jedoch zumindest im vorliegenden Fall nicht vorgenommen worden. Die von der Angeklagten mitgetragene Aktion war daher nicht das relativ mildeste Mittel.«
Eine Menschenkette kann Pollenflug aufhalten! Und was das Gericht sagt, ist Gesetz!

45 Tagessätze hielt das Gericht für »schuld- und strafangemessen«. Aus Protest gegen das absurde Urteil beteiligten sich zahlreiche Menschen an der darauffolgenden »Tagessatzverkauf-Aktion«. Dem Aufruf »Genfeldbefreiung ist Allgemeinwohl« folgend, übernahmen über vierzig Menschen jeweils einen Tagessatz. Ich musste die Strafe somit nicht im Gefängnis absitzen und konnte meine Zeit für weitere Aktionsplanungen nutzen. Der Staat hingegen sperrt lieber alle ein, die auf Gefahren hinweisen, statt die besagten Gefahren zu beseitigen.

Quelle: Aktenzeichen: 2 Ns 1 Cs 701 Js 18810/2008 – Landgericht Würzburg

98 Baumklettern gefährdet den Staat

An einem eisigen Dezembertag gingen seltsam bekleidete Menschen durch die Lüneburger Innenstadt. Inmitten der Fußgängerzone versuchten direkt vom Mars entsandte JournalistInnen, das für sie unverständliche Verhalten der Erdlinge zu entschlüsseln. Für MarsianerInnen haben Begriffe wie »Sicherheit« oder »Macht« keine Bedeutung. An jenem Tag ging das Team der Frage nach, weshalb es in Lüneburg verboten sei, auf Bäume zu klettern, das Fällen derselben aber erlaubt sei. Hintergrund waren Meldungen über eine anstehende Gerichtsverhandlung wegen Baumkletterns.
Immer wieder verwiesen PassantInnen auf eine städtische Verordnung zur Aufrechterhaltung der Sicherheit und Ordnung. Die Bedeutung dieser Begriffe und den Nutzen einer solchen Verordnung konnte niemand wirklich erläutern. Das Team von Mars-TV wurde zum Ordnungsamt geschickt. Weil das Wort Ordnung in der Bezeichnung des Amtes steht, müsste es ja die Fragen beantworten können. Doch auch dort konnte die Frage nach dem Sinn dieser Verordnung nicht abschließend geklärt werden. Der Chef vom Amt zeigte sich nämlich wenig gesprächsfreudig und litt an Wahrnehmungsstörungen, das Möhren-Mikrofon des Teams hielt er für eine Wurst – die Teammitglieder waren aber VeganerInnen. So wird immer noch darüber gerätselt, warum es einen Planeten gibt, auf dem das Klettern in Bäumen und das Liegen auf Bänken verboten sind.

Bei einem weiteren Rundgang durch die Stadt fiel dem Team auf, warum der Chef vom Ordnungsamt zuvor etwas gereizt auf die Fragen reagierte: Bei genauem Hinsehen konnten zahlreiche Transparente in verschiedenen Bäumen festgestellt werden, die Hebebühne, mit dessen Hilfe die Transparente entfernt werden sollten, kam kaum hinterher. »Baumklettern gefährdet den Staat«, stand darauf. Selbst der Weihnachtsbaum auf dem Marktplatz wurde bestiegen! »Politisches Engagement kann zu Repression führen«, stand auf dem Banner. Doch auf Befragung durch das Team stellte der Täter in Abrede, gegen die Verordnung verstoßen zu haben: Der 8 Meter hohe Weihnachtsbaum sei im Sinne der städtischen Verordnung kein Baum, sondern ein Möbelstück, er habe ja keine Wurzeln. Zur Polizeiwache wurde er trotzdem mitgenommen – mit Martinshorn und Blaulicht.

Menschen, die ihren Weihnachtsschmuck in einer Höhe von über zwei Metern im Garten aufgehängt hatten, erhielten ihrerseits Post von der Stadt. Das Amt für ›Law and Order‹ warf ihnen vor, gegen den Absatz 4 der Verordnung der Stadt Lüneburg über die Aufrechterhaltung der öffentlichen Sicherheit und Ordnung (SOV) verstoßen zu haben. Demnach ist es verboten, auf Straßen »zu liegen oder zu übernachten, auf Abgrenzungsmauern, Bänken und Stühlen, soweit sie auf öffentlichen Straßen stehen, zu liegen oder zu übernachten, Straßenlaternen, Lichtmasten, Feuermelder, Notrufanlagen, Denkmäler, Brunnen und Bäume zu erklettern.« Weitere Vorwürfe waren nicht entfernte Eiszapfen, zu kontrastarme Hausnummern oder ähnlich absurde Regelverstöße. In einem weiteren Schreiben wurden die EinwohnerInnen außerdem aufgefordert, auch Kinder und Katzen in Zukunft nicht mehr unbeaufsichtigt zu lassen, da sonst die Gefahr bestünde, dass diese klettern würden, und dann weitere Menschen zur Rettung der Kinder und Katzen genötigt würden, ebenfalls gegen die städtische Verordnung zu verstoßen.

Das alles sei eine Fälschung, behauptete ein Stadtverordneter. In einem Zeitungsartikel vermutete das Ordnungsamt sogar eine Kampagne gegen sich. Grund dafür waren neben den aufgetauchten Schreiben der Stadt auch kritische Parolen an den Wänden einiger die Macht und Ordnung repräsentierenden Gebäude. Doch als am Tag darauf einer Aktivistin der Prozess wegen Baumkletterns gemacht wurde, brachten diese in der Zeitung zitierten Äußerungen den Richter in Verlegenheit. Einen Antrag der Betroffenen, der sich auf die Aussage in der Zeitung bezog, stellte der Richter zunächst zurück. Die Anklage beruhte ausschließlich auf der in der Zeitung als Fälschung deklarierten städtischen Verordnung. Der Aktivistin wurde vorgeworfen, den Baum aus Protest gegen Baumfällungen und die AUTOritäre Stadtpolitik erklommen zu haben. Außerdem war sie zusammen mit einer weiteren Künstlerin zwischen zwei Bäumen über der Route eines geplanten Neonazi-Aufmarsches als Seilartistin in Erscheinung getreten. Der Aufmarsch wurde daraufhin umgeleitet. Nach anfänglichen Streitereien um die Einlassung der Betroffenen, die das Lied »Mein Freund, der Baum« abspielte, ging der Richter einer weiteren Auseinandersetzung um das Baumklettern aus dem Weg. Nach 90-minütiger Verhandlung stellte er das Verfahren ein. Über den Antrag der Betroffenen, zu beweisen, dass die städtische Verordnung – wie vom Stadtverordneten behauptet – eine Fälschung ist, wurde nie entschieden – auch nicht in späteren Verfahren. Das Gericht hatte offensichtlich keine Lust mehr, sich mit einem derartigen Verfahren erneut zum Affen zu machen.

Die FreundInnen vom Mars und weitere Nacht- und Nebel-AktivistInnen haben dazu beigetragen, dass in Lüneburg das Recht auf Baumbesteigung erkämpft wurde! Auf dem Papier gefährdet Baumklettern weiterhin den Staat. Die städtische Verfügung gibt es im Internet zum Nachschlagen. Doch BaumkletterInnen juristisch zu verfolgen und ihnen dadurch eine Bühne für kreative politische Aktionen zu bieten, gefährdet den Staat anscheinend noch mehr. Die Rechtsgüterabwägung spricht für das Baumklettern.

Quellen:
Aktenzeichen: 34 Owi 5103 Js 7072/08 (267/08) – Amtsgericht Lüneburg
Städtische Verfügung der Stadt Lüneburg: http://www.lueneburg.de/Portaldata/1/Resources/STLG_Dateien/STLG_Dokumente/Ortsrecht_Satzungen/32_01_oeffentliche_sicherheit.pdf

VIII.

Demonstrieren in der dritten Dimension

Politisches Klettern, eine Kunst?

Eine kleine Einführung ins Demonstrieren in der dritten Dimension…

Klettern ist meine Leidenschaft. Ich fühle mich oben wohler als unten. Um es auf dem Punkt zu bringen: Ich habe irgendwie Bodenangst.
Unten, das ist nicht meine Welt. Ich kann mich nicht so, wie ich es mir wünsche, bewegen. Was auch einer gewissen Realität entspricht. Ich leide an der Auto-Immun-Krankheit rheumatische Arthritis oder chronische Entzündung der Gelenke. Die Krankheit beeinträchtigt mein Leben und meinen Alltag sehr. Insbesondere das Gehen fällt mir schwer. Im Sinne der Horizontalgesellschaft bin ich schwerbehindert. Nach oben bewege ich mich dagegen flink wie ein Eichhörnchen. Daher mein Spitzname. Ich habe sehr früh mit dem Klettern angefangen, und die dritte Dimension ist meine Welt. Ich fühle und spüre das Klettern. Ich weiß, wie ich meine Kräfte sparen kann und wie ich mit dem Körper balancieren kann, um die Belastung meiner Gelenke gering zu halten. Ich fühle mich beim Klettern wie beflügelt und denke kaum an meine chronischen Schmerzen. Vielleicht ist es das Adrenalin, das mich dabei die chronische Entzündung meiner Gelenke vergessen lässt. Es wirkt wie ein Schmerzmittel. Oben fühle ich mich frei. Freier Blick in die Ferne für große Träume und machbare Utopien. Und das ist auch ein Schritt zu deren Verwirklichung. »Hâtez-vous lentement de faire la rêve-olution!« – Auf Deutsch klingt es nicht so schön wie im Französischen, weil das Wortspiel nicht funktioniert, der Satz bedeutet aber etwa: »Beeilt euch langsam, die ›Traum-revolution‹ zu verwirklichen!«
Als leidenschaftliche Kletterin und politischer Mensch habe ich peu à peu entdeckt, dass politisches Klettern ganz schön effektiv sein kann. Diese Form der Äußerung ist nicht zu übersehen, sie ruft zahlreiche Reaktionen hervor und ist Sand im Getriebe eines verrückten, blinden, zerstörerischen Systems.

Um nur einige Beispiele zu nennen: Baumbesetzungen oder happeningartige Aktionen (kurzfristige Klettereinsätze an unerwarteter Stelle) gegen die Zerstörung unserer Lebensgrundlagen, der Umwelt: gegen Atom- und Kohlegeschäfte, gegen Abholzung und Autobahnbauten oder Flughafenausbauten etc.… Der Protest wird sichtbar und bereitet dem Gegner Probleme.

Soziale Bewegungen sind Bestandteil einer Gesellschaft. Und wie in jedem Bereich der Gesellschaft hat die Kunst auch hier ihren Platz. In sozialen Bewegungen spielt sie eine besonders wichtige Rolle. Kreativität ist in der Tat ein Schlüssel für den Erfolg von Protest. »Kreativität ist eine Waffe«, lautet oft mein Motto. Es geht darum, durch eine besondere »Performance« die Aufmerksamkeit auf das eigene Anliegen zu lenken, um Veränderungen in der Gesellschaft zu erreichen. Dies ist beispielsweise in der Form von Musik oder Straßentheater (und Straßenmusik) sehr geläufig. Warum nicht politisches Aktionsklettern als kreative künstlerische Performance im Einsatz für soziale Bewegungen?
Waghalsige Kletteraktionen sind an sich eine »Performance«. Manche Künstler sind für ihre politischen Texte oder Gemälde bekannt. Ich äußere mich mittels Aktionskunst und politischen Kletterns.

Aktionsklettern ist unkonventionell, kreativ, subversiv, spektakulär und aufsehenerregend. Wie manch andere Kunststücke es auch sein können.

Unkonventionell, weil es eine ungewöhnliche artistische Protestgestaltung darstellt. In einer von ungeschriebenen Gesetzen wie Normen geprägten Gesellschaft ist diese Art der Äußerung provokativ. Ein Gesetz, das vorschreibt, sich ausschließlich horizontal zu bewegen, gibt es nicht. Als ich 2008 aber einmal statt Schaufenster-Bummeln eine vertikale Stadterkundung an Frankfurter Hochhäusern unternahm, sorgte dies für große Aufregung. Normen in Frage stellen und Menschen zum Nachdenken bringen finde ich gut. Das ist eine Art Befreiung in einer Gesellschaft, die ihre unsichtbaren Fesseln nicht spürt.

Kreativ, weil ich als Kletterakrobatin immer wieder an unerwarteter Stelle in Aktion trete. Das stört den Gegner und imponiert ihm zugleich. Ich passe einfach in keine Schublade hinein. Das bringt ein ganzes System in Verlegenheit. Freispruch lautete im Jahre 2009 ein Urteil aus Steinfurt für eine Kletteraktion gegen den Export von Uranmüll ins Ausland, die für einen Transportstopp von über sechs Stunden und jede Menge Öffentlichkeit für das Thema sorgte. Ja, Kreativität hat gewonnen, und die Aktion war auch in keine Schublade des Strafgesetzbuchs einzuordnen, das war freie Meinungsäußerung… mit artistischen Klettereinlagen…
»Das deutsche Recht ist für die Oberfläche ausgelegt, nicht für die dritte Dimension«, orakelte mein Anwalt. »Zu hoch für die Justiz«, schrieb die Zeitung.

Subversiv, weil ich durch meinen ungewöhnlichen artistischen Einsatz für die Umwelt mit zum Teil provokativen und radikalen Inhalten eine breite Öffentlichkeit erreichen und einbinden kann. Wenn sogar der Polizeipräsident von Lüneburg sich damit persönlich befasst und mich als »Störfaktor« bezeichnet! Ja, es stört ihn, dass ich mit meinen Ideen und Utopien zahlreiche Menschen erreiche!

Spektakulär und aufsehenerregend, weil nicht jeder ein Kletterakrobat sein kann. Es ist eine sportliche Leistung und erfordert Professionalismus im Sinne von »fachlichem Können«. Mit einem Restrisiko ist es auch verbunden… Die Erdanziehungskräfte gelten bei mir genauso wie bei anderen Menschen!

Nicht selten werde ich in der Öffentlichkeit – das Wort stammt nicht von mir – als »Kletterkünstlerin« bezeichnet. Also ja, politisches Klettern ist eine Kunst, ich bin Künstlerin. Das ist meine künstlerische, leidenschaftliche Art, meine Meinung zu äußern und mich in dieser Gesellschaft politisch und räumlich zu bewegen.Und es ist grundrechtlich geschützt: Kunstfreiheit, Meinungsfreiheit, Versammlungsfreiheit.

Trotzdem reagiert die Polizei sehr allergisch auf meine vertikalen Bewegungen – und sperrt mich immer wieder präventiv ein. »Sie ist frei und klettert auf das nächste Ding. Das ist ein Störfaktor, den man unterbinden muss«, erzählte ganz offenherzig der Lüneburger Polizeipräsident und Castor-Einsatzleiter in einem Interview für das Fernsehen im Mai 2010. Dabei kennt er mich überhaupt nicht, wir sind uns nie begegnet. Und Klettern an sich ist überhaupt nicht strafbar! Die Reaktion der Herrschenden sagt mir aber: Klettern ist effektiv und subversiv. Weiter so.

Bild: Chris Grodotzki / visual.rebellion

Bäume besetzt!

Bäume verlasse ich nach tagelangen oder gar mehrmonatigen Besetzungen in der Regel in Begleitung von Uniformierten, die mich mehr oder weniger professionell herunterholen. Denn die Besetzungen, an denen ich mich beteiligte, stehen meist Klimakillern im Weg. Ob Braunkohletagebau, Flughafen- oder Straßenbau. Ich habe viele Wintermonate in kahlen Bäumen verbracht. Die Jahreszeit suche ich mir nicht aus. Ich kann nichts dazu, wenn Vattenfall, Fraport und andere Klimaverbrecher die Bäume im Winter fällen. Ich will Sand im Getriebe sein. Das geht nur, indem man gegen die wahnsinnigen Projekte der Großkonzerne und gegen die Politik von oben direkt ankämpft. Es geht darum zu verhindern, dass Tatsachen geschaffen werden.

Wozu monatelang bei Minustemperaturen ausharren, kann man sich fragen. Viele Besetzungen werden ja schließlich geräumt, gegen die bewaffnete Staatsmacht hat man kaum eine Chance, wenn diese mit schwerem Gerät anrückt. Meine Räumung in Lakoma, wo der Konzern Vattenfall die biologische Vielfalt für vielleicht 20 Jahre Braunkohle-Profit zerstört, wird mir immer in Erinnerung bleiben. Ich hatte mich mit einem Stahlrohr an dem Stamm meines Baumes fest gekettet, um meine Entschlossenheit zu zeigen. Mein Baum wurde Stück für Stück von oben bis wenige Zentimeter über meinen Kopf mit einer Kettensäge abgetragen. Vor herab fallenden Ästen wurde ich nicht geschützt.

Widerstand lohnt sich aber trotzdem. In der Gesamtschau ist das deutlich zu sehen. Um nur ein Beispiel zu nennen: Ja, es wurden viele Atomkraftwerke gebaut. Der Widerstand hat aber zahlreiche Atomanlagen verhindert. Die alten Hasen erzählen mir immer wieder mit glänzenden Augen von Wyhl oder Wackersdorf.
Und ja, auch das ist schon einmal vorgekommen: dass ich einen Baum nach dreimonatiger Baumbesetzung freiwillig verlasse! Wir konnten damals dem Konzern Vattenfall die Suppe deutlich versalzen!

Als wir am 18. Dezember 2009 in die Bäume vom Hamburger Gählerpark stiegen, hatte es wenige Stunden vorher angefangen zu schneien. Als wir die Bäume drei Monate später verließen, war der Schnee gerade erst geschmolzen. Als das Thermometer zwei Wochen zuvor zum ersten Mal seit Beginn der Besetzung eine Temperatur über dem Gefrierpunkt anzeigte, kam mir das bereits wie Frühling vor. Bis –18° kalt wurde es in diesem Winter in den Baumwipfeln. Morgens war mein Schlafsack schneebedeckt. Der Schnee bildete sich aus dem Kondenswasser meiner Atmung an der Plastikplane der Holzplattform, die, wie bei einem Zelt, als Dach fungierte. Ich habe fast jede Nacht – selbst zu Weihnachten – oben in meiner Linde in ca. 8 Meter Höhe verbracht und mich nur gelegentlich ablösen lassen. Eine Nacht in der Wärme oder ein kurzer Ausflug nach Hause, um dringende Sachen zu erledigen, waren ab und zu notwendig. Die Zeit im Baum habe ich trotz Kälte und Ungewissheit darüber, ob wir am nächsten Morgen geräumt werden, sehr genossen. Das liegt an der großen Unterstützung, die wir bekamen. Ein kleines

Schild am Baumstamm unten gab Auskunft darüber, was gerade benötigt wurde: Lebensmittel oder Wärmflaschen, Baumaterial oder ein Schlafsack. PassantInnen und UnterstützerInnen der Initiative »Moorburg Trasse Stoppen« versorgten uns mit dem Nötigsten. Ich konnte mir den Luxus gönnen, im Bett zu frühstücken. Da ich an chronischer Gelenkentzündung leide und die Schmerzen morgens besonders ausgeprägt sind, war es wunderschön. Versorgt wurde ich dabei über eine an eine Schnur gebundene Stofftüte. Tagsüber führten wir zahlreiche Gespräche mit PassantInnen und JournalistInnen an unserem Infostand. Ich weiß nicht mehr, wie viele JournalistInnen ich nach oben begleitete. Schulklassen besuchten uns fast jeden Tag, die SchülerInnen hatten spannende Fragen. Der Austausch und die Öffentlichkeitsarbeit haben mir sehr gefallen, auch wenn ich abends ziemlich erschöpft in mein Bett hochkletterte. Hineinfallen ging ja nicht.

»Am Ende wird sie ihren Baum verlassen müssen«, prophezeite eine Journalistin in ihrem Fernsehbeitrag zu Beginn der Baumbesetzung. Die politische Lage entwickelte sich nicht in unserem Sinne. Die Grünen hatten sich in ihrem Wahlkampf gegen das Kohlekraftwerk Moorburg positioniert. Ihr Versprechen vergaßen sie, sobald sie mit der CDU eine Regierungskoalition bildeten. Etwas anderes ist von Parteipolitik nicht zu erwarten. Der grüne Umweltsenator genehmigte die Bauvorhaben von Vattenfall. Darunter eine 12 Kilometer lange Fernwärmetrasse, die vom damals sich schon im Bau befindlichen Kohlekraftwerk Moorburg durchs Hafengebiet und die grüne Schneise Hamburgs hätte führen sollen. Betroffen waren vor allem die Parks in sozial benachteiligten Stadtvierteln. In den drei Monaten unserer Besetzung konnten wir feststellen, dass eine Grünanlage nicht nur für das Stadtklima von Bedeutung ist, sondern auch eine soziale Funktion als Erholungsraum und Treffpunkt erfüllt. Über unseren Kampf gegen die Trasse konnten wir den Protest gegen das Kohlekraftwerk in die Stadt tragen und die Trasse als Achillesferse des Konzerns Vattenfall anprangern. Ohne die Fernwärmetrasse ist der Betrieb des Kohlekraftwerks kaum rentabel. Das Steinkohlekraftwerk ist mit 1600 MW überdimensioniert, denn nur große Anlagen sind heutzutage überhaupt rentabel. Eine derartige Anlage gibt große Mengen warmen Kühlwassers ab, das die Tier- und Pflanzenwelt des Flusses gefährdet. Die Leistung des Kohlekraftwerkes muss gedrosselt – oder die Wärme über lange Kanäle abgeleitet werden. Darum die Fernwärmetrasse, die bei dieser Gelegenheit Vattenfalls Monopolstellung auf dem Markt bestärkt hätte. Pro Jahr würde das Kraftwerk mehr als acht Millionen Tonnen Kohlendioxid ausstoßen.

Gegen die ohne Umweltverträglichkeitsprüfung oder Anhörung der Bevölkerung erteilte Genehmigung klagten Umweltverbände. Um zu verhindern, dass Vattenfall noch vor einer Entscheidung des Gerichts die Bäume fällt und damit unumkehrbare Fakten schafft, wurden die Bäume besetzt. Denn die Klage hatte keine aufschiebende Wirkung und das Verwaltungsgericht gab in erster Instanz

Vattenfall recht. Unsere Entschlossenheit, die Unterstützung der Bevölkerung und der Medienrummel um die Baumbesetzung veranlassten Vattenfall, die Entscheidung des Berufungsgerichts abzuwarten – obwohl der Konzern bauen durfte. Die Konzerne warten selten Entscheidungen von Gerichten ab, sondern schaffen lieber Tatsachen und verursachen damit Kosten, die dann vor Gericht in die Waagschale geworfen werden und die Entscheidung zu Gunsten des Profits beeinflussen. Der Ausbau des Frankfurter Flughafens im Jahre 2010 oder das Milliardengrab ›Stuttgart 21‹ sind hier gute Beispiele.

Ende Februar 2010 kursierte das Gerücht, Vattenfall habe die Baumfällarbeiten bereits ausgeschrieben und terminiert. Der Konzern fragte ständig beim Oberverwaltungsgericht nach, wann es endlich seine Entscheidung verkünden würde. Der Beginn der Brutzeit stand kurz bevor. Zu dieser Jahreszeit sind Baumfällungen dann untersagt. Am Tag X sollten die Menschen per SMS benachrichtigt werden, so die Planung der AktivistInnen. Nach größeren Polizeibewegungen hielten selbst viele TaxifahrerInnen Ausschau, um Alarm geben zu können. EinwohnerInnen nahmen an Aktionstrainings teil und waren bereit – wenn nötig – sich an den Bäumen fest zu ketten. Auf meiner Plattform hatte ich Essensvorräte für mehrere Tage gesammelt, die Lagerung von Wasser bei Minustemperaturen war aber problematisch.

Als die Entscheidung des Oberverwaltungsgerichtes fiel, mündete die Anspannung in großer Freude. Das Gericht ordnete einen vorläufigen Baustopp an. Obwohl vorläufig, bedeutete die Entscheidung das Aus für die Trasse von Vattenfall. Kurze Zeit später musste die Stadt ihre Plangenehmigung zurücknehmen.

»Wie bauen wir ab?«, fragten wir uns. Freiwillig hatten wir eine Baumbesetzung nie abgebaut! Der Abbau wurde zu einer Feier mit EinwohnerInnen, AktivistInnen und Umweltverbänden. Doch ich war gedanklich schon woanders. Am Tag darauf stieg ich in den Zug nach Frankfurt. Dort musste ich mich für die Besetzung von Bäumen gegen den Frankfurter Flughafenausbau im Jahr 2009 vor Gericht verantworten. Hausfriedensbruch wurde mir vorgeworfen. So unterschiedlich können Baumbesetzungen enden…

Ob gegen den Klimakiller Flughafen oder das Klimamonster Kohlekraftwerk: Ich kämpfe weiter. Die Fernwärmetrasse von Vattenfall ist inzwischen endgültig vom Tisch. Doch das Kohlekraftwerk wird weitergebaut. Wann und mit welcher Leistung das Kraftwerk in Betrieb genommen wird, ist ungewiss. Verspätungen musste Vattenfall wegen der Protestaktionen, aber auch wegen rissigen Stahls im Kessel hinnehmen. Der Konzern bereitet die Inbetriebnahme vor, um wenigstens einen Teil der irrsinnigen Investitionen zu erwirtschaften. Doch rentabel wird das Kraftwerk nicht mehr. Die Suppe ist versalzen!

Durch den fehlenden Wärmeverkauf entgehen dem Betreiber Kraftwärmekopplungszulagen und Vergünstigungen bei CO2-Zertifikaten in der Größenordnung von bis zu 80 Mio. € pro Betriebsjahr. Das ist ein Erfolg des Kampfes gegen die Moorburgtrasse!

Außerdem sinkt die Zahl der für die Rentabilität so wichtigen Volllaststunden mit jeder in Norddeutschland in Betrieb genommenen Windkraftanlage. Das Kohlekraftwerk Moorburg muss bei ausreichend Wind wie jedes andere AKW oder KoKW immer wieder heruntergefahren werden. Zentralismus macht weiter den Bau von neuen Hochspannungsleitungen notwendig. Der Ausbau kommt – glücklicher Weise – nicht schnell voran. Der CO2-Ausstoß eines 1600-Megawatt-Steinkohlekraftwerks entspricht den jährlichen Abgasen von mehr als 1,4 Millionen PKW – mehr als das Doppelte des gesamten Straßenverkehrs in Hamburg. Im Hinblick darauf kann der Kampf gegen die neuen Hochspannungsnetze ein guter Ansatz im Kampf gegen Kohlekraftwerke sein!
Die Zukunft ist erneuerbar und dezentral. Besetzt Bäume! Leistet Widerstand gegen Klimakiller!

Grob ungehörig über Wasser

Wie stoppe ich ein Atommüllschiff? Mit Eisenbahnzügen haben wir Erfahrung – aber mit Schiffen? Dass Atommüll aus dem Atomkraftwerk Obrigheim über 1500 Kilometer Wasserstraßen quer durchs Land nach Lubmin an der Ostsee verfrachtet wird, wollen wir nicht ohne spektakuläre Protestaktion stehen lassen. Es wird mit dem Transport suggeriert, es gebe eine Lösung für den Atommüll. Doch der Atommüll, bestehend aus radioaktiv strahlenden Pumpen und Dampferzeugerteilen, wird im Zwischenlager Lubmin zerlegt und dann mit anderen Materialien so weit verschnitten, bis geltende Grenzwerte unterschritten sind. Der Müll kann dann zur Deponie gebracht werden – oder auch in den normalen Rohstoffkreislauf zurückfließen; zum Beispiel für den Straßen- und Hausbau. Der Müll strahlt immer noch, die Grenzwerte für strahlendes Material werden lediglich den wirtschaftlichen Verhältnissen angepasst. Ein Grenzwert ist nur eine Aussage darüber, wie viele Opfer (z. B. Krebsfälle) eine Gesellschaft akzeptiert. Darauf wollen wir die Bevölkerung aufmerksam machen.

Für unsere Aktion suchen wir uns eine Brücke über den Kanal in Münster aus. Zahlreiche Badegäste genießen ahnungslos die Sonne am Ufer. Eine Baustelle an der Brücke zwingt die vorbeifahrenden Schiffe zur Geschwindigkeitsverminderung, die Sicht ist auf einen Kilometer frei. Wir probieren es einfach mal. Schlimmeres als eine Durchfahrt des Schiffes unter uns hindurch kann wohl nicht passieren. Als uns das Startsignal erreicht, bewegen wir uns auf die Brücke zu, zwei Personen seilen sich über dem Wasser ab, die anderen sichern die verankerten Seile vor fremdem Zugriff. Die Badegäste am Ufer blicken verdutzt zu uns. Die Polizei lässt nicht lange auf sich warten. »Kommen Sie wieder hoch!« Ich schmunzle. Endlich mal eine Aktion ohne »Kommen Sie da runter!« Die Polizei streitet mit den FreundInnen oben, diese bleiben aber standhaft – sie sind schließlich für unsere Sicherheit mitverantwortlich, ihre Aufgabe nehmen sie ernst. Die Beamten telefonieren eifrig. Als das Edo, das Atommüllschiff, in Sichtweite kommt, haben wir unsere klare Botschaft ausgebreitet. »Vermeiden statt verschieben« steht auf dem Transparent. Ein Radioaktiv-Zeichen bringt das Ziel unseres Protestes auf den Punkt. Das Schiff nähert sich langsam und legt auf Anordnung der Polizei schließlich an. Auf die Gefährlichkeit des Transports weisen lediglich die blauen Bojen am Schiff hin.

Die Badegäste können es kaum fassen, dass allein unsere Aktion auf die Gefährlichkeit des Schiffes hinweist. Die Polizei weiß nicht mit der Situation umzugehen und fordert ein Sondereinsatzkommando an. Währenddessen geben unsere MitstreiterInnen Interviews. Die PassantInnen reißen ihnen die Flugblätter aus der Hand, das Interesse an unserem Anliegen ist groß. Am späten Abend rückt das Sondereinsatzkommando an. Die Beamten treten ausnahmsweise unvermummt auf. Die Vermummung hätte schlechte Pressebilder für die Polizei gegeben. Wir werden auf das Schiff abgeseilt und wie Schwerverbrecher sofort gefesselt. »Wären wir vom Dach heruntergerutscht, wären wir abgesoffen«, schrieb mein Kletterpartner später in einer Erklärung. Die gefährliche Räumungsaktion wird damit gerechtfertigt, dass Strafverfahren wegen gefährlichen Eingriffs in den Schiffsver-

Grob ungehörig über Wasser?
Quelle: Privat

kehr eingeleitet werden. Aus der Straftat wird ein Monat später eine Ordnungswidrigkeit. »Grob ungehörige Handlung, die zur Belästigung oder Gefährdung der Allgemeinheit geeignet ist«, heißt es im Bußgeldbescheid. Ich freue mich auf die Hauptverhandlung und auf das Erscheinen der »Allgemeinheit«, die dann äußern wird, was sie am meisten belästigt und gefährdet: vier DemonstrantInnen oder ein nicht einmal korrekt gekennzeichneter und gesicherter Atommülltransport? Grob ungehörig bin ich gerne – doch im Sinne des Gesetzes ist der Tatbestand nur dann erfüllt, wenn die Handlung nicht »sozialadäquat« ist. Nach Fukushima will fast jeder – selbst die Kanzlerin – AtomkraftgegnerIn sein. Ist der Protest gegen die Atomkraft nicht etwa im Sinne der Allgemeinheit? Das Justiz-Theaterstück findet vor dem Schifffahrtsgericht Dortmund statt.

Der Prozess wegen Ordnungswidrigkeit vor dem Schifffahrtsgericht Dortmund endete im Frühjahr 2013 nach 3 Verhandlungstagen mit einer Verurteilung wegen „Fehlbenutzung einer Schifffahrtsanlage" zu 10 und 20 Euro Bußgeld. Wir weigern uns zu zahlen und gehen dafür in Erzwingungshaft.

Quelle: Aktenzeichen: 703 OWi-155 Js 567/12-62/12 – Schifffahrtsgericht Dortmund

Verbale Nötigung

Wie erkläre ich eine an sich nicht strafbare Handlung zu einer Straftat, wie begründe ich das »öffentliche Interesse« an einer Strafverfolgung? Die Münsteraner Staatsanwaltschaft sieht gerne den Protest gegen Atommülltransporte in luftiger Höhe über einer Bahnanlage als Nötigung an. Meinen ständigen Kletteraktionen muss unbedingt Einhalt geboten werden, sie müssen bestraft werden!

Einfache körperliche Anwesenheit und psychischer Druck reichen allerdings zur Erfüllung des Tatbestandes der Nötigung nicht aus. Es braucht das Merkmal der Gewaltanwendung. Doch dafür hat die Staatsanwaltschaft eine Begründung parat: Ich habe den Atommüllzug angehalten, um ihn als Hindernis zu nutzen und so weitere Züge an der Weiterfahrt zu hindern! Passagierzüge anzuhalten ist sicherlich das Ziel einer Atomkraftgegnerin… Dieser abenteuerlichen Auslegung des Nötigungsbegriffs folgen die Gerichte in der Regel nicht, sodass die Behörde inzwischen großzügig die Verfahren einstellt.
Anklage sollte nach der dritten Kletteraktion innerhalb eines Jahres an der gleichen Bahnstrecke trotzdem erhoben werden, etwas Stimmungsmache sollte dabei helfen: »Madame Lecomte fällt bundesweit durch Kletteraktionen auf, mit denen sie Eisenbahntransporte stoppt. Weitere Verfahren waren hier auch anhängig. Rechtlich problematisch ist die Nötigung des Zugfahrers, auch in diesem Fall […]«, schrieb Staatsanwalt Kruse und formulierte einen neuen Vorwurf: die verbale Nötigung eines Polizisten, eine Amtshandlung zu unterlassen! Es ist also eine Nötigung, einen Polizisten darauf hinzuweisen, dass sein Vorhaben Menschenleben gefährdet. Das öffentliche Interesse an der Strafverfolgung wird mit den an sich nicht strafbaren, wiederholten Aktionen der »Madame Lecomte« gegen »Zugtransporte« begründet: »Aufgrund der fehlenden Einsicht und der Wiederholungsgefahr kommt eine Einstellung nicht in Betracht.«

Im Strafbefehl schilderte die Staatsanwaltschaft die schwere Tat: »In der Nacht vom 27. auf den 28. 04. 2009 seilten Sie sich an einer Autobahnbrücke der B1 oberhalb der Bahnstrecke Gronau-Münster in einer Höhe von ca. 5 Meter über dem Boden ab, um den nahenden Urenco-Transport zu stoppen. Tatsächlich wurde der Zug aufgrund eines telefonischen Warnrufs gestoppt. Gegen 00:17 Uhr forderte Sie der Polizeibeamte Klaffke mehrfach auf, die Aktion zu beenden und den Bereich zu verlassen. Der Aufforderung kamen Sie nicht nach. Als er ankündigte, Sie mittels einfacher körperlicher Gewalt nach oben zu ziehen, drohten sie fast wörtlich: ›Wenn ihr mich hochzieht, dann klinke ich mich aus.‹ Aus Angst um Ihr Leben gab der Zeuge der Drohung nach und beließ Sie hängend an der Brücke. Stattdessen wurden Spezialkräfte der Bundespolizei herbeigerufen, die gegen 01:00 Uhr eintrafen. Auch diese forderten Sie vergeblich auf, den Bereich zu verlassen. Erst gegen 01:10 Uhr gelang es, Sie herunterzulassen.«

Das Recht auf rechtliches Gehör gilt nur auf dem Papier, berücksichtigt werden die Angaben eines Angeklagten nur, wenn sie zur Belastung verwendet werden können. Es empfiehlt sich daher, sich in einem Ermittlungsverfahren oder vor Gericht zum Vorwurf nicht zu äußern. Geglaubt wird vor der Klassenjustiz den Uniformträgern, nicht den Angeklagten. Dass ein Gericht dem absurden Nötigungskonstrukt der Staatsanwaltschaft folgen würde, konnte ich nicht glauben. Die Absurdität des Ganzen fällt aber vor allem kletterkundigen Menschen auf. Mein Gerechtigkeitsbedürfnis verleitete mich dazu, nach Aktenlage ohne Aussage zur Sache zur Verwerflichkeit der vorgeworfenen Handlung Stellung zu nehmen:

»Aus der Akte ist ersichtlich, dass die Beamten der Landespolizei (darunter der angeblich genötigte Klaffke) der Kletterin damit drohten, sie mit bloßen Händen hochzuziehen. Die betroffenen Landespolizisten sind aber für Höhenrettung nicht ausgebildet und waren sich der möglichen Folgen einer solchen Handlung nicht bewusst. Hier im konkreten Fall zwei Beispiele:
Durch das Hin-und-Her-Ziehen mit bloßen Händen (ohne Hilfskonstruktion wie einen Flaschenzug) ist ausgeschlossen, dass man eine Person in einem einzigen Zug hochziehen kann, scheuert das Sicherungsseil der Kletterin an der Betonoberkante der Brücke und kann dadurch beschädigt/zerschnitten werden, was zum Sturz der Kletterin führen kann.
Die Beamten hatten zudem keine Ahnung vom Sturzfaktor im Seil: Wenn ihnen das Seil nach einigen Zentimetern oder Metern nach oben aus den Händen heraus rutscht – sehr wahrscheinlich beim Hochziehen ohne Hilfsgerät –, führt dies zu einem Sturz im Seil. [...]
Ein Versuch, die Polizisten auf die Gefahren hinzuweisen, damit diese auf ihr Vorhaben verzichten, erscheint somit 'sozialadäquat', um die unmittelbare Gefährdung der Kletterin durch eine unsachgemäße Handlung der Beamten abzuwenden. Somit kann davon ausgegangen werden, dass ein Rechtsfertigungsgrund vorlag. Dafür spricht weiter, dass die Kletterin sich später durch für die Höhenrettung ausgebildete Fachkräfte der Bundespolizei ohne Widerstand räumen ließ. [...] Die Verwerflichkeit kann somit nicht bejaht werden.«

Die Staatsanwaltschaft nahm die Stellungnahme zur Kenntnis: »Hinsichtlich der Nötigung der Beamten besteht hinreichender Tatverdacht. Die Einlassung, sie habe Angst gehabt, das Seil hätte beschädigt werden können, ist irrelevant und bloße Schutzbehauptung. [...] Die gewaltsame Durchsetzung der Anordnung musste sie dulden, auch wenn dadurch die Kletterseile hätten beschädigt werden können. [...]«
Mit anderen Worten: Ich muss dulden, dass mein Leben durch die hirnlose Handlung eines Polizisten gefährdet wird. Oder welche Folge hat die Beschädigung von Kletterseilen, wenn nicht den Sturz der hängenden Person? So viel zum Grundrecht auf körperliche Unversehrtheit. Gehorsamszwang geht vor.

Als mir ein Strafbefehl in den Briefkasten flatterte, konnte ich nur den Kopf schütteln. Der Strafbefehl ist eine Verurteilung ohne mündliche Verhandlung und rechtliches Gehör vor Gericht. Diese Art des vereinfachten Verfahrens öffnet der Willkür Tür und Tor. Es ist für einen Richter verlockend, eine Strafsache

mit seiner Unterschrift zu erledigen, in der Hoffnung, dass der Betroffene keinen Einspruch einlegt. Viele Strafbefehle werden rechtskräftig, weil die Betroffenen nicht verstehen, dass sie Einspruch einlegen dürfen, diesen zu spät einreichen oder nach rechtzeitigem Einspruch dann wenige Minuten zu spät zur Hauptverhandlung erscheinen. »Der Richter hat dem Antrag der Staatsanwaltschaft zu entsprechen, wenn dem Erlass des Strafbefehls keine Bedenken entgegenstehen«, steht im Gesetz (§408 der Strafprozessordnung). Wie konnte Richterin Terhechte den Strafbefehl wegen mündlicher Nötigung unterschreiben? Für mich kamen als Grund zunächst Voreingenommenheit und Faulheit in Frage. Ich wollte aber trotzdem wissen, ob die Richterin die Akte vor ihrer Unterschrift unter den Strafbefehl gelesen hatte. Hatte sie vielleicht als Kletterunkundige meine Ausführungen nicht verstanden?
Meine Erfahrung ist, dass es vor Gericht weder um Gerechtigkeit noch um die eigentlichen Tatsachen geht, sondern viel mehr um sophistische Argumentation (wie Vorwürfe konstruiert und manchmal auseinandergenommen werden) und um die Aufrechterhaltung bestehender Verhältnisse in dieser Gesellschaft. An den Rechtsstaat glaube ich schon lange nicht mehr. Eine gewisse Erwartung und das Bedürfnis nach Rechtssicherheit und Gerechtigkeit habe ich trotzdem in mir.

Mit dieser Erwartung ging ich nach eingelegtem Einspruch in die Hauptverhandlung. Die Menschen waren zahlreich gekommen und die Fahnenmasten vorm Gerichtsgebäude wurden zum Zweck der Meinungsäußerung erobert, ehe die Polizei einschreiten konnte. Ein Gerichtsverfahren wird mich nicht vor weiteren Kletteraktionen abschrecken! An der Tür des Gerichtssaals angekommen, ahnte ich es schon: So einfach, wie die Richterin es sich vorstellt, wird es nicht über die Bühne gehen. Eine halbe Stunde hatte die Richterin eingeplant. Übersetzung inklusive. Hat sie die Akte denn gelesen? Denkt sie, dass ich kein Deutsch spreche? Dass ich mich in wenigen Minuten aburteilen lasse?

Die Verhandlung begann mit einem Eklat. Ich solle was zur Sache aussagen. Ich wollte aber der Richterin Fragen stellen – das wollte die Richterin wiederum nicht zulassen. Ob sie die Akte vor Erlass des Strafbefehls gelesen habe, müsse sie nicht sagen. »Ich, zum Beispiel, habe die Akte gar nicht gelesen«, mischte sich die Staatsanwältin ein. »Wollen sie einen Befangenheitsantrag stellen«, fragte die genervte Richterin. »Sie haben dafür zwei Minuten.« Es folgte eine langer, lauter Streit um diese zwei Minuten. Dieser lieferte eine zusätzliche Begründung für den Befangenheitsantrag. Die Sitzung endete schließlich mit dem Befangenheitsantrag.

»Aktivistin mischt Gerichtssaal auf«, war in den Westfälischen Nachrichten vom 10.01.2010 zu lesen: »[…] Während sich die Wahl-Lüneburgerin mit Hilfe von juristischen Nachschlagewerken selbst verteidigte und Richterin und Beisitzerin durch ihr lockeres Mundwerk sprachlos machte, stärkten die im Publikum anwesenden Atomkraftgegner der Angeklagten kräftig den Rücken. […]«
Gegen die Staatsanwältin erhob ich Dienstaufsichtsbeschwerde. Es kommt nicht alle Tage vor, dass eine Vertreterin der Anklagebehörde zugibt, die Inhalte von der Anklage zugrunde liegenden Ermittlungen nicht zu kennen. »Die Vertreterin der Staatsanwaltschaft – ihr Name ist mir nicht bekannt – hat meines Erachtens nach

ihre Dienstpflicht verletzt. In einer Hauptverhandlung am 18. 1. 2010 saß sie im Gerichtssaal als Vertreterin der Staatsanwaltschaft. Sie vertrat die Anklage, die das Ergebnis von Ermittlungen der Staatsanwaltschaft war. Im Laufe der Ermittlungen gab sie jedoch zu, die der Anklage zu Grunde liegende Akte vor der Verhandlung überhaupt nicht gelesen zu haben. ›Ich kenne die Akte zum Beispiel gar nicht‹, äußerte sie im Zusammenhang mit einer Frage der Angeklagten zu einem sich in der Akte befindlichen Vermerk der Staatsanwaltsschaft. Weiter rechtfertigte sie sich, indem sie sagte, sie habe den Vermerk ja nicht geschrieben, das habe der Oberstaatsanwalt geschrieben, daher kenne sie ja den Inhalt dieses Vermerks aus der Akte nicht und könne sich also nicht dazu äußern.
Es ist nicht akzeptabel, dass eine Vertreterin der Anklage in die Verhandlung geht, ohne sich mit der Anklage und dem Inhalt der Akte zuvor überhaupt beschäftigt zu haben.«

Die Antwort des Behördenleiters ließ nicht lange auf sich warten. Und weil die Klassenjustiz ihre Kaste schützt, wurde mir erklärt, es sei vollkommen normal und akzeptabel, dass die Vertreterin der Anklagebehörde die Akten der eigenen Behörde nicht kennt: »Es ist richtig, dass die Sitzungsvertreterin zumindest sinngemäß geäußert hat, sie kenne die der Anklage zugrunde liegende Akte (Sachakte) nicht. Eine Dienstpflichtverletzung scheidet trotzdem aus: In den meisten Fällen ist der/die Sitzungsvertreter/in nicht zugleich Anklageverfasser/in. Er/Sie kennt daher den Inhalt der so genannten Sachakten, die dem Gericht mit Erhebung der Anklage vorgelegt werden, nicht. […]«

Eine endgültige Klärung, ob die Richterin die Akte gelesen hatte und es eine Dienstpflichtverletzung wäre, dies vor Erlass eines Strafbefehls nicht zu tun, hat es nie gegeben. Das für die Staatsanwaltschaft ach so wichtige Strafverfahren, dessen Einstellung »aufgrund der fehlenden Einsicht und der Wiederholungsgefahr« der Angeklagten nicht in Frage kommen sollte, wurde am ersten Werktag nach dem Unfall im Atomkraftwerk Fukushima 2011 ohne Auflagen eingestellt. Ob die Katastrophe eine Rolle gespielt hat? Die Richterin hatte – Monate zuvor – unglücklicherweise die Hauptverhandlung für die Woche nach dem Fukushima-Unfall terminiert. Mit der Einstellung des Verfahrens entging sie einem langen Vortrag über die Gefahren der Atomkraft.
Ach, und Madame Lecomte bleibt unbelehrbar und fällt weiter »bundesweit durch Kletteraktionen auf, dadurch, dass sie Zugtransporte stoppt« – aber ich bitte um Präzisierung: Ich stoppe nur Militär-, Atom- und Kohlezüge (bzw. oder -LKWs). Für die übrigen Verspätungen der Bahn bin ich nicht verantwortlich, das Chaos schafft die Bahn ohne mich.

Quelle: Aktenzeichen: 15 Cs 540 Js 699/09-330/09 – Amtsgericht Münster

Die vergessene Atomfabrik

Als ein Dutzend AktivistInnen an einem frühen Herbsttag 2012 vor den Toren der AREVA-Brennelementefabrik im niedersächsischen Lingen eine Protestaktion starteten, sorgten sie für Erstaunen. Mit einer Sitzblockade und Kletterkunstaktionen in Seilen über der Hauptzufahrtsstraße machten sie auf die weltweiten Atomgeschäfte des Konzerns aufmerksam.

Nach eigener Aussage hatte die Polizei nie zuvor mit einer solchen Aktion vor der Uranfabrik zu tun gehabt. PressevertreterInnen verirrten sich auf dem Weg zur Protestaktion und baten um eine genaue Wegbeschreibung. Der Betriebsleiter der Brennelementefabrik zeigte sich über die Protestaktion und den öffentlichen Rummel wenig erfreut und stand der Polizei für eine schnelle Räumung der DemonstrantInnen mit technischen Hilfsmitteln zur Seite. Denn über die Lingener Atomfabrik wissen nur wenige Menschen Bescheid – und der AREVA-Konzern wünscht, dass das so bleibt.

Obwohl die 1979 in Betrieb genommene Brennelementefabrik Lingen Atomkraftwerke weltweit mit Brennstäben versorgt, wird sie – wie die Uran-Anreicherungsanlage Gronau – im so genannten Atomausstiegsgesetz nicht erwähnt. Das von der Regierung als Atomausstieg verkaufte Gesetz betrifft nur die AKWs und keinesfalls alle Atomanlagen.

»Unser Ziel war es, Öffentlichkeit zum Thema Lingen zu schaffen und unserer Kritik Gehör zu verschaffen. Das ist uns ein Stück gelungen, wir sind zufrieden«, erklärten die AktivistInnen nach dem fünfstündigen Protest in den Seilen. Die kleine Gruppe sorgte mit ihrer Aktion für zahlreiche Schlagzeilen.

Der französische Konzern AREVA befindet sich zu 100% im Staatsbesitz und ist im Bereich der Nukleartechnik Weltmarktführer: Ob Uranabbau, Wiederaufbereitung oder auch AKW-Bau.
Aus diesem Grund nahmen die AktivistInnen in Lingen für ihre Aktion die für zwei Tage später angekündigten Anti-Atom-Großdemonstrationen in Frankreich zum Anlass. Zehntausende gingen dort auf die Straße.
Radioaktivität kennt keine Grenzen. Auch unser Protest muss grenzüberschreitend sein, denn wir wären genauso betroffen, wenn es auf der anderen Seite der Grenze knallt, so die Beteiligten.

Die Räumung der Demo am Boden verlief rabiat, die Polizei zeigte sich überfordert. AREVA verhielt sich einsatzfreudig, stellte der Polizei Bolzenschneider, Gabelstapler und anderes Werkzeug zur Verfügung, um die Räumung zu beschleunigen. Mehrere LKWs warteten vor der Protestaktion, darunter ein leerer Brennelemente-LKW mit französischem Kennzeichen, der in Lingen mit neuen Brennstäben für französische Reaktoren beladen werden sollte. Die Polizei hielt es nicht für nötig, vor Verschleppung der ersten DemonstrantInnen die Versammlung aufzulösen.

Zur Räumung der KletteraktivistInnen wurde ein Sondereinsatzkommando aus Hannover angefordert.

»Gefährlicher Eingriff in den Straßenverkehr und Nötigung«, hieß es zur Begründung der Beschlagnahme von Klettermaterial, Winterjacke und Schlafsack. Der für die Angelegenheit zuständige Amtsrichter bestätigte die Beschlagnahme – ohne irgendeine Erklärung hierfür zu liefern, inwiefern eine Winterjacke als Beweismittel und Einziehungsgegenstand zu betrachten ist. Demonstrieren in der dritten Dimension scheint den Atomstaat besonders zu gefährden.

Die AktivistInnen sind der Auffassung, dass nicht sie, sondern die Polizei eine Nötigung begangen hat. Sechs von ihnen wurden in so genannten Verbringungsgewahrsam genommen und über zehn Kilometer von Lingen entfernt auf Parkplätzen zum Teil ohne Busanbindung ausgesetzt. Ein »Verschleppter« erhielt wenige Tage nach der Aktion eine Rechnung von der Polizei für diese erzwungene Fahrt! Er reichte umgehend Klage gegen die Polizeimaßnahme ein. Es gibt eine Rechtsprechung, u.a. von den Amtsgerichten Mainz und Hamburg, wonach dieser Verbringungsgewahrsam als Nötigung und Freiheitsberaubung durch die Polizei gewertet wurde!
»Die Beschuldigte ist verdächtig, am 11. 10. 2012 in Lingen mehrere Stunden die Haupteinfahrt des Produktionsbetriebes für Kernbrennstoffe blockiert und hierdurch ein Verkehrschaos geschaffen zu haben [...]«, heißt es in einem Gerichtsbeschluss. AREVA behauptete zudem der Polizei gegenüber, es habe Beeinträchtigungen der Produktion gegeben, insbesondere die Blockade eines Wasserstofftransports sei problematisch gewesen.
Die AktivistInnen bedanken sich für den Hinweis, wie die Anlage stillzulegen wäre, und kommen sicher wieder zum Demonstrieren. Folgender Umstand gibt aber zu denken: Zur Brennelementefabrik gibt es nur eine Zufahrtsstraße, ein paar AktivistInnen stellen schon ein Problem dar. Auf den Ernstfall ist die Anlage überhaupt nicht vorbereitet. Sicherheit und Atomanlagen sind ein Oxymoron.
Die Anlagen gehören abgeschaltet – sofort!

Die Staatsanwaltschaft Osnabrück hat gegen neun AktivistInnen vor dem Amtsgericht Lingen – Jungendschöffengericht - Anklage wegen gemeinschaftlicher Nötigung erhoben. Wegen der schwierigen Rechtslage wurde den neun AktivistInnen jeweils ein Pflichtverteidiger beigeordnet. Das Amtsgericht Lingen steht vor einer besonderen Herausforderung: Selbst der größte Gerichtssaal ist für 18 Personen auf der Anklagebank zu klein! Es wurde beantragt, die Verhandlung ins Theater der Stadt zu verlegen. Infos: http://nirgendwo.info/lingen/

Erstdruck in der Zeitschrift Graswurzelrevolution, Nummer 374

Quelle: Aktenzeichen: 211 Js 47204/12 – Staatsanwaltschaft Osnabrück

Baumklettern gefährdet Ihren MOX-Transport

Bunt und vielfältig gestaltete sich der Protest gegen einen Plutoniumtransport zum Atomkraftwerk Grohnde an diesem regnerischen Novembertag 2012. Chaotisch und zum Teil gefährlich gewalttätig war der Polizeieinsatz mit 1400 BeamtInnen. In Nordenham brachte eine Beweis- und Festnahmeeinheit ein fünf Meter hohes Tripod (Dreibein) zum Sturz. Ich weiß nicht, was diese Einheit dort beweisen wollte. Dass sie ihren Kopf vor dem Einsatz ausgeschaltet hat, hat sie auf jeden Fall bewiesen. Der Aktivist auf der Spitze des Tripods wurde zum Glück von DemonstrantInnen aufgefangen und kam mit einem Schrecken davon.
In Grohnde wurde ein Aktivist, der an einem zum Stehen gekommenen MOX-LKW fest gekettet war, mehrere Meter weit über die Fahrbahn geschleift. Gut unterrichtete Kreise erklärten mir, laut internen Anweisungen der Polizeiführung richte sich die Intensität des Polizeieinsatzes nach der Nähe zum Atomtransport. Was dies in der Praxis heißt, durfte ich am Sonntag erfahren. Es war für mich nicht das erste Mal. Doch, die »Intensität« des Einsatzes überraschte uns. Als ob Baumklettern den Atomstaat ››sooo‹ wahnsinnig‹ gefährden würde! Ein Messer zücken konnte mein Besucher im Baum schnell… Als erstes schnitt er mein Transparent durch, dabei geriet das Messer in unmittelbare Nähe zu meinem Sicherungsmaterial. Seine Kollegen in Zivil erwiesen sich als Experten im »Durch-die-Gegend-Fahren«. Sie nennen dies »Ingewahrsamnahme«, ich nenne es »Freiheitsberaubung«. Ich berichte aus der Eichhörnchen-Perspektive.
Als ich erfuhr, die Polizei habe in Nordenham ein Tripod samt Aktivist an der Spitze umgeworfen, bekam ich einen Knoten im Magen. Solche Gefährdungssituationen habe ich öfter erlebt – leider. Bei Kletteraktionen stellen PolizistInnen die größte Gefährdung für die AktivistInnen dar. Über die gefährliche Polizeiaktion in Nordenham ist in der Abschlusspressemitteilung der Polizei nichts zu lesen – dafür brüstet sich diese mit Lob über den eigenen Einsatz. Doch die kopflose Aktion der Polizei in Nordenham wurde mit der Kamera festgehalten.
In Grohnde wurde ebenfalls rabiat geräumt – sofern die Protestaktionen auf Hauptstraßen stattfanden. Die Zufahrtsstraßen zum AKW wurden im Laufe des Tages mit Trecker-, Kletter-, Sitz- und Betondemonstrationen dicht gemacht. Die DemonstrantInnen tricksten immer wieder die hochgerüstete Polizei aus und ließen sich mit Sitzblockaden, drei größeren Treckerblockaden, einem Tripod, einem Betonfass und BaumaktivistInnen auf oder über der Straße nieder. Je nachdem, ob die Protestaktionen auf der von der Polizei für den Transport gewählten Strecke statt-fanden, wurden sie zu einer Straftat erklärt, nämlich zu einem »gefährlichen Eingriff in den Straßenverkehr«. Die Wendland-Trecker-Blockade auf der Hauptstraße wurde von einer Spezialeinheit geräumt. An mir vorbeirasende Trecker waren meine erste Begegnung mit der Polizei an diesem Abend. Die »Beweismittel« wurden sichergestellt. Währenddessen durften andere Trecker die anderen Zufahrtsstraßen weiter blockieren.

Bei einer derartigen Konzentration an Polizeikräften wie in Grohnde hilft nur frech sein und loslegen, wenn man eine Chance haben will, die Aktion durchzuführen. Entsprechend handelte meine kleine Gruppe und wir kamen trotz ständigem Polizeiverkehr – für andere Fahrzeuge war die Strecke gesperrt – hoch in die

Bäume. Mein spontan ausgewählter Baum war nicht besonders hoch... und rutschig. Aber in den Augen der Polizei trotzdem gefährlich, sie brachte Spannung ins Spiel. Keine zehn Minuten, nachdem wir entdeckt wurden, traf eine Klettereinheit der Polizei ein. Ich war noch mit dem Aufhängen meines Transparents beschäftigt, als ein Polizist zu mir hochkletterte. Angesprochen wurde ich vor Beginn der Maßnahme kein einziges Mal – wäre ja Zeitverlust gewesen, der MOX-Transport stand unmittelbar bevor.

Die Botschaft war aber klar. Die erste »Polizeimaßnahme« im Baum war das Abschneiden meines Transparents. Meinungsäußerung ist unerwünscht. Daraufhin fasste der Polizist meine Sicherung mit Gewalt an, um mich abzuseilen. Wenn ich nicht mithelfe, wird meine Ausrüstung durchgeschnitten, wurde ich gewarnt. Ich nenne das Nötigung mit der Drohung einer Sachbeschädigung. Die Einheit – wohl aus Niedersachsen – kam mir nicht wirklich bekannt vor. Sie handelte eher in SEK-Cowboy-Manier – mit entsprechender Bandschlingen-Ausrüstung, die Kletterkundige nur den Kopf schütteln lässt. Unten angekommen wollten die Polizisten das Stück Plastik, das dem Staat gehört und »Carte d'identité« heißt, sehen. »Ihren Ausweis, Frau Lecomte!« und: »Sie sind in Gewahrsam«. Die freundliche Begrüßung ist eine Polizei-Spezialität... Hat der Polizeiführer persönlich angeordnet, hieß es.

Es folgte eine »Belehrung« und eine »Beschlagnahme« unserer gesamten Kletterausrüstung und einiger weiterer Gegenstände je nach Lust und Laune der Polizei. Hier eine Stirnlampe dazu, da ein Handy. Natürlich alles als Tat- und Beweismittel. Der Vorwurf ist genauso spannend wie bei den Treckern... Gefährlicher Eingriff in den Straßenverkehr... Ich wusste nicht, dass dies auch bei einer für den öffentlichen Verkehr gesperrten Straße im Rahmen einer Versammlung geht. Wird wohl EON-Sonderrecht sein, ein Atomlobby-Spezialgesetz, das ich nie schriftlich gesehen habe, aber in der Formel »Atomstaat, Willkürstaat« zusammenzufassen wäre. Hauptsache, es füllt die Polizeistatistik der »linksmotivierten Kriminalität« und die Aufklärungsquote! Sodann darf mich der Verfassungsschutz überwachen, ich bin ja »Linksextremistin«, wie er mir neulich mitgeteilt hat – die Schublade ist nicht meine Erfindung, so kurz wie Papa Staat greife ich nicht. Und das ist sicherlich ein sehr anstrengender Job, Verfassungs(be)sch(m)utzer zu sein und dafür bezahlt zu werden.

Weil ich ›sooo‹ gefährlich bin, wurde ich gut bewacht, ich kann sicherlich fliegen – wer weiß. Meinen MitkämpferInnen wurde gesagt, sie dürfen nach der Durchsuchung mit Platzverweis gehen. Und dann doch nicht... Baumklettern gefährdet ja den Atomstaat... insbesondere wenn Eichhörnchen beteiligt ist. Ich habe den Eindruck, die Polizei hat »Eichhörnchen« als Straftatbestand im Strafgesetzbuch eingeführt und das »neutralisiert« die Grundrechte der Meinungs- und Versammlungsfreiheit.
Wir wurden – sehr Kräfte und Energie sparend – jedenfalls einzeln in zivilen Polizeiautos nach Hameln weggebracht. Nur mein Co-Kletterer nicht: Er wurde an Ort und Stelle von der Polizei einfach vergessen! Etwas verdutzt stand er dann am

Straßenrand, als der MOX-Transport wenige Minuten später an ihm vorbei fuhr. Bei der Polizei durfte ich mir den Innenhof samt Parkplatz anschauen, mit meiner Freundin herumtanzen und singen… aber bloß nicht herumklettern – da wurde ich schnell heruntergezogen. Nicht, dass die Klettereinheit mich aus dem eigenen Polizeirevier räumen muss!
Einen Grund, uns festzuhalten, gab es nicht – der Transport war ja schon drin. Aber etwas Ersatzbestrafung muss sein. Also machte man sich eine Weile Gedanken darüber, wo wir herausgelassen werden sollen. Dann die tolle Idee! Am Bahnhof… mitten in der Nacht, da kommt man nicht mehr weg.

Der Haken: Ich bin schwerbehindert, das dürfen sie gar nicht – nicht, dass die Polizei sich gerne an Gesetze hält… aber: so offensichtlich dagegen verstoßen geht doch nicht. Gut, dann nimmt man sich Zeit, die »Echtheit« des Schwerbehindertenausweises zu überprüfen. Eine gute halbe Stunde für die Fertigung einer Kopie muss drin sein. Schnell arbeitet die Polizei nur, wenn sie im Namen von EON die Straße freimacht. Ich darf letztlich mit der Polizei eine Runde fahren. Meine FreundInnen, die nicht mitfahren dürfen, müssen 20 Euro für ein Taxi berappen und kommen vor mir an. Weil ich keine gute Orientierung habe und das Auto nicht wiederfand. Langsam hatte sich der Spieß umgedreht… angenervte Zivilpolizisten, die Feierabend machen wollen… aber wegen mir nicht dürfen. Die Modalität »wollen« und »dürfen« macht linguistisch den Unterschied in der Beschreibung der Situation.
Selber schuld. Und ich darf gegen die Polizeimaßnahmen klagen und meine Sammlung an Altpapier mit »Gerichtsbeschluss« oben drauf vergrößern. Ja, ich führe Statistik darüber, Schublade »politisch motivierte Polizeikriminalität«.
Als ich mich nach der Rundfahrt im Polizeiauto zur Mahnwache gegen den MOX-Transport begab, traf ich auf meinen von der Polizei »vergessenen« Co-Kletterer. Sein Handy hatte die Polizei nicht vergessen, sodass er uns nicht informieren konnte…

Wir sehen uns beim nächsten Atomtransport? Bei der nächsten Blockade? Egal ob auf der Straße, der Schiene, dem Wasser – oder in der Luft!

Ich weiß, dieser Schlusssatz wird sicherlich in die nächste »Gefahrenprognose« der Polizei für die folgende Festnahme aufgenommen. So funktioniert nämlich der Rechtsstaat: Festnahmen im Konjunktiv II: Ich könnte, würde etwas weiß ich total Gefährliches wie Baumklettern tun. Damit werden Festnahmen begründet, einfache Bestrafung ohne Prozess. Der ›Schein‹-Rechtsstaat mit der Praxis eines Willkürstaats macht es sich einfach!
Als Titel für meine Geschichte hätte ich auch »Von Demokratur und Diktatie« statt »Baumklettern gefährdet Ihren MOX-Transport« wählen können.

Das Amtsgericht Hameln stellte 2013 die Rechtswidrigkeit der durch die Polizei vollzogenen Freiheitsentziehungen wegen Verstoßes gegen das Versammlungsgesetz fest.

Quelle: Aktenzeichen: 3 UR II 3/12 Amtsgericht Hameln

»Die Staatsanwaltschaft Erfurt hat das Ermittlungsverfahren wegen der tödlichen Schüsse von Heldrungen eingestellt, da den beiden Polizeibeamten Z. und K., aus deren Waffen die Schüsse fielen, kein schuldhaftes Verhalten vorgeworfen werden kann. [...] Ausschlaggebend für die Einstellung des Verfahrens war letztlich das Ergebnis des Gutachtens eines Sachverständigen für Sensormotorik an der Universität Bremen, der beauftragt worden war, zu den Einlassungen der Beschuldigten Stellung zu nehmen, die Schüsse seien unabsichtlich abgegeben worden«, hieß es am 17. 12. 2009 in einer Pressemitteilung der Erfurter Staatsanwaltschaft. Die Beamten Z. und K. hatten 2002 einen 63-jährigen Rentner in seinem Hotelzimmer erschossen. Die Leitung des Hotels hatte zuvor mitgeteilt, der Rentner sei mit einem großen Wanderrucksack angereist. Das reichte der Polizei aus, um eine Ausweiskontrolle in Cowboy-Manier durchzuführen. Denn zu diesem Zeitpunkt wurde ein vermutlich mit großem Wanderrucksack ausgestatteter Verbrecher polizeilich gesucht. Die beiden Beamten erklärten der Staatsanwaltschaft, dass sie »unbeabsichtigt, gleichermaßen als Reflex« durch die Tür des Hotelzimmers geschossen hatten. Die Staatsanwaltschaft suchte nach einem geeignetem »Beweis«, um diese Darstellung zu untermauern. Der »Beweis« wurde in Form eines Gutachtens eines für das SEK tätigen Unfallforschers und Sachverständigen für Sensomotorik an der Universität Bremen erbracht. Für die Staatsanwaltschaft ist ein für die Polizei tätiger Gutachter in einem Ermittlungsverfahren gegen Polizeibeamten nicht voreingenommen. Bei fehlender Übung und Stress kann »ein risikoträchtiges Verhaltensgemenge entstehen, und die Beamten könnten die Fähigkeit verloren haben, ihre Fingerbewegung zu kontrollieren«. So das Gutachten. Weiter ist die Rede von einer »vegetativen Reaktion«. Nach diesem nicht für konkrete, sondern für alle PolizeibeamtInnen geltenden Gutachten könne sich bei diesen im Erregungsfall unbemerkt der Zeigefinger krümmen. Es ist insofern gerichtlich anerkannt, dass eine Schusswaffe in der Hand eines Polizeibeamten oder einer Polizeibeamtin eine permanente Bedrohung für die Menschen in seiner/ihrer Umgebung darstellt. Seit der Einstellung des Ermittlungsverfahrens gegen sie verrichten die zwei Beamten, die in Stresssituationen ihre Finger nicht kontrollieren können, wieder ihren Dienst bei der Thüringer Polizei.

»Notwehr«, »kein schuldhaftes Handeln«: Diese Begriffe dienen dem Schutz von gewalttätigen PolizeibeamtInnen. In solchen Fällen werden polizeifreundliche Gutachten als »Beweis« zur Begründung einer Einstellung des Verfahrens oder des Freispruchs herangezogen.
Wenn dagegen eine Kletteraktivistin in Seilen hängend an einer Brücke demonstriert und auf Grund einer lebensgefährlichen polizeilichen Handlung in Gefahr gerät, sitzt sie auf der Anklagebank. Wie im Falle einer Kletteraktion am AKW Grohnde im Oktober 2011. Die Anklage lautet: »Beleidigung« und »Gefährlicher Eingriff in den Straßenverkehr«.

Hier wird kein Sachverständiger und kein Gutachter zur Entlastung der Angeklagten von Amts wegen bestellt. Auch nicht auf begründeten Antrag der Verteidigung

hin. Das Gericht besitzt zwar keine Sachkunde, entscheidet aber im Wege der »freien Beweiswürdigung«. Alles andere ist »zur Erforschung der Wahrheit« nicht erforderlich. In das Urteil fließt dann die Wahrheit der Polizei ein. »Die Polizei hat die Herrschaft über die Definition von Wirklichkeit«, erklärte der ehemalige Hamburger Innensenator Harthmut Wrocklage am 12. 12. 2006. Das sehen die Gerichte in der Regel genauso.
Ob die Angeklagte wegen der Handlungen der Polizei in Gefahr geriet, ein »Hängetrauma« zu erleiden, oder auf Grund des Schocks emotional in der Lage war, sich selbst zu verteidigen, ist nicht relevant. Gesetzesparagraphen über Rechtfertigungsgründe wie Notwehr oder Entschuldigungsgründe wie »Verbotsirrtum« gelten in der Praxis nicht für die Opfer polizeilicher Gewalt. Hierzu gibt es in der Rechtsprechung reichlich Beispiele, die eingangs zitierte Verfügung der Erfurter Staatsanwaltschaft ist nur eine von vielen.
»Angeklagte – und mit ihnen ihre Strafverteidiger – haben vor Gericht bis heute keinen leichten Stand. Sie sehen sich einer Phalanx von Richtern und Staatsanwälten gegenüber, die in 'freier Beweiswürdigung' und damit so gut wie unkontrolliert über Wahrheit und Gerechtigkeit, Schuld und Unschuld, Freiheit und Gefängnis entscheiden«, so schildert es Rolf Bossi in seinem Buch »Halbgötter in Schwarz«.
Weil die Wahrheit und die Schuld der Angeklagten schon vor Beginn der mündlichen Hauptverhandlung per Strafbefehl ausgesprochen wurde, wird der Angeklagten eine Pflichtverteidigung verweigert. Die Beiordnung eines Verteidigers erfolgt nur bei schwieriger Rechts- und Sachlage. In anderen Fällen hängt die Anwesenheit eines Rechtsanwaltes vom Geldbeutel der Angeklagten und dem ihrer UnterstützerInnen ab. Ein Strafbefehl ist nur dann zulässig, wenn dem Antrag der Staatsanwaltschaft keine Bedenken entgegenstehen. Richter Schöpe am Amtsgericht Hameln hat also keine Bedenken. Ob seine Leidenschaft für die Jagd eine polizeifreundliche »freie Beweiswürdigung« beeinflusst? Im Waffentragen und in Bezug auf ihre »vegetative Reaktion« sind sie Brüder.

Und der Polizist, der in Grohnde am Seil der Demonstrantin zog: Zeigte er damit eine »vegetative Reaktion«? Besaß er eine selektive Wahrnehmung, so dass er lediglich Beschimpfungen, nicht aber die Hinweise auf die Gefährlichkeit seiner Handlung hören konnte?

Auf eine Zuspitzung deutete in jener Nacht nichts hin. Das angekündigte Protestwochenende gegen den Weiterbetrieb des rissanfälligen AKWs gestaltete sich friedlich. Redebeiträge und Musik waren auf der Bühne auf der Hauptzufahrtsstraße zum Atomkraftwerk zu hören. Zeitgleich zur Mahnwache fand auf einer anderen Zufahrtsstraße eine »Hängepartie« mit Sitzblockade statt. Vier KletterInnen hatten sich mit Transparenten von einer Brücke über eine Straße abgeseilt. Die kreative, »happening-artige« künstlerische Aktion sorgte für Aufmerksamkeit und verstärkte die Resonanz des Protestwochenendes. Die Blockaden blieben jedoch symbolisch. Die Mitarbeiter des Atomkraftwerkes hatten die Möglichkeit, über Feldwege ein- und auszufahren und an diesem Feiertag herrschte wenig Betrieb. Nach anfänglichem Gerangel auf der Brücke duldete die Polizei die Meinungskundgebung mittels Transparenten an der Brücke. Als es dunkel wurde, legten sich ca. 40 DemonstrantInnen auf der Straße zum Schlafen hin, die KletterInnen nisteten sich in ihre Hängematten und Schlafsäcken ein. Bis zu einem plötzlichen Angriff auf die Demonstration. Einem lauten Schrei folgte der Abtransport einer Sitzblockiererin mit zertrümmerter Brille. Mit Fußtritten hatte die Polizei die Versammlung gesprengt, um Fahrzeugen einen Weg zu bahnen. Ein Fahrzeug stieß gegen den Rucksack einer Kletterin. »Klong!« hörte man dann den Karabiner beim Zusammenstoß mit dem Polizeiauto. »Hallo, geht's noch? Ich hänge und demonstriere hier!«

Die Beamten befanden aber, dass nicht die Fahrzeuge fehl am Platz waren, sondern die Kletteraktivistin, die ja mit dem »Klong« am Polizeifahrzeug einen gefährlichen Eingriff in den Straßenverkehr begangen hatte.
An die Kletterin kamen sie nicht heran, so dass ein Uniformierter nach der an ihrem Gurt herunter hängenden Kurzsicherung griff und zog. Die Kletterin schrie los, kletterkundige DemonstrantInnen erkannten ihrerseits sekundenschnell die Gefahr und versuchten, den Polizisten zum Loslassen des Seiles zu bewegen. Wenn eine Person länger hängt, ihre Position nicht verändern kann und sich nicht abstützen kann, kann es zu einem orthostatischen Schock kommen (Hängetrauma). Die Folge ist ein Abklemmen der Nervenbahnen, der Blutgefäße sowie ein Absacken des Blutdruckes mit lebensbedrohlichen Folgen. Unter Normalbedingungen stützt sich ein Kletterer an einer Fußschlinge im Seil ab, wodurch sich die schwerkraftbedingten Veränderungen kurzfristig deutlich vermindern und ein Hängetrauma verhindert wird. Auch durch einen Kopfstand im Seil kann die Entlastung der Druckstellen erfolgen.

Der Polizist hielt sich trotz der Bemühungen der DemonstrantInnen am Seil fest und grinste.
Auch der Hinweis, dass die Kletterin wegen dem Druck durch das Ziehen am Seil ihr linkes Bein kaum noch spüre, interessierte ihn nicht. Die Demonstrantin könne ja herunterkommen, wenn ihr etwas weh tue. Dies war ohne Entlastung des Klemmknotens, womit die Aktivistin gesichert war, schwerkraftbedingt physikalisch unmöglich. Wie soll sie ihr eigenes Gewicht und das vom Polizisten auf einmal ohne Hilfskonstruktion hochheben? Panik machte sich bei der Kletterin bemerkbar.
Als der Täter nach 10 langen Minuten das Seil losließ, setzte sich die Aktivistin im Seil in Bewegung – aus Angst vor weiteren Versuchen der Polizei, an sie heranzukommen. Für einen Kopfstand, der die Druckstellen des Gurtes entlastet und die Muskelpumpe in Bewegung gebracht hätte, war ihr Zustand bereits zu kritisch. Das lange Hängen am Seil ohne Entlastungsmöglichkeit hatte eine verminderte Durchblutung der Organen zur Folge. Die anschließende Bewegung überlastete plötzlich diese Organe und führte zu einem – zum Glück nur leichten – Schock: Schwindelgefühl, Erbrechen, Erschöpfung, Zuckermangel waren die Symptome. Es dauerte noch eine ganze Weile, bis die Aktivistin sich nach oben zu ihrer Hängematte in Bewegung setzen konnte. Sie stand sichtlich unter Schock.

Als Angeklagte steht nun die Aktivistin vor Gericht – nicht die Polizisten. Sie soll die Polizisten beleidigt und angespuckt (angekotzt?) haben. Eine Beleidigung ist nicht strafbar, wenn sie »sozialadäquat« ist.

Kletterblockade in Grohnde, Oktober 2011
Quelle: Konrad Lippert

Als sozialadäquat gilt ein Verhalten, dessen Wert und Nutzen den Unwert verdrängt, wenn der Gewinn im Ganzen nach dem Urteil der Rechtsordnung mehr wiegt als der Schaden. Das Gericht hält aber die Klärung der Tatumstände zur Erforschung der Wahrheit nicht für notwendig.

Und das ist kein Einzelfall. Am bekanntesten ist der Fall des Polizisten, der 2003 in der Schweiz bei einer Demonstration gegen den G-8-Gipfel das Seil zweier KlettererInnen durchtrennte. Zwei KletterInnen, Martin und Gesine, hatten sich – durch ein Kletterseil miteinander verbunden – von beiden Seiten der Aubonne-Brücke abgeseilt. Sie agierten als Gegengewicht zueinander, das quer über die Straße gespannte Seil verhinderte die Durchfahrt. Der Autobahnverkehr wurde 100 m vom Seil entfernt durch weitere AktivistInnen bereits gestoppt. Ein Polizist hatte es eilig, die Blockade zu beseitigen, er kappte – trotz Warnung über die Gefahren für die KletterInnen – das Seil. Martin stürzte aus 23 m Höhe in ein flaches Flussbett. Das Seilende, an dem Gesine hing, konnte von den AktivistInnen gehalten werden, sie wurde wieder hochgezogen. Martin erlitt schwerste Verletzungen mit bleibenden Schäden: Zwei gebrochene Rückenwirbel, gebrochenes Becken, Splitterbruch des rechten Fußgelenks. Er ist für sein ganzes Leben schwerbehindert. Seine Kletterpartnerin leidet an einer posttraumatischen Belastungsstörung. Die posttraumatische Belastungsstörung entsteht als eine verzögerte Reaktion auf ein belastendes Ereignis mit außergewöhnlicher Bedrohung oder katastrophenartigem Ausmaß, die bei fast jedem eine tiefe Verzweiflung hervorrufen würde. Panikreaktionen, Anspannung, Reizbarkeit, Alpträume, Flashbacks sind einige der Folgen.

Vor Gericht wurden die KletterInnen wegen Eingriff in den Straßenverkehr zu zwei Wochen Haft auf Bewährung verurteilt. Die Polizisten wurden freigesprochen. Die Polizei habe objektiv gesehen eine Reihe von Fehlern gemacht, dies sei aber subjektiv gesehen durch den Druck, der auf den Polizisten lastete, verständlich gewesen, so die zuständige Staatsanwaltschaft. Außerdem seien der Polizei Aktionen dieser Art unbekannt gewesen. Die beteiligten Polizisten handelten nicht schuldhaft, so die Schlussfolgerung. Die Schuld wurde auf die KletterInnen geschoben: Wenn sie nicht von der Brücke gehangen hätten, hätte die Polizei das Seil gar nicht durchschneiden können.
Dieser Freispruch hat viele Gemeinsamkeiten mit den Erfurter Polizisten, deren Zeigefinger sich in einer Stresssituation von alleine krümmen kann.
Vor Gericht sind alle Menschen gleich, aber manche – die, die eine Uniform tragen – sind gleicher.

Das Verfahren gegen das Eichhörnchen wurde 2013 in einer Hauptverhandlung auf Staatskosten eingestellt. Die Verteidigung hatte das Glück, dass der Richter sich für den Vortrag interessierte. Die Gefahr, die von der Polizeiaktion ausgegangen war, konnte vor Gericht eindrucksvoll dargelegt werden. Für ihre lebensgefährliche Handlung wurden die verantwortlichen Polizeibeamten jedoch nie belangt.

Quellen: Aktenzeichen: 9 Cs 1151 Js 357/12 (278/12) – Amtsgericht Hameln
http://www.thueringen.de/imperia/md/content/thgsta/pm2009/pm1999-12-17.pdf
http://www.aubonnebridge.net/

Die große Täuschung

›Stuttgart 21‹ wurde im Sommer 2010 zum Symbol für den Massenprotest gegen Heuchelei und Arroganz der Politik von oben. Mehrere zehntausend Menschen gingen jede Woche auf die Straße, gegen den Umbau des Kopfbahnhofes in einen unterirdischen Bahnhof. Zu Besuch in Stuttgart bei einem Anti-Atom-Vernetzungstreffen begleitete ich einen Freund auf eine Demonstration gegen ›Stuttgart 21‹. Bis zu diesem Zeitpunkt schenkte ich dem Thema wenig Aufmerksamkeit, ich wohnte schließlich über 600 Kilometer weit weg. Jetzt stellte ich fest, dass es mich auch betraf. Durch seinen Gigantismus und die Politik, für die es steht, verdient das Thema mehr als lokale Aufmerksamkeit. Für ein einzelnes, unsinniges Megaprojekt werden Milliarden Euro ausgegeben, während die Bahn immer mehr Nebenstrecken und kleine Bahnhöfe schließt. ›Schneller, teurer, umweltschädlicher‹, lautet die Devise der Bahn mit ›Stuttgart 21‹. ›Stuttgart 21‹ steht zudem im Zusammenhang mit weiteren internationalen Verkehrsprojekten, die über die Köpfe der Menschen hinweg und mit Gewalt durchgesetzt werden. Auf der Demonstration in Stuttgart waren zahlreiche NO-TAV-Fahnen zu sehen. ›No Tav‹ steht für den Widerstand gegen eine Hochgeschwindigkeitstrasse zwischen Italien und Frankreich. Ganze Dörfer sollen der neuen Trasse weichen. Gegen dieses Projekt gibt es seit Jahren Massenproteste.

Sehr betroffen zeigten sich zudem die EinwohnerInnen über die vorausgesagten Auswirkungen des Megaprojektes auf das Stadtklima und insbesondere auf den Schlossgarten. Seit unserer dreimonatigen Baumbesetzung in einem Hamburger Park gegen Vattenfalls Kohlekraftwerk im Winter 2010 ist mir einiges bewusst: Parks zu haben, ist zum einen für das Stadtklima von Bedeutung, zum anderen erfüllen sie als Raum für Entspannung und Begegnungen eine soziale Funktion. Der Stuttgarter Schlossgarten war die grüne Lunge der Stadt. Mehrere Hundert alte Bäume wurden inzwischen gefällt. Was vom Park nun übrig bleibt, ist aufgrund von Grundwasserabsenkungen für den Tunnelbau vom Austrocknen bedroht.

Als FreundInnen mich auf eine für zwei Tage später geplante Besetzungsaktion ansprachen, reichte mir nur noch der Blick auf die Abrissbagger am Nordflügel des Bahnhofes, um meine Entscheidung zu treffen. 100.000 Menschen auf der Straße, das war gewaltig – aber nicht genug, um die Politik zum Umdenken zu bringen. Die Bahn hatte außerdem mit der Zerstörung des Nordflügels begonnen, Tatsachen zu schaffen. Zu jeder Bürgerbewegung gehören Aktionen des zivilen Ungehorsams. Die anfangs sehr ruhige Widerstandsbewegung – viele Menschen gingen bei den Demonstrationen gegen S21 zum ersten Mal in ihrem Leben auf die Straße – war für weitergehende Aktionen als Ergänzung zum Druck der Masse bereit. Eines frühen Morgens enterten drei Robin-Wood-KletterInnen, unterstützt von 7 weiteren AktivistInnen am Boden, den Abrissbagger am Nordflügel. Außerhalb der Baustelle standen bis zu 200 Menschen am Zaun. »Oben bleiben!« skandierten sie. Die Besetzung dauerte 5 Stunden an – bis zur Räumung durch ein Sondereinsatzkommando. In der Berichterstattung hieß es dann, die AktivistInnen seien von Spezialisten »geborgen« worden. Welch eine Täuschung! Die SEK-Polizisten verhielten sich wie Cowboys auf Beutezug. Weder auf die eigene Sicherheit noch auf die der DemonstrantInnen nahmen sie Rücksicht – und von Tragkraft, Fangstoß und Sturzfaktor hatten sie offensichtlich keine Ahnung. Ein Beamter kappte das Seil eines Mitstreiters, der sich in 8 Meter Höhe auf dem Bagger befand. Er hatte ihn zuvor »umgesichert«, indem er sich mit einem Karabiner an einer Materialschlaufe am Gurt des Aktivisten einklinkte. Der Beamte selbst war aber gar nicht am Kran gesichert und die Materialschlaufe eines Sportklettergurtes hält um die fünf Kilo. Die beiden Personen waren faktisch nicht gesichert. Der Aktivist kletterte selbständig zur Hebebühne herunter, um einen Sturz zu vermeiden. Für ihre lebensgefährliche Handlung wurden die Polizisten nicht behelligt. Die AktivistInnen mussten sich dagegen wegen Hausfriedensbruch vor Gericht verantworten, auch wenn es weder ein Haus noch Frieden gab. Ein zerstörtes Gebäude ist kein Haus mehr. Und ein vermummter SEK-Beamter sorgt nicht für besonders friedliche Stimmung.

Im Schlossgarten ging es einen Monat später mit der Polizeigewalt noch spürbarer zur Sache. Als »schwarzer Donnerstag« bleibt dieser Tag den Menschen in Erinnerung. Mit Wasserwerfern und Tränengas schoss die Polizei auf sitzende DemonstrantInnen los, mit Knüppeln prügelte sie auf die DemonstrantInnen – darunter Jugendliche – ein. Das Ergebnis waren zahlreiche, zum Teil schwer verletzte DemonstrantInnen. Dieter Wagner verlor beidseitig das Augenlicht. Die Gewalt traf die Menschen unvorbereitet und hatte für viele eine Traumatisierung zur Folge. Die einen stiegen aus dem Protest aus, die anderen äußerten immer mehr ihre Wut auf das System.

Der Staat ruderte zurück, eine weitere Eskalation hätte das Projekt S21 schließlich gefährdet. Die nächste Täuschung wurde aber bereits in die Wege geleitet. Sie traf den Widerstand ebenfalls unvorbereitet. Dem Protest versuchte man mit dem Angebot, sich an einen Tisch zu setzen und Fakten auszutauschen, Wind aus den Segeln zu nehmen. Die einen nahmen das Angebot an, weil sie es leid waren, auf die Straße zu gehen und an den Staat noch glauben wollten. Wir haben die besseren Argumente, die Politik wird auf uns hören, dachten sie. Andere lehnten das Gespräch ab, weil die Bahn währenddessen weiterhin Tatsachen schaffte und einen Baustopp ablehnte. Es gingen nicht mehr so viele Leute auf die Straße. Der Massenprotest war vorbei – auch wenn weiterhin zwischen 1.000 und 5.000 Menschen die wöchentliche Montagsdemonstration besuchten. Die Schlichtung brachte zahlreiche Fakten auf den Tisch, es wurde leidenschaftlich diskutiert. Doch auf den Widerstand auf der Straße hatte sie schließlich den Effekt einer Beruhigungspille. ›Stuttgart 21› trug zur Abwahl der Mappus-Regierung bei, viele setzten ihre Hoffnungen auf die Grünen. Doch ihre Wahl hatte eine weitere Schwächung des Widerstands zur Folge. Die Salamitaktik der grün-roten Regierung erwies sich als effektiver als die polarisierende Politik der CDU zuvor. Mit einer – auf falschen Tatsachen basierenden – Volksabstimmung wurde das Milliarden-Projekt ›Stuttgart 21‹ politisch legitimiert.

Als sich im Dezember 2012 die Vorhersage der ProjektgegnerInnen bestätigt und die Bahn Mehrkosten in Höhe von 2 Milliarden Euro zugeben muss, wird von KritikerInnen des Bahnhofsprojekts das Ergebnis der Volksabstimmung nicht mehr für bindend gehalten, weil damals von einem Kostendeckel von 4,5 Milliarden Euro ausgegangen wurde. Die Politik rührt sich aber nicht.

›Stuttgart 21‹ ist schließlich reine Fehlplanung und Täuschung. Es gibt Probleme beim Grundwassermanagement und es soll mehr Wasser als ursprünglich vorgesehen abgepumpt werden, der Bau verzögert sich und die Kosten explodieren. Die anfängliche Kostenplanung von 1995 gab noch 2,5 Mrd. Euro als Gesamtkosten an. Am 19. August 2008 sprach Günther Oettinger (CDU) von 3,1 Milliarden. Doch schon am 30. Oktober 2008 kritisierte der Bundesrechnungshof die Kalkulation von Land und Bahn und kam zu dem Ergebnis, dass nach den vorliegenden Erfahrungen von Baupreisentwicklungen für Großprojekte die Kosten für ›Stuttgart 21‹ am Ende »deutlich über 5,3 Milliarden Euro« betragen würden. Im Dezember 2012 waren wir bei ca. 6 Milliarden Euro. Tendenz weiter steigend.

Für diese Fehlplanung und die Milliarden Mehrkosten, die letztlich alle bezahlen müssen, wird niemand zur Verantwortung gezogen. Vor Gericht stehen die ProjektgegnerInnen. »Wir haben uns beim Thema ›Stuttgart 21‹ von Anfang an auf eine Linie festgelegt. Diese ist nicht von Willkür geleitet. Es liegt ein besonderes öffentliches Interesse an der Strafverfolgung vor [...]«, erklärte Oberstaatsanwalt Häußler in einem Interview mit der Stuttgarter Zeitung am 18.12.2012. »Mit der Volksabstimmung ist für uns eine Änderung eingetreten. Das Volk hat entschieden, das Projekt war legitimiert. Die folgenden Blockaden betrachten wir daher als Verhinderungsblockaden.« Darum werden auch einfache Blockaden ohne Sachschaden verfolgt – es gibt also ein öffentliches Interesse an der Verfolgung von Handlungen, die keinen Schaden verursacht haben. Nicht aber, wenn es um Milliarden geht...

Der Staatsanwalt Häußler ist für politische Strafsachen zuständig und entscheidet, wann Grundrechte gelten. Sie gelten nicht, wenn eine politische Entscheidung »legitimiert« wurde – egal wie. Die Umstände einer Handlung haben für ihn entgegen §46 StGB (Schuldfrage) keine Bedeutung. Die Erfahrung durfte ich 2011 und 2012 im eigenen Prozess machen, als wir wegen einer Baggerbesetzung gegen den Abriss des Nordflügels am Stuttgarter Hauptbahnhof vor Gericht standen. Meine Beweisanträge zu den Gefahren und Lügen von ›Stuttgart 21‹ waren zur Erforschung der Wahrheit nicht erforderlich. Dass das SEK unser Leben gefährdete, war nicht relevant. In seinem Plädoyer vor dem Amtsgericht sprang Staatsanwalt Häußler dem SEK – trotz Irrelevanz – zur Seite und verteidigte zehn Minuten lang die Arbeit der couragierten, heldenhaften Beamten. Als ich in meinem Plädoyer darauf reagierte, war seitens des Staatsanwalts ein Schnarchen zu hören.

»Unsere grundsätzliche Praxis ist bei den Ermittlungen zu ›Stuttgart 21‹ die gleiche wie in allen anderen Bereichen, für die wir zuständig sind«, behauptet der Staatsanwalt der Stuttgarter Zeitung gegenüber. Daran zweifeln viele Menschen. Die Stuttgarter Staatsanwaltschaft hat beispielsweise in der Vergangenheit ihren Eifer bei Ermittlungen gegen AntifaschistInnen mit der Verfolgung des antifaschistischen Versands »Nix gut« dargetan. Der Versand hatte Aufnäher mit durchgestrichenem Hakenkreuz angeboten, laut Anklage war dies ein Vertrieb von Kennzeichen verfassungsfeindlicher Organisationen. Der Bundesgerichtshof hob später das Urteil gegen den Versand auf. Ermittlungen gegen mögliche deutsche Beteiligte an einem Massaker der Waffen-SS an der Bevölkerung eines italienischen Dorfs im Jahr 1944 hat die Staatsanwaltschaft Stuttgart dagegen eingestellt – obwohl die Beschuldigten in Italien bereits in Abwesenheit rechtskräftig verurteilt sind.

Ich wurde schließlich wegen Hausfriedensbruch auf einem Bagger auf dem Kurt-Georg-Kiesinger-Platz verurteilt. Kurt Georg Kiesinger ist ein ehemaliger Mitarbeiter des Reichssicherheitshauptamtes (RSHA) und Mitglied der NSDAP (Mitgliedsnummer 2633930), der nach dem Krieg bei der CDU Karriere in der Politik machte und 1966 Bundeskanzler wurde.

Kurz vor seiner Rente wollte der Vorsitzende Richter am Landgericht keinen Freispruch mehr verkünden. Es wurde über Plüschtiere und die Gültigkeit des Strafantrages der Firma Wolff und Müller gestritten. Plüschtiere wurden bis zu einer Höhe von 50 Zentimeter im Gerichtssaal zugelassen. Zum Strafantrag räumte der Richter zwar ein, dass nicht bewiesen werden konnte, dass das Hausrecht an die Firma Wolff und Müller übertragen wurde. Relevant sei aber der Wille der Bahn. Die Bahn sei damit einverstanden gewesen, dass die AktivistInnen angeklagt werden. Die Form muss nicht ganz stimmen – wie bei der gesamten S21-Planung. Ein paar Milliarden kann man immer hin- und herschieben. Also bitte kein Theater um eine falsche Unterschrift.

Wenn ich die Geldstrafe nicht zahle, gehe ich für 30 Tage ins Gefängnis. Wer geht für die Milliarden Mehrkosten von ›Stuttgart 21‹ in den Knast? Sind PolitikerInnen und BahnmanagerInnen gleicher als die ProjektgegnerInnen?

Quelle: Aktenzeichen: 42 Ns 1 Js 81838/10 – Landgericht Stuttgart

IX.

Mein K(n)astor-transport in der JVA Preungesheim – Tagebuch

»Warum demonstrieren Sie nicht in Frankreich?« fragt mich vorwurfsvoll von oben herab die Anstaltsschwester. Ich bin erschöpft und antworte im Halbschlaf, Grenzen seien für mich nicht wichtig, die Radioaktivität würde ja an Ländergrenzen keinen Halt machen. »Immerhin können Sie Deutsch«, stellt sie fest. Das Gespräch ist beendet.
Diese Fremdenfeindlichkeit erinnert mich an meinen mehrtägigen Aufenthalt im Braunschweiger Polizeigewahrsam beim Castor 2008. Keine gute Erinnerung. Aber ich stecke ein... ich will nur noch schlafen. Schmerztabletten darf ich bekommen – meine Rheumatabletten nicht. Der Wirkstoff ist der Schwester nicht bekannt. Also bekomme ich trotz ärztlich attestierter Schwerbehinderung meine Rheumabasistherapie nicht. Ich stecke weiter ein. Ich fühle mich momentan nicht in der Lage zu kämpfen. Ich habe anstrengende Castortage hinter mir, seit über 30 Stunden nicht geschlafen und die letzte Nacht bei eisiger Kälte und Wind in einem Baum an der Castorstrecke verbracht. Ich will nur noch schlafen und die Erlebnisse der letzten Tage verarbeiten. Ich lasse mich durch unzählige Türen und Gitter führen, ich verliere dabei die Orientierung. Zu viel Natodraht und Beton – ich vermisse meinen Bauwagen im Grünen! Mein Hab und Gut wird mir weggenommen, ich erhalte stattdessen Anstaltskleidung: Unterwäsche und ein grauer Trainingsanzug. Meine Bücher darf ich auch nicht mit auf die Zelle – oh, Pardon, hier ›Haftraum‹ genannt – nehmen. Auskunft darüber, wann ich aus dem Gefängnis entlassen werde und wie ich eine Vertrauensperson benachrichtigen kann, will mir die Schließerin der Nachtschicht nicht geben – ich werde auf »morgen« verwiesen.
Der Schlüssel dreht sich in der Tür. Ich bin nun alleine mit meinen Gedanken und Gefühlen. Ich sitze im Altbau, im Flügel B2 des geschlossenen Vollzugs der JVA Preungesheim ein. Das ist nicht mein erster Aufenthalt im Gefängnis und ich weiß, dass ich sehr bald wieder herauskommen werde. Den Unterschied zum kleinen, etwas gemütlicheren Gefängnis von Lüneburg – soweit von Gemütlichkeit in einem Gefängnis die Rede sein kann –, wo ich bereits 2008 einen Tag lang einsaß, weil ich ein 5-Euro-Bußgeld wegen einer Anti-Castor-Demonstration nicht zahlen wollte, merke ich deutlich.

Irgendwie ist es alle Jahre wieder dasselbe, wenn der Castor kommt: Der Polizeistaat kommt und die Grundrechte gehen – und ich lande immer wieder in einer traurigen, kahlen Zelle, weil ich zu meinen Handlungen und Überzeugungen stehe. Im Radio in meiner Zelle dröhnt: »Der Castor kommt nur langsam voran. Zahlreiche Blockaden behindern seine Fahrt.« Das freut mich. Schließlich habe ich auch meinen Beitrag dazu geleistet. Zur Ruhe komme ich aber in dieser Situation nur schwer. Ich schlafe schließlich vor Erschöpfung ein und kriege es kaum mit, wenn das Licht stündlich »zur Lebenskontrolle« kurz durch die Schließerin eingeschaltet wird.

Um 8 Uhr werde ich von einem Wachtmeister geweckt. Kurze Zeit später darf ich duschen. Ich hole mir Warmwasser und Brot für das Frühstück in der Küche und treffe dabei auf andere Gefangene. Es ist aber nur ein kurzes Gespräch möglich,

ich werde in meine Zelle zurückgepfiffen und eingesperrt. Warum, verstehe ich erst am Nachmittag. Beim Warten vor der Dusche hat mir eine Frau erzählt, sie sei auch eine »Durchgangsgefangene« – damit sind Neuankömmlinge gemeint, die nur wenige Tage bleiben. Neuankömmlinge werden sonst eher »Zugang« genannt. Sie ist bereits seit sechs Tagen »auf Schub«. Sie wird alle paar Tage von einem Knast zum anderen per Gefangenenlinienbus gefahren. In der Pfalz angekommen, wird sie eine 2-jährige Haftstrafe wegen Verstoß gegen das Betäubungsmittelgesetz absitzen müssen. Knast als Antwort auf gesellschaftliche Probleme… das ist ein bisschen wie beim Atommüll… aus den Augen und das Problem wird ›scheingelöst‹. Zwei Jahre hinter sich hat dagegen eine Frau, die im Putzdienst arbeitet, sie gibt mir einen kurzen Einblick in das Gebäude und die Regeln. Ich schäme mich fast, nur 3 Tage hier verbringen zu müssen – und frage mich bereits, wie man es in einem derart menschenfeindlichen Umfeld so lange aushalten kann, ohne einen größeren psychischen Schaden davon zu tragen. Das Gefängnis soll eine Wiedereingliederung in die Gesellschaft ermöglichen – das steht auf dem Papier, die Realität ist anders. Gefängnisse zerstören Menschen.

Um 9 Uhr ist für mich also wieder Einschluss. Ich nutze die Zeit alleine in der Zelle, um meine Gedanken zu sortieren. Ich bin inzwischen ausgeschlafen. Im Radio wird verkündet, der Castor steht in Maschen, südlich von Hamburg. Beton- und Sitzblockade auf der Schiene hindern ihn an der Weiterfahrt. Selten haben sich so viele Menschen auf die Schienen gesetzt. Ich fühle mich nicht mehr so einsam, wenn ich dies höre. Ich spüre, wie stark der Widerstand ist, und ich bin stolz, ein Glied in der Kette des Widerstands zu sein. Meinen Beitrag habe ich dieses Jahr in Marbach bei Fulda geleistet – kletternd, versteht sich.

Wir haben mit Transparenten in den Bäumen rechts und links von der Castorstrecke demonstriert. Die Eiche, in der ich kletterte, hatte schöne lange Äste, die knapp bis über die Bahnanlage ragten. Ich finde es wichtig, mit kreativen Aktionen ein Zeichen zu setzen. Mal im Kleinen, mal im Großen. Die Vielfalt macht's. Letztes Jahr seilten wir uns von einer 80 Meter hohen Brücke bis wenige Meter über der Oberleitung ab. Der Castorzug stand 2 1/2 Stunden und fuhr schließlich unter uns durch… um nach wenigen Metern wieder anzuhalten. Weil wir nicht herunterklettern wollten und die Spezialeinheit der Bundespolizei – TMHT, eine Einheit für Höhen und Tiefen – uns herunterholen musste. Das machte eine weitere halbe Stunde aus.

Dieses Jahr stellte sich die Situation anders dar. Es lief einiges chaotisch ab und eigentlich waren wir viel zu früh da, beziehungsweise wurden entdeckt. Die Kunst des politischen Happenings gelingt nicht immer voll und ganz… es ist keine einfache Sache, zum richtigen Zeitpunkt an der richtigen Stelle zu sein! Denn der Staat betreibt einen riesigen Aufwand, um Aktionen bereits im Keim zu ersticken. Selbst auf Aktionen, bei denen es darum geht, seine Meinung gewaltfrei in kreativer Art und Weise zu äußern, antwortet der Atomstaat mit immenser Repression – vor allem, wenn Eichhörnchen dabei ist. Das heißt, dass viel Zeit und Energie hinter den Aktionen stecken, dass die Beteiligten in der Lage sein müssen, auf unvorhersehbare Situationen ruhig zu reagieren. Ruhe bewahren, dass ist in einer hoch emotionalen und mit Adrenalin aufgeladenen Situation nicht einfach – aber notwendig. Eine Garantie, dass die Bahn sich an ihre eigenen Regeln wie Notsignale oder Geschwindigkeitsbegrenzungen hält, gibt es nicht, die Beteiligten müssen sich ganz auf sich selbst verlassen, um ihre Sicherheit nicht zu gefährden. Auf die Technik kann man sich auch nicht immer verlassen und es kommt vor, dass Mensch dasteht und… überhaupt keine Ahnung davon hat, wo der Castor gerade unterwegs ist! Bei unserer Aktion herrschte zwischendurch etwas Chaos, sodass wir lieber früher als später starteten… ach, und würden meine Rheumaschmerzen mich nicht so plagen… Es gibt Tage, an denen ich mich einfach nur schwach fühle und gerne im Bett bleiben würde. Aber es treibt mich die Überzeugung, das Streben nach einer besseren Welt, die kleinen messbaren, erfolgreichen Schritte auf dem Weg hin zu großen Träumen. Ich will dabei sein, meinen Beitrag zum ›großen Ganzen‹ leisten. Ja, ich bin eine Überzeugungstäterin – und deswegen sitze ich heute im Knast.

Unser Protest im Baum brachte die Polizei aber trotzdem auf die Palme. Sie veranlasste eine Teilsperrung der Strecke. Einige Züge kamen zum Stehen, die übrigen folgten zumindest in der Zeit von 23 bis 5 Uhr der Anweisung, auf Sicht zu fahren. Dies brachte den Bahnverkehr erheblich durcheinander; dies will uns die Polizei nun in die Schuhe schieben, indem sie uns des gefährlichen Eingriffs in den Schienenverkehr beschuldigt – obwohl ich mich gut 8 Meter über der Bahnanlage in meinem Baum befand! Spätestens als die Polizei einen für die Reparatur von Oberleitungen vorgesehenen Turmtriebwagen der Bahn mit Hebebühne einsetzte, sollte ihr dies klar gewesen sein! Denn ihre Kletterspezialisten kamen damit nicht mal an das Transparent heran, wir befanden uns deutlich außerhalb der Reichweite. Peinlicher Auftritt für die Eliteeinheit der Polizei… der Castor fuhr schließlich – mit erhöhtem Tempo – gegen 3 Uhr an uns vorbei. Der Zug soll dabei etwas bunter geworden sein, habe ich gehört.

Der irrsinnige Polizeieinsatz gegen die vier ÖkoaktivistInnen in den Bäumen war aber nicht mit der Durchfahrt des Castors beendet! Die Presse wurde weggeschickt und ein vermummtes Sondereinsatzkommando betrat die Bühne. Wir wurden alle nacheinander heruntergeholt und in Handschellen wie Schwerkriminelle abgeführt.

Castorprotest bei Fulda 2011
Quelle: Konrad Lippert

Kontaktsperre und Hintergrund meiner Festnahme

Am Tag darauf sitze ich nicht mehr im Baum, sondern in einem kahlen Raum mit vergitterten Fenstern. Ich sitze oben auf dem Schrank, versteht sich. Da oben habe ich immerhin Tageslicht und Luft vom Fenster. Die Sicht auf den Stacheldraht und die Baustelle gegenüber ist nicht besonders schön. Aber ich kann immerhin nach draußen sehen. Außerdem fühle ich mich oben wohler und sicherer als unten. Nur so komme ich zur Ruhe und kann schreiben. Als ein Schließer mir das Mittagessen vorbeibringt, staunt er nicht schlecht. Richtig etwas einzuwenden findet er aber doch nicht. Ob die Hausordnung Klettern verbietet, weiß ich nicht. An Eichhörnchen-Kletterübungen hat sicherlich niemand gedacht. Und ich fühle mich schon wieder etwas stärker.

Das Essen berühre ich kaum. Es ist Fleisch drin. Bei meiner Einlieferung habe ich zwar gesagt, dass ich Vegetarierin bin, aber die Information ist im B-Flügel nicht angekommen. Mein Anliegen gebe ich am Nachmittag bekannt, als ich von einer Schließerin zu einem weiteren Besuch in das Anstaltskrankenhaus geführt werde. Ich werde mit meinen Fragen – wie gestern schon – auf morgen verwiesen. Morgen, beim Aufnahmegespräch beim Sozialdienst. Also weiß ich immer noch nicht, wann ich entlassen werde und wie ich eine Person meines Vertrauens benachrichtigen kann. Selbst mit meinem Anwalt darf ich nicht telefonieren.

Im Haftbefehl gegen mich steht weiter, dass gegen eine sofortige Zahlung von 150 Euro von der Haft abgesehen wird. Ich erkundige mich danach und es wird mir mitgeteilt, dies ginge an einem Sonntag nicht, ich müsse mich am Montag an die Verwaltung und an den Sozialdienst wenden. Interessant zu merken, dass bestimmte gesetzliche Vorgaben am Wochenende nicht gelten… Gut, ich befinde mich schon seit zwei Tagen in Haft, die Absicht, mich freizukaufen habe ich nicht ernsthaft erwogen, aber das wollte ich mir zumindest offenhalten – denn nach den anstrengenden Castortagen habe ich ein großes Bedürfnis, mich über das Geschehene mit FreundInnen auszutauschen… Einzelhaft in einem großen Knast in einer fremden Stadt, das ist schon belastend. Gestern Abend wurde ich noch von Fulda, wo ich mich seit dem frühen Morgen in polizeilichem Gewahrsam befand, nach Frankfurt verlegt. In Fulda gab es kein Frauengefängnis. Die Polizei war sauer, mich nach Frankfurt fahren zu müssen, sie hätten mich lieber in Fulda in polizeilichem Gewahrsam behalten.

Meine Festnahme war keine Überraschung, ich habe damit gerechnet. Ich habe ganz bewusst eine Ordnungsstrafe in Höhe von 150 Euro wegen »Ungebühr vor Gericht« – einer Richterin gefiel meine Kritik an ihrer Verhandlungsführung nicht – offengelassen. Die Richterin verhängte in meiner Abwesenheit Ordnungshaft für eine Handlung, die sich nicht einmal im Gerichtssaal abspielte. Da ich diese nicht bezahlte und auch die Ladung zum Haftantritt im Oktober ignorierte, wurde gegen mich ein Haftbefehl erlassen. Ich zahle nicht, weil ich zu meinen Handlungen stehe und mich nicht einschüchtern lassen will. Und weil ich lieber im Gefängnis als im Polizeigewahrsam sitze.

Einfach zu durchblicken ist meine Situation nicht, aber man kann sagen, dass ich am Samstag nicht so richtig die Wahl hatte. Oder doch die Wahl. Zwischen Pest und Cholera. Auch wenn ich die 150 Euro gleich gezahlt hätte, wäre ich mit Sicherheit nicht freigekommen. In der Vergangenheit wurde ich meist entweder präventiv vor einem Castortransport von der Polizei mit Überwachungseinheiten beschattet oder gleich eingesperrt – alles zur »Gefahrenabwehr«. Eine solche mehrtägige Ingewahrsamnahme zur Gefahrenabwehr hatte die Polizei dieses Jahr auch angedacht, das habe ich mitbekommen, als ich nach unserer Aktion gegen den Castortransport noch auf der Wache in Fulda saß. Dies schließe ich nicht nur aus den Unterlagen, die auf dem Schreibtisch im Büro eines Sachbearbeiters lagen. Die »Sonderbehandlung« gegenüber meiner Person war dort schon von Beginn an auffällig. Mein Handy, meine Digitalkamera und Klettermaterial wurden als angebliche Beweismittel beschlagnahmt – ich bekam sie nicht wieder –, die anderen an der Aktion Beteiligten durften das alles behalten, selbst ihre Kletterausrüstung. Wenn ich sowieso nicht freikomme, sitze ich doch lieber im Gefängnis als im polizeilichen Gewahrsam. Das ist das kleinere Übel… Das Absurde daran ist, dass diese 3 Tage Ordnungshaft den Staat deutlich mehr als die 150 Euro kosten, die er von mir erpressen wollte!
Natürlich fällt es mir schwer, in einer für mich fremden Welt zurechtzukommen. Und ich frage mich die ganze Zeit, wo meine FreundInnen sind, ob sie in Erfahrung bringen konnten, wo ich mich bis wann befinde, ob mich jemand bei meiner Freilassung empfangen können wird! Und weil ich noch nicht beim Sozialdienst gewesen bin und nicht fest steht, ob ich »gefährlich bin«, darf ich am Aufschluss auf der Station nicht teilnehmen, ich muss alleine in meiner Zelle sitzen, ich darf nicht mit anderen Gefangenen reden.

Justiztheater um das gefährliche Eichhörnchen

À propos Gefährlichkeit, die Vorgänge gestern haben mich schon perplex gemacht. Dass die Polizei überreagiert und Menschen zu Unrecht beschuldigt, Straftaten begangen zu haben, ist keine neue Erkenntnis. Aber wenn aus Baumklettern gegen die Atomkraft eine Straftat, die zum §129a StGB (Bildung einer terroristischen Vereinigung) gehört, gemacht wird? Hat der Staat so viel Angst vorm Protest oder wollte er den SEK-Einsatz rechtfertigen? Neonazis morden jahrelang in aller Ruhe, ÖkoaktivistInnen werden wie Terroristen behandelt und mit Sondereinsatzkomandos aus den Bäumen heruntergeholt. Das klingt vollkommen absurd… und das ist es natürlich auch. Und eigentlich stellen solche Aktionen neben oder oberhalb der Bahnanlage nicht einmal eine Ordnungswidrigkeit wie etwa Falsch-Parken dar. Selbst das Strafverfahren nach unserer spektakulären Abseilaktion beim Castor 2010 wurde längst nach §170 II StGB eingestellt. Das bedeutet, dass die Tat keine strafbare Handlung darstellt. Wir hatten uns an einem Bahnkreuz aus einer 80 Meter hohen ICE-Eisenbahnbrücke bis auf 8 Meter über der Castorstrecke abgeseilt.

Gestern endete es aber in einem durchgeknallten Justiztheater. Ich wurde vor dem Amtsgericht Fulda »angehört«, wie es so schön heißt. Es ging um die richterliche Bestätigung der Beschlagnahme sämtlicher Gegenstände, die als Beweismittel für das Verfahren von Bedeutung sein sollen. Eine Digitalkamera, Handys, Klettermaterial, ein Funkgerät etc. Ein abenteuerlicher Vortrag der Bundespolizei diente der Begründung der Maßnahme: Wegen des Eichhörnchens habe die Oberleitung abgeschaltet und dass SEK gerufen werden müssen. Außerdem soll ich Veränderungen im Gleisbett vorgenommen haben, eine Ankettvorrichtung verbuddelt haben, um mich dann in die Bäume zu schwingen und festzustellen, dass ich an die Ankettvorrichtung nicht mehr herankomme… So liest sich zumindest die Stellungnahme der Bundespolizei… Ja, ja, Eichhörnchen kann fliegen und zeitgleich überall sein.

Ich war auf Grund der angespannten Situation und des Schlafmangels am Rande des nervlichen Zusammenbruchs. Ich konnte durchsetzen, dass mich ein rechtskundiger Bekannter bei der Anhörung verteidigt (Laienverteidigung nach §138 II der Strafprozessordnung). Das half mir sehr, einen kühlen Kopf zu behalten. Die kleine Solidemo vorm Gerichtsgebäude fand ich auch ganz fein, ich konnte ein bisschen was hören und Richter und Staatsanwalt waren sehr nervös… Der Herr Staatsanwalt schlug vor, den Menschen vor der Tür einen Platzverweis zu erteilen, worauf ich mich über ihn lustig machte: »Herr Staatsanwalt, kennen Sie das Gesetz nicht, ist Ihnen der Begriff ›Polizeifestigkeit‹ von Versammlungen nicht geläufig?« Gegen VersammlungsteilnehmerInnen darf kein Platzverweis erteilt werden!

Wie immer im Justiztheater ging es nicht um Gerechtigkeit. Formal muss eine Beschuldigte angehört werden. Damit bewahrt das System das Gesicht. Aber faktisch wird der Vortrag der Verteidigung einfach ignoriert. Hier, mit der Begründung, dies sei noch keine Verurteilung, sondern ein Ermittlungsverfahren, und der Verdacht der Störung öffentlicher Betriebe, des schweren Eingriffs in den Schienenverkehr und der Nötigung bestehe ja. In vier Zeilen wurden schwerste Eingriffe in die Privatsphäre – wie die Auslesung und Auswertung von Handy- und Kameradaten – begründet. Dafür reichten völlig aus der Luft gegriffene Strafvorwürfe, die allesamt zum Straftatkatalog des §129a StGB gehören und sodann weitere Abhör- und Überwachungsbefugnisse für die Behörde eröffnen.

Das gestrige Geschehen bestätigt in meinen Augen, dass es eine richtige Entscheidung von mir war, das Ordnungsgeld, dessentwegen ich dann im Gefängnis landete, nicht zu zahlen. Ich wäre nämlich so oder so nicht frei gekommen, Richter Wahl am Amtsgericht Fulda hätte einen Antrag auf Langzeitgewahrsam glatt durchgewunken – natürlich nicht ohne formelle Anhörung, um die Form zu wahren.
Angedacht hatten Polizei und Staatsanwaltschaft sogar einen Antrag auf Untersuchungshaft gegen mich… oder eine Sicherheitsgarantie für das Strafverfahren in Höhe von 150 Euro (damit ich das Ordnungsgeld nicht bezahlen kann und mich so sicher auch nicht freikaufen kann, denn ich hatte ca. 150 Euro dabei.). Darüber wurde ich noch auf der Polizeiwache vor der Abfahrt zum Gericht belehrt. Es hieß wirklich, ich müsse 150 Euro Kaution zahlen, um nicht in Untersuchungshaft zu kommen.

Vor Gericht war nicht mehr die Rede von Untersuchungshaft. Ich denke, es war nur eine Drohgebärde, denn rechtlich geht es nicht so einfach… aber wer weiß, die Repressionsorgane brechen die eigenen Gesetze, um Protest zu unterbinden. Nach der Anhörung vor Gericht in Fulda dauerte meine Überführung nach Frankfurt bis in den Abend hinein. Die kleine Solidaritätskundgebung vor dem Gerichtsgebäude überforderte die Polizei. Eine ganze Eskorte an Polizeifahrzeugen fuhr nach Frankfurt mit. Weil das schwerbehinderte Eichhörnchen so wichtig ist… »Sie sind nicht irgendjemand«, bekam ich sinngemäß von einem Beamten zu hören. Mensch weiß ja nicht, was noch passieren kann. Ob UnterstützerInnen sich um den Knast in Frankfurt hätten verstecken und auf meine Ankunft warten können, um anzugreifen?

Knast-Verwaltungsabsurdum und Solidarität von draußen

Montag: Um 6:30 Uhr geht die Tür auf – und wieder zu. Es wird mir mitgeteilt, dass ich in einer 3/4 Stunde zur Aufnahme bei der Verwaltung geführt werde. Im Halbschlaf frühstücke ich das Toastbrot und die Marmelade. Ich habe kaum noch etwas zu essen, weil ich gestern nicht verstanden hatte, dass Essen nur einmal am Tag, Marmelade sogar nur einmal die Woche ausgeteilt wird. Mir reicht die Menge des Essens vorne und hinten nicht, aber vielleicht gewöhnt man sich im Knast daran: Die Menschen bewegen sich kaum und sind weniger hungrig?
Die Bürokratie nimmt ihren Lauf.
Eine Unterschrift hier, ein Merkblatt und ein Fragebogen zum Ausfüllen dort. Mit meiner Unterschrift erlaube ich es der Anstalt, Menschen, die zum Beispiel telefonisch nach mir fragen, über meinen Verbleib Auskunft zu geben – dafür gibt es ein Formular zum Ankreuzen. Vielleicht kann ich so durch die FreundInnen und meinen Anwalt draußen in Erfahrung bringen, wann ich entlassen werde? Ich selbst weiß es immer noch nicht und ich konnte bislang niemanden benachrichtigen, nicht einmal meinen Anwalt!
Ich erhalte noch einen großen Sack mit Anstaltskleidung. Eine Ärztin überprüft meinen Gesundheitszustand. Meine Rheumatabletten werden endlich bestellt; hoffentlich sind sie heute Abend dann da. Ich spüre, dass ich seit zwei Tagen keine Tabletten eingenommen habe. Da ich an keiner ansteckenden Krankheit leide, darf ich jetzt an Aufschluss und Hofgang teilnehmen.

Die Sozialarbeiterin informiert mich später, dass ich morgen früh um 5 Uhr entlassen werde. Bei Zivilhaft muss die Anzahl an Stunden genau stimmen. Ich darf endlich meinen Anwalt anrufen. Ich erfahre dabei, dass er schon seit gestern früh versucht, mit mir Kontakt aufzunehmen. Aber über das Wochenende herrschte einfach Kontaktsperre – selbst für meinen Anwalt! Bestimmte Grundrechte gelten im Gefängnis am Wochenende nicht, aber ich wiederhole mich... Die Nachricht, dass viele Menschen draußen ihre Solidarität mit Beschwerden und Anrufe kundtun, freut mich. Wir erörtern kurz die Lage. Die Art, wie der Freiheitsentzug vollzogen wird, ist rechtswidrig: Ich sitze nicht in Strafhaft, sondern in Ordnungshaft; die Verhältnismäßigkeit muss hier gewahrt werden; es dürfen keine Einschränkungen auferlegt werden, die über den Zweck der Maßnahme hinausgehen. Die Kontaktsperre zwischen Gefangener und Anwalt, das Vorenthalten von Medikamenten und das Vorenthalten von Büchern sind nach Meinung meines Anwaltes nicht zulässig. Später erklärt mir die Sozialarbeiterin, die JVA III sei das einzige Frauengefängnis in Hessen, alle Strafarten seien hier vertreten: ob kurze oder lebenslange Haftstrafen, ob Zivil- oder Abschiebehaft. Aus diesem Grund müssen die Regeln der Sicherheitstufe 2 pauschal für alle Vollzugsarten und Gefangenen gelten. Also gelten für alle Gefangenen die Maßstäbe und Einschränkungen von langen Haftstrafen. Der im Grundgesetz verankerte Grundsatz der Verhältnismäßigkeit wird einfach übergangen.

Nach dem Gespräch mit meinem Anwalt darf ich eine Vertrauensperson über meine Entlassung morgen früh benachrichtigen. Ich bin erleichtert.

Ich unterhalte mich noch kurz mit der Sozialarbeiterin. Ich denke, sie ist ehrlich, wenn sie mir sagt, dass sie den Menschen helfen will. Aber sie wirkt wie gefangen in der Logik des Knast-Systems, dessen Teil sie schließlich ist. Kritik nimmt sie als persönlichen Angriff wahr, sie ist nicht in der Lage, Abstand zu nehmen und zu reflektieren. Sie verspricht mir noch eine Zeitung und vegetarisches Essen – auch wenn ich das schriftliche Formular hierzu nicht ausgefüllt habe.

Um die Mittagszeit darf ich am Aufschluss teilnehmen. Drei Frauen laden mich dazu ein, auf dem Sofa im Gemeinschaftsraum Platz zu nehmen. Wir unterhalten uns. Es dreht sich viel um den Knast. Warum – weshalb – wie lange sitzt Frau ein, will jede wissen. Meine drei Tage Ordnungshaft wegen Ungebühr vor Gericht sorgen für Empörung, Gelächter und Unverständnis. Den Aufwand, den der Staat betreibt, finden einfach alle bekloppt. Ich erfahre, dass im B-Flügel in erster Linie Frauen einsitzen, die wegen Verstößen gegen das Betäubungsmittelgesetz verurteilt wurden. Kurze Haftstrafen wie Ersatzfreiheitsstrafen wegen Schwarzfahren sind hier auch vertreten. Im Hintergrund des Gesprächs läuft das nervige RTL-Programm im Fernsehen. Um 13 Uhr ist wieder Einschluss in die Zelle. Von der Sozialarbeiterin erhalte ich Papier und eine Zeitung. Kurze Zeit später kommt sie erneut vorbei. Sie beschwert sich über die vielen Anrufe und Solidaritätsbotschaften, die Menschen telefonisch an mich richten wollen – diese Anrufe darf ich natürlich nicht entgegennehmen. Die Sozialarbeiterin ist sichtlich getroffen und findet den Vorwurf der Kontaktsperre unfair. Vielleicht ist sie nicht das geeignetste Ziel für solche Protest- und Solidaritätsbotschaften. Es stimmt, dass ihre Rolle hier im Gefängnis für die Gefangenen, die von ihr und den anderen Angestellten vollkommen abhängig sind, wichtig ist. Die Kritik von außen ist aber wie ein Finger in einer zwar verdrängten, wohl aber offenen Wunde. Das System Gefängnis ist geschlossen und von der Außenwelt abgeschottet. Gefangene, die über einen weiten UnterstützerInnenkreis verfügen, sind eine Ausnahme. Ich finde diesen Druck von außen aber gerade richtig. Denn auch Menschen, die helfen wollen, sind in diesem System gefangen, verdrängen und übersehen die richtigen Probleme. Ich freue mich sehr über die Solidaritätsanrufe. Schließlich habe ich am Wochenende unter der Einzelhaft und der absoluten Kontaktsperre sehr gelitten. Und meine Bekannten haben sich gefragt, was aus mir geworden ist. Für die Institution Gefängnis und die Menschen, die dort arbeiten, ist es Normalität, dass am Wochenende bestimmte Grundrechte für Gefangene nicht gelten. Ich selbst habe die Lektion verstanden... es ist nicht zu empfehlen, an einem Wochenende festgenommen zu werden!

Und diese Missstände gehören aufgezeigt, wie soll sich sonst etwas verändern? Dieses Knasttagebuch schreibe ich für mich – aber nicht nur. Ich will es dann auch veröffentlichen, vielleicht bringt es einige Menschen zum Nachdenken. Es gibt viele Vorurteile über das Gefängnis und die Menschen, die dort landen... Ich denke, wenn eine Umweltaktivistin ins Gefängnis muss und dann auch darüber berichtet, kann das viele dieser Vorurteile in Frage stellen – und auch die Institution Gefängnis ankratzen. Durch mein politisches Engagement bin ich in den Fokus der

Soliaktion für das Eichhörnchen, November 2011
Quelle: Peter Illert

Repressionsbehörden Polizei und Justiz geraten. Meine Handlungen stören, weil sie oft effektiv sind. Immer wieder werde ich deswegen verhaftet und eingesperrt: mal im polizeilichen Gewahrsam, mal im Gefängnis, mal ohne Verurteilung zur angeblichen Gefahrenabwehr, mal auf richterliche Anordnung hin, oft rechtswidrig... Es ist schon hart, immer wieder mit einer Verhaftung rechnen zu müssen, immer wieder als Einzelne aus einer Gruppe herausgepickt zu werden und einstecken zu müssen. Das vermittelt mir das Gefühl, eine Art Sonderrolle in der aktuellen Geschichte umweltpolitischer Bewegungen zu spielen (das klingt wichtiger als ich es wirklich meine, ich weiß aber nicht, wie ich es anders ausdrücken kann), als wäre es mein Schicksal und meine Aufgabe, wegen meines gewaltfreien politischen Einsatzes besonders oft mit Repression konfrontiert zu werden – und dagegen anzukämpfen. Justizkritik und Antirepression sind aus dieser Situation heraus ein wichtiger Teil meiner politischen Arbeit geworden.

Und es ist vielleicht doch nicht so schlecht, wenn ich, wie jetzt, hinter die Mauern eines Gefängnisses schaue und dann meine Erfahrungen und Überlegungen nach außen trage. Politisch gut gebildete und gut vernetzte Gefangene wie ich sind eher eine Ausnahme im Gefängnis. Die meisten Betroffenen haben keine Möglichkeit, auf Missstände hinzuweisen und Aufmerksamkeit zu erregen. Es ist also gut, wenn ich es machen kann. Vielleicht wird die Forderung nach der Abschaffung von Knästen vermittelbarer! Knast abschaffen: wieso, weshalb, warum... ich werde noch zu diesem Thema zurückkommen, ich sitze hier noch ein paar Stunden... und habe alleine in meiner Zelle nichts anderes zu tun, als Tagebuch zu schreiben und etwas herumzuklettern. Bewegungsdrang...

Vorauseilender Gehorsam – nix für mich

Als ich am Nachmittag um 16 Uhr beim Hofgang zum ersten Mal richtig Luft schnappen durfte, habe ich noch tiefer gespürt, dass nicht nur die Bediensteten, sondern auch viele Gefangene mit ihren Gedanken – und nicht nur körperlich – eingesperrt sind. Sie haben das System aufgenommen und kommen nicht auf die Idee, es in Frage zu stellen. Und es kommt noch schlimmer, sie verstärken es sogar, indem sie sich selbst einschränken und ungeschriebenen Regeln folgen. Die Gefangenen laufen immer im Kreis und gegen den Uhrzeigersinn, obwohl sie keiner dazu verpflichtet. Eine Frau lädt mich dazu ein, mitzulaufen, sie hat ein starkes Kommunikationsbedürfnis und irgendwie interessiert es mich zu wissen, wie die Menschen hier ticken…

Das Gespräch dreht sich um das Kind, das sie in ihrer Haftzeit zur Welt gebracht hat und das nun in einer Pflegefamilie lebt. Die Frau hat mit 25 Jahren bereits 3 Kinder. Es ist nicht zu übersehen, viele Frauen sind schwanger – eine Frau erklärt mir, sie wollte vor ihrem Haftantritt unbedingt schwanger werden, weil sie so nicht arbeiten muss und gedanklich beschäftigt ist. Irgendwie fühle ich mich hier fremd… Irgendwann kommen meine rheumakranken Füße sowieso nicht mehr mit. Ich setze mich auf eine Bank und unterhalte mich kurz auf Englisch mit einer Kanadierin aus Toronto. Jetzt ist mir aber wirklich kalt.

Meine eigene Kleidung darf ich hier nicht tragen, ich habe Anstaltskleidung bekommen. Aber neue Zugänge bekommen derzeit keinen Parka. Es gibt nicht genug Winterjacken für alle Gefangenen. Also müssen die Neuen frieren… daran sieht man im Hof, wer hier neu ist! Ich habe alle Oberteile angezogen, die ich im Wäschesack gefunden habe. Warm ist es mir an diesem dunklen, grauen und nebligen Nachmittag nicht. Aber so einfach lässt sich das Eichhörnchen nicht einsperren… und ich kann der Verlockung nicht widerstehen, ein paar Turnübungen an den unteren Ästen eines Baumes zu machen. Und, schwupps!, hänge ich kopfüber – und es ist mir warm. Es dauert eine Weile, bis die Aufpasser in Uniform es überhaupt bemerken. Der Gang der Gefangenen im Kreis wirkt auf sie wie ein Schlafmittel. Plötzlich höre ich Geschrei und unverständliche Parolen aus der Ferne.

Es ist aber keine Zeit für eine weitere Zuspitzung der Situation übrig – die Stunde Hofgang ist gerade um, wir werden in »unseren« Flügel zurückgeführt. »Mäh, mäh!« schreie ich dabei. Ich werde etwas schief angeguckt. Überidentifikation als Mittel der Kritik am System… das ist wohl eine Sprache, die die Menschen hier nicht verstehen – oder sie kommen schlicht nicht auf die Idee, ein System zu kritisieren, das für sie zur Normalität geworden ist. Keine Ahnung, was auf Dauer hier aus mir werden würde… Die Wachtmeister scheinen froh darüber zu sein, dass ich morgen schon wieder verschwinde. Jedes Gespräch mit mir überfordert sie, weil ich sie bei jeder Kleinigkeit mit juristischen Einwänden belästige – die Hausordnung habe ich sehr genau gelesen. Von einem Baumkletterverbot ist nicht die Rede. Aber darüber wollen sie sich mit mir nicht einmal unterhalten, die anderen Gefangenen gehen vor!

»Du bist doch verrückt, das ist doch verboten!«, wiederholt immer wieder eine slowakische Gefangene in Bezug auf die Baumkletterei, als wir den B-Flügel erreichen. Mein Eindruck ist, dass sie hier eine dominierende Rolle spielt und unter den Gefangenen meist das Sagen hat. Denn bald folgen weitere Gefangene ihrer Meinung. Ich erkläre sachlich, dass ich in der Hausordnung kein Baumkletterverbot gelesen habe und dass ich mir den Spaß nicht durch vorauseilenden Gehorsam verbieten lassen will. »Das macht man aber trotzdem nicht, außerdem sind wir keine kleinen Kinder. Wir sind Erwachsene, hier wird nicht gespielt.«

Ausgerechnet diese Reaktion finde ich infantil. Es kommt mir vor, als würden Kinder Erwachsene spielen und dabei ein Verhalten produzieren, das deren Vorstellung von der Erwachsenenwelt, nicht aber der Wirklichkeit entspricht. Mit etwas Traurigkeit stelle ich fest, dass die vielen Gefangenen nicht mal merken, wie sie sich »freiwillig« unterwerfen und ihre eigene Willensbestimmung und Verantwortung als Mensch (das meine ich im existentiellen Sinne, wie beim Philosophen Jean Paul Sartre) aufgegeben haben. Soziale Kontrolle wird im Knast zum Selbstläufer. Vorauseilender Gehorsam, »Petzen« bei den AufsichtsbeamtInnen und Streit um Kleinigkeiten zwischen Gefangenen. Ich fühle mich an die Schule erinnert. In mir löst das Revolte aus! Ich bestehe also auf meinem Standpunkt und frage, warum Regeln eingehalten werden sollen, die nicht einmal schriftlich vorliegen.

Und es kommt schon die nächste Drohvorstellung, die ich gleich als Erklärung für diesen vorauseilenden Gehorsam sehe. Die Mehrheit ist plötzlich fest davon überzeugt, dass ich morgen nicht freikomme und nicht aus dem Gefängnis entlassen werde – weil ich beim Hofgang in einem Baum geklettert bin! Ich glaube durchaus, dass man sich im Gefängnis für ein Verhalten, das nicht der Norm entspricht, sehr schnell Ärger einhandeln kann. Einen Gummiparagraphen, der der Willkür Tür und Tor öffnet, gibt es in der Hausordnung wohl. »Anweisungen von Vollzugsbeamten sind stets zu befolgen.« Bei Zuwiderhandlung drohen Disziplinarmaßnahmen. Wie an der Schule… Die Gefangenen dürfen sich über Anweisungen der BeamtInnen schriftlich beschweren – hierzu gibt es Formulare, aber diese Beschwerden haben keine aufschiebende Wirkung.

Die Reaktion der anderen Gefangenen, die der Auffassung sind, dass ich nun nicht freikomme, weil ich in einem Baum geklettert bin, zeigt allerdings, dass viele Ängste auf Unkenntnis des Rechtssystems basieren. Wenn auf dem Haftbefehl 3 Tage Ordnungshaft stehen, dann können es nicht plötzlich 4 werden. An den 3 Tagen ist nichts zu rütteln. Nur eine weitere rechtskräftige Gerichtsentscheidung kann dazu führen, dass ich länger und wieder ins Gefängnis komme. Nicht aber Baumklettern – auch wenn dies hinter diesen traurigen Mauern unerwünscht ist.

Eine Gefangene erzählt mir, sie sei zu 3 Monaten Gefängnis verurteilt worden, und als sie eingeliefert wurde, hieß es plötzlich 7 Monate. Also sei es durchaus möglich, dass ich wegen Baumklettern hier länger bleibe. Meine Vermutung: Ihre Verurteilung zu 3 Monaten Gefängnis hat zur Folge gehabt, dass eine Bewährung aus einem früheren Verfahren zurückgenommen wurde. Und keiner hat sich die Mühe gegeben, ihr dies zu erläutern. Dadurch werden Ängste geschürt, die der Aufrechterhaltung des Systems ›Gefängnis‹ dienlich sind.

Als die »arbeitenden« Frauen in der Küche eintreffen, verdrängt ein neuer Konflikt die Diskussion um das Baumklettern. Die Frauen, die einer Beschäftigung in der Anstalt nachgehen, kommen erst abends gegen 18 Uhr zurück und heute ist kein Brot mehr für sie da, die anderen Frauen haben bereits alles aufgegessen. Im Gefängnis ist Knappheit die Regel. Selbst beim Essen. Es wird um alles gekämpft und gerungen. Ich selbst habe für den Abend noch kein Brot genommen, ich bin nicht auf die Idee gekommen, schon um 17 Uhr Brot zu horten. Pech gehabt! Mein Gefühl ist, dass das Essen, das die JVA austeilt, vorne und hinten nicht reicht!

In einer Ecke sitzt ein zierliche, schüchtern wirkende Frau, mit der ich heute Mittag schon ein paar nette Worte austauschen konnte. Als sie mich fragt, ob ich mit ihr Bratkartoffeln essen will, zögere ich keine Sekunde. In einem mit Schlüssel verschließbaren Kühlschrankfach hat sie Lebensmittel, die sie sich alle zwei Wochen beim »Einkauf« in einem überteuerten Gefängnisladen von ihrem Taschengeld erwirbt. Wir kommen ins Gespräch. Ich glaube, wir haben einen guten Draht zueinander, was mich sehr freut.

Anne ist eine schmale, ruhige Frau. Wir setzen uns an den Tisch in der Gemeinschaftsküche der Station im Flügel B2. Im Wohnzimmer nebenan ist es mir mit dem Fernseher im Hintergrund einfach zu laut. Die leckeren Bratkartoffeln mit Ei machen mich endlich satt. Mit Anne fühle ich mich in diesem fremden Umfeld wohler und aufgenommen. Wir reden über den Gefängnisalltag, Anne erzählt mir ein bisschen von ihrer Geschichte. Sie sitzt wegen Verstoß gegen das Betäubungsmittelgesetz seit August hier ein und kommt im Februar wieder frei. Mit ihren Eltern hat sie wenig Kontakt, sie haben sie nur ein einziges Mal besucht. Ihre ehemaligen FreundInnen haben sie im Stich gelassen. Das findet Anne nicht so schlimm, sie denkt, es kann ihr helfen, in ein neues Leben zu starten, wenn der Kontakt mit der Drogenszene abgebrochen wird. Ob sie es aus der Spirale von Drogen und Gefängnis herausschafft, ist ungewiss. Ihr starker Wille beeindruckt mich auf jeden Fall. Mit ihrer Drogen-Vergangenheit will sie Schluss machen. Wenn sie rauskommt, will sie die Abendschule besuchen und ihr Abitur machen. »Ich habe Scheiße gebaut, das ist mir klar. Aber hier wird keiner geholfen, die ihr Leben ändern will.«
Wir kommen auf die Sozialarbeiterin der Anstalt und das System ›Gefängnis‹ zu sprechen. Ich erzähle ihr ein bisschen von meiner Geschichte, meinen Eindrücken über das Gefängnis und meinem Gespräch mit der Sozialarbeiterin. Über das im Strafvollzugsgesetz festgelegte Vollzugsziel »Resozialisierung« können wir nur den Kopf schütteln.

»Im Vollzug der Freiheitsstrafe soll der Gefangene fähig werden, künftig in sozialer Verantwortung ein Leben ohne Straftaten zu führen (Vollzugsziel).« Steht im Gesetz. Und es gibt im Informationsheftchen, das ich mit der Hausordnung erhalten habe, weitere Erläuterungen:

Bezogen auf die Praxis der Vollzugsgestaltung kann der Angleichungsgrundsatz als Konkretisierung des Resozialisierungszieles gelesen werden: »Das Leben im Vollzug soll den allgemeinen Lebensverhältnissen soweit als möglich angeglichen werden.«

Ach, wie schön... Das ist alles Augenwischerei, um ein beschönigendes Bild vom Gefängnis nach außen zu tragen! Fakt ist, dass die Knastwirklichkeit nichts, überhaupt nichts mit den »allgemeinen Lebensverhältnisssen« zu tun hat.

Ich darf nicht einmal meine eigene Kleidung tragen und muss bei der miserablen täglichen Stunde Hofgang frieren, weil die Anstalt nicht genug Winterjacken hat.

Meine Bücher darf ich auch nicht mit in die Zelle nehmen und die meiste Zeit muss ich hier alleine herumsitzen. Was ist, bitte schön!, an einem Buch gefährlich? Mit welcher Begründung wird mir untersagt, meine zwei mitgebrachten Bücher in die Zelle zu nehmen und zu lesen? Ach, es bedarf keiner Begründung und wird einfach so angeordnet. Der Staat hat es hinter dem Stacheldraht und den dicken hohen Mauern mit der Willkür einfach. Frau kriegt ihre Bücher einfach nicht und kann sich dagegen nicht wehren. Gewaltmonopol des Staates nennt sich das.

Und meine Rheumatabletten bekomme ich trotz Schwerbehinderung nicht, weil ich an einem Samstag festgenommen wurde und Grundrechte hier am Wochenende nicht gelten… Im »freien« Leben – dass die Menschen selbst außerhalb dieser Gefängnismauern wirklich frei sind, bezweifle ich – kann ich mir Tabletten auch am Wochenende holen. Einen Apothekennotdienst gibt es immer.

Meine Aufzählung könnte ich noch lange fortsetzen. Wenn ich mir das Heftchen durchlese, kriege ich echt einen Lachanfall.

Auf der Station gibt es zudem eine Art schwarzes Brett mit zusätzlichen Mitteilungen. Ich habe sie mir durchgelesen. Ein Zettel betrifft die Post an und von Gefangenen – den Inhalt gebe ich aus dem Kopf wieder (jetzt, da ich Tagebuch schreibe, haben wir ca. 21 Uhr, also Einschluss in die Zelle, ich darf nicht mehr rausgehen und gucken). Die Post aller Gefangenen wird von der Anstalt kontrolliert und mitgelesen. Ihre Briefe müssen die Gefangenen unverschlossen abgeben. Wenn ein Brief eine »falsche« Darstellung des Gefängnisses enthält, wird er zurückgehalten. Wenn die Gefangene auf dem Verschicken des Briefes besteht, behält sich die Anstalt vor, dem Brief eine Berichtigung beizufügen.

Und im Heftchen der Anstalt heißt es weiter:
»Der Gegenwirkungsgrundsatz macht deutlich, dass schädlichen Folgen des Freiheitsentzuges entgegenzuwirken ist. Der Eingliederungsgrundsatz bestätigt das Gebot der Resozialisierung, indem er gegenüber dem Gefangenen Hilfen und Unterstützung formuliert.«

Anne erzählt mir, die Sozialarbeiterin habe über sie eine schlechte »Sozialprognose« formuliert. Was zur Folge hat, dass sie vor ihrer Entlassung keine Chance auf Vollzugslockerungen wie die Verlegung in den offenen Vollzug und Ausgang zur Vorbereitung ihrer Entlassung hat.

Die Prognose sei die Folge davon, dass Anne als »Arbeitsverweigerin« gelte und sich nicht an ihren »Vollzugsplan« halte.

Wenn eine Gefangene sich nicht vorschreiben lassen will, was für ihre Wiedereingliederung gut ist, sondern nach Selbstbestimmung strebt und ihre Wünsche nach Ausbildung selbst formuliert, gilt sie hier als renitent und erhält eine schlechte Prognose, was ihr viele Türen zur Vorbereitung ihrer Entlassung aus dem Gefängnis verschließt.

Arbeit im Gefängnis ist Teil des Vollzugsplans. Durch Arbeit und Disziplin soll eine Gefangene befähigt werden, in »sozialer Verantwortung« zu leben. Eine schöne Umschreibung für die gezielte Konditionierung von Menschen zu Soldaten des Produktivismus. Hinzu kommt, dass die Gefangenen als billige Arbeitskräfte ausgebeutet werden. Der Stundenlohn beträgt nur wenige Cent! Indessen bedeutet die Arbeit für viele Gefangenen immerhin eine Abwechslung zum einsamen Einschluss in die Zelle und etwas mehr Freiheit und ein paar Privilegien. Die Frauen vom Küchendienst kommen einfacher an zusätzliche Lebensmittel heran; die Frauen, die in der Kammer arbeiten, begegnen fast allen Gefangenen.

Konditionierung und Disziplinierung befähigen meiner Meinung nach nicht dazu, in »sozialer Verantwortung« zu leben. Beides macht die Menschen abhängig, sie lernen überhaupt nicht, sich um ihre Angelegenheiten zu kümmern und selbstständig zu handeln. Es wird alles von oben bestimmt.

Anne hat eine Zeitlang beim Putzdienst in der Gefängnisküche gearbeitet. Sie hatte beantragt, dass ihr eine Arbeitsstelle zugewiesen wird. Als im Rahmen ihres Dienstes unabgesprochen von ihr immer mehr verlangt wurde und sie plötzlich nicht nur putzen, sondern auch beim Küchendienst helfen sollte, weigerte sie sich, weiterzumachen und beantragte, dass ihr eine andere Arbeit zugeteilt wird. Sie erklärte, sie könne es auf Grund ihrer Hepatitis-Erkrankung nicht verantworten, mit Lebensmitteln in Berührung zu kommen, das Übertragungsrisiko sei zu hoch.

In dieser Weise selbstbestimmt zu denken und zu entscheiden ist hier nicht erwünscht. Wenn Anne ihren Wunsch nach Ausbildung äußert, antwortet die Sozialarbeiterin, es sei noch zu früh dafür, sie solle statt dessen die Zeit im Gefängnis für die Auseinandersetzung mit ihrer Tat nutzen. Wer Reue zeigt und den von oben auferlegten »Vollzugsplan« befolgt, hat eine positive Sozialprognose. Der/dem wird vielleicht dabei geholfen, eine Ausbildung für die Zeit nach dem Gefängnis zu suchen. Wer sich nicht gehorsam verhält und seinen eigenen Weg folgen will, dem/der werden Steine in den Weg gelegt.

Wenn Anne im Februar aus dem Gefängnis entlassen wird, wird sie ohne Wohnung und Ausbildung dastehen. So sieht der Mythos der Resozialisierung aus! Mich wundert nicht, dass Menschen aus dem Teufelskreis von Drogen und Gefängnis nicht herauskommen. ›Rezidiv‹ (von lat. recidere, »zurückfallen«) heißt das im Fachjargon. Die Hälfte der Frauen in deutschen Frauengefängnissen sitzt wegen Verstoßes gegen das Betäubungsmittelgesetz ein. Das Gefängnis löst keine gesellschaftlichen Probleme, es schafft eher welche. Aus den Augen, aus dem Sinn. Den Menschen wird nicht geholfen, sie werden stattdessen eingesperrt. Diese Wirklichkeit ist das Armutszeugnis einer Gesellschaft, in der Menschenrechte doch angeblich einen hohen Stellenwert haben.

Geschlossener / offener Vollzug, ich blicke nicht wirklich durch...

Nach dem Essen gehen wir in Annes Zelle. Wir haben bis zum einsamen Einschluss um 20 Uhr noch eine Stunde Zeit. Anne will eine Zigarette rauchen, und das ist nur in der Zelle erlaubt. Ich habe niemals geraucht, selbst das Passivrauchen ist für mich eine Horrorvorstellung; nun nehme ich es ausnahmsweise in Kauf – ich glaube, ich bin hier einfach die einzige Nichtraucherin – und arrangiere mich damit dank des offenen Fensters. Weil die Heizung zentral gesteuert und viel zu heiß aufgedreht wird, muss das Fenster so oder so dauerhaft offen bleiben – Umweltschutz ist für die Anstaltsleitung offenbar ein Fremdwort. Hier werden lediglich Menschen wie Waren verwaltet.
Eine Frau, die hier wegen »Schwarzfahrens« einsitzt, gesellt sich zu uns.
Maria ist seit zehn Tagen hier und kommt Anfang Januar wieder frei. Weil sie kein Geld hat, muss sie hier Tagessätze absitzen, Ersatzfreiheitsstrafe nennt sich das. Ich betrachte dies als Klassenjustiz. Wer Geld oder Unterstützung hat, kann seine Geldstrafe bezahlen. Wer nichts davon hat, muss diese absitzen. Und wenn die Gefangene Pech hat, kommt es noch schlimmer: Dann verliert sie wegen der Haftzeit Wohnung, Arbeitsplatz, Ausbildungsplatz.

Ich denke an Franziska, eine Freundin, die aus politischer Überzeugung eine Ersatzfreiheitsstrafe wegen einer Ankettaktion gegen den Castortransport 2008 hier in der JVA Preungesheim absitzt. Franziska befindet sich allerdings im offenen Vollzug – und weiß von meinem Aufenthalt hier im »Geschlossenen« nichts. Wir haben leider keinen Kontakt zueinander – und auf dem Schwarzen Brett hier steht, dass Gefangenen des B-Flügels, die einer anderen Gefangenen in einer anderen Station schreiben wollen, die kostenlose »Hauspost« nicht mehr in Anspruch nehmen dürfen – das scheint eine relativ neue Regelung zu sein. Der Brief muss frankiert werden.
Im offenen Vollzug sind die Haftbedingungen, soweit ich weiß, etwas lockerer als hier: Die Gefangenen dürfen länger in den Hof und es gibt keinen Einschluss in die Zelle. Die Hafträume sind nicht vergittert. Die Gefangenen dürfen ihre eigene Kleidung tragen und ihre Bücher mit in die Zelle nehmen. Dafür gibt es im offenen Vollzug scheinbar weniger »Freizeitangebote« als im geschlossenen. Natürlich ist auch der offene Vollzug nicht frei von absurden Regeln und Verboten. Wie eine Art Damoklesschwert schwebt dort der geschlossene Vollzug über den Gefangenen, denn sie können jederzeit mit einer Verlegung dorthin bestraft werden.

Ich verstehe eigentlich nicht, warum Maria hier im geschlossenen Vollzug einsitzt. Drei Monate sind eine relativ kurze Strafe – Franziska sitzt eine ähnlich lange Strafe ab, sie wurde zu 80 Tagessätzen wegen angeblicher Nötigung verurteilt. Und mit meinen drei Tagen sitze ich auch im geschlossenen Vollzug ein. Das erscheint willkürlich. Wir blicken alle drei nicht wirklich durch.

Mit Anne tausche ich Adressen aus; ich will ihr schreiben, wenn ich wieder in Lüneburg bin. Vielleicht kann ich ihr helfen, indem ich Adressen im Internet heraussuche

und ihr per Post schicke – damit sie eine Ausbildung für die Zeit nach dem Gefängnis findet.
Ich schenke ihr weiter das Shampoo und die Seife, die ich übrig habe. Sie traut sich kaum, diese Gegenstände anzunehmen, obwohl sie sich tierisch darüber freut. Sie erzählt mir, Mensch muss mit Geschenken im Gefängnis sehr vorsichtig sein – manchmal hilft es den Betroffenen überhaupt nicht, es kann zu Eifersucht und Ausgrenzung führen. Schenken ja, aber das sollen andere Mitgefangene möglichst nicht mitbekommen! Ich verabschiede mich von Anne und Maria und schäme mich, morgen zu gehen und die beiden hier zurückzulassen, ohne ihnen viel helfen zu können. Meinen Aufenthalt hier werde ich nicht vergessen!
Auf dem Weg zu meiner Zelle schenke ich noch einer Mitgefangenen Zucker – und achte darauf, dass es andere Frauen nicht sehen. Zucker gilt hier im Gefängnis als eine sehr wertvolle Ware. Zucker wird nur den »Zugängen« und nur ein einziges Mal am ersten Tag ausgeteilt, danach müssen ihn die Gefangenen im überteuerten Gefängnisladen selbst kaufen. Und das geht nur alle zwei Wochen.

Um 20 Uhr ist wieder Einschluss – für mich zum letzten Mal bis zu meiner Entlassung um 5 Uhr morgens. Ich schreibe mein Tagebuch und gehe früh ins Bett. Die stündliche »Lebenskontrolle« und meine Aufregung hindern mich lange am Einschlafen. Im Radio kommt die Nachricht, der Castortransport habe begleitet von zahlreichen Protesten sein Ziel, Gorleben, erreicht. Das war der längste Castortransport aller Zeiten. Ich fühle mich sehr aufgewühlt. Tränen kommen mir in die Augen. Ich weiß mehr als sonst, wofür ich stehe. Und ich bin mir sicher: Niemals werde ich aufgeben!
Mein Fazit: Gezeichnet, aber gestärkt!

Ich bin wieder zu Hause und genieße die – relative – Freiheit. Die Tage im Gefängnis sind nicht einfach so an mir vorbeigegangen. Die Fülle an Ereignissen und Emotionen hat mich schon etwas aufgewühlt und es fällt mir Tage danach noch schwer, herunterzukommen. Das war einfach ganz schön viel: die Spannung um unsere Kletteraktion gegen den Castortransport, meine Festnahme, die Gerichtsverhandlung, die langen Wartestunden und meine anschließende Überführung nach Frankfurt und die Überraschungen in der JVA, wo bestimmte Grundrechte am Wochenende nicht gelten. Als ich aus dem Gefängnis entlassen wurde, hatte ich ein seltsames Gefühl von Leere. Ich hätte gerne gleich mehrere Menschen geknuddelt, Gefühle und Emotionen ausgetauscht – dafür war meine Entlassung um 5 Uhr morgens nicht ganz so günstig… Ich konnte es inzwischen nachholen und die Veröffentlichung dieses Tagebuchs hilft auch dabei, das Geschehene zu verarbeiten. Die zahlreichen Reaktionen auf meine Beiträge freuen mich sehr.

Mit meinem Engagement will ich aufrütteln, zum Nachdenken bringen und auch stören, Sand im Getriebe einer menschen- und umweltverachtenden Politik sein.

Die Folgen einer Aktion betrachte ich als Bestandteil dieser Politik – auch wenn sie Gefängnis heißen. Ich weiß, wofür ich stehe, fühle mich sogar durch die Erlebnisse der letzten Tage gestärkt. Das bedeutet aber nicht, das ich wortlos einstecke – nein! Und entgegen der Aussage vom Castoreinsatzleiter der Polizei, Herrn Niehörster, bin ich keine Maschine!

Das Gefängnis ist ein Ort, wo es für Gefühle und Emotionen keinen Platz gibt – sie machen die Betroffene sogar angreifbar. Der Mensch muss funktionieren. Emotionen gehören aber zum Menschen! Ich habe es mir deshalb nicht verbieten lassen und meine Spontanität beibehalten, meine Handlungen verteidigt. Ob Klettern auf einen Baum oder auf den Schrank, weil ich mich da oben wohler fühle. Das hat die WachtmeisterInnen manchmal ganz schön durcheinandergebracht und bei Mitgefangenen für Unverständnis gesorgt. »Sich wohl fühlen?« Was ist das für ein Argument?

Schwierig im eigenen Umfeld zu vermitteln ist auch, dass man ausgerechnet dann, wenn man rauskommt, emotionale Unterstützung gut brauchen kann. Viele Menschen sehen mich als eine erfahrene, abgebrühte und starke Aktivistin. Ich kämpfe ja immer mit voller Energie und spektakulären Aktionen, wurde Hunderte Male festgenommen etc. Das bedeutet aber nicht, dass ich keine Ängste habe. Meine Ängste sind, sage ich mal, meist nicht so stark wie meine Überzeugung oder die Revolte, die in mir kocht. Aber jeder hat seine Grenzen und ich kann nicht sagen, dass mich die Erfahrung der letzten Tage kalt gelassen hat. Ich habe es am eigenen Körper gespürt: Störung des biologischen Rhythmus (Frau merkt es zum Beispiel an ihrer Periode) durch die außerordentliche Stresssituation, meine Rheumabeschwerden waren in der Zeit besonders ausgeprägt, weil ich keine Tabletten bekam und früh geweckt wurde (Stichwort »Morgensteifigkeit«, rheumakranke Menschen können ein Lied davon singen). Diese unmittelbar wahrnehmbare Reaktion meines Körpers sagt mir, dass ich mich mit dem Geschehen auseinandersetzen muss. Hierzu brauche ich andere Menschen, die dafür offen sind. (Das Kollektiv »Out of action« hat die Bedeutung dieser »ersten emotionalen Hilfe« in politischen Aktionszusammenhängen sehr schön auf den Punkt gebracht.)

Die Folgen von Repression dürfen kein Tabu sein. Nur so können Betroffene gestärkt in die Zukunft blicken.

Gestärkt fühle ich mich in der Tat. Und das ist wichtig, weil ich bestimmt nicht zum letzten Mal ins Gefängnis gehen musste – wie die Sozialarbeiterin vom Knast im Gespräch mit mir schon vermutete. Da kann ich ihr Recht geben. Allein weil die Polizei mich für so »wichtig« hält und gerne »sonderbehandelt«, präventiv einsperrt, anzeigt etc. Ich muss wohl lernen, mit dieser »Sonderrolle« klarzukommen. Ich bin keine Chefin, keine Leiterin – die einzige Leiter, die ich nützlich finde, ist eine Kletterleiter, um schneller hochzukommen –, aber im hierarchischen Weltbild einer Polizei, die nach dem Führerstaatsprinzip organisiert ist, gibt es in politischen Gruppen immer ein(e) Rädelsführer(in). Sie kann sich gar nicht vorstellen, dass es ohne geht… Also ist eine unbelehrbare, uneinsichtige – wie RichterInnen mich in ihren Beschlüssen öfter bezeichnen –, aufmüpfige Bürgerin wie ich in den Augen der Polizei für diese Rolle prädestiniert.

Eingesperrt werde ich nur formal wegen einer angeblichen Tat. Das eigentliche (politische) Ziel dieser Repression sind mein Engagement, die Effektivität vieler Aktionen, meine »Rolle« im Widerstand (oder zumindest die Rolle, die mir von der Polizei zugeschrieben wird). Repression trifft oft Einzelne. Gemeint sind aber alle Menschen im Widerstand. Es ist oft zu merken, dass die Repression gegen Einzelne nicht nur die direkt betroffene Person, sondern auch ihr Umfeld einschüchtert, weil viele Angst davor haben, dass das, was einer Person passiert, ihnen auch widerfahren kann. Kollateralschaden von Repression nenne ich das… »Nur gemeinsam sind wir stark.« Das ist keine lose Parole, das ist ein Erfahrungswert!

Was heißt es denn, wenn ich sage, ich fühle mich durch die Erfahrung im Gefängnis gestärkt?

Ich sehe zwei eng miteinander verknüpfte Dimensionen: die persönliche und die politische.

Ich spüre in mir, dass ich an Selbstvertrauen gewonnen habe. Angstabbau kann man das auch nennen. Nein, ich lasse mich nicht erpressen, ja, ich weiß ganz genau, wofür ich stehe. Ich entdecke zudem einfache, schöne Dinge des Lebens wieder und genieße sie mehr als vorher: Die frische Luft, das Knistern von Holz in meinem Bauwagen etc.

Ich bin auch froh, über meinen Gefängnisaufenthalt berichten zu können. Ich finde Berichte lebendiger, wenn sie durch die Subjektivität des Erlebten geprägt sind. Ich war Gefangene – meine Berichte sind aus dieser Perspektive geschrieben. Meine Erfahrung bestätigt und verstärkt meine politische Überzeugung, was Justiz, Strafe und Gefängnis angeht – ich bin in meinem Tagebuch bereits mehrfach darauf eingegangen.

Das Gefängnis löst keine Probleme – es verdrängt und verschärft sie. Es zerstört Existenzen und konditioniert Menschen. Das ist für den Staat günstig, weil er keine aufmüpfigen, kritischen BürgerInnen haben will. Es führt stattdessen zu Rückfällen, weil die Menschen ihre soziale Bindung verlieren und nicht in der Lage sind, in der – relativen – Freiheit, in der nicht jeder Schritt geregelt ist, zurechtzukommen und selbstständig zu agieren.

Das System ›Gefängnis‹ ist von Willkür geprägt. Es gibt jede Menge absurde Regeln, die weder mit dem Vollzugsziel »Sicherheit« noch mit dem der »Wiedereingliederung« zu begründen sind. Als Beispiel fällt mir die Regel ein, dass Gefangene eigene Bücher nicht mit in die Zelle nehmen dürfen. Es ist in meinen Augen organisierter Sadismus. Menschen haben Spaß daran, anderen – legal – Leiden zuzufügen. Bei vielen PolizistInnen ist dies leider auch schon so.

Das System ›Gefängnis‹ ist kriminell!
Wie Franziska in ihrem »Danke-Beitrag« nach ihrer Entlassung aus dem Gefängnis nach 80 Tagen Ersatzfreiheitsstrafe für eine Castorblockade sagt: »Unsere Kämpfe gehen weiter, denn die Alternativen dazu sind keine.«
Und ich sage auch Danke an alle Menschen, die mich unterstützt haben und es weiter tun!

Das Oberlandesgericht Frankfurt am Main entschied 2013, dass die Haftbedingungen in der JVA zum Teil rechtswidrig gewesen sind. Die Kontaktsperre war rechtswidrig, meine Kleidung und mein Eichhörnchen-Plüschtier (!) hätten mir nicht weggenommen werden dürfen, die nächtlichen stündlichen Kontrollen waren ebenfalls rechtswidrig. Dass ich meine Rheumabasistabletten zwei Tage lang nicht erhielt, ist dagegen nicht zu beanstanden, es bestand keine Lebensgefahr, so das Gericht.

Soliaktion für das Eichhörnchen, November 2011
Quelle: Peter Illert

X.

Im Namen des Volkes

»Es ist dein Prozess, also führe ihn«, erklärte seinerzeit der berühmte Politagitator Fritz Teufel. Der unbequeme Aktivist geriet wegen seiner subversiven Aktionen immer wieder in Konflikt mit der Staatsgewalt. Doch die zahlreichen Anklagen gegen ihn wurden oft zum politischen Happening: Die Herrschenden und das System ›Justiz‹ wurden in ihrer Lächerlichkeit vorgeführt.

Dieser Gedanke der Selbstermächtigung vor Gericht schwirrt in den Köpfen zahlreicher Polit-AktivistInnen herum, die Antirepressionsarbeit nicht auf Aussageverweigerung und Geldsammeln beschränken wollen. Solidarität und konsequentes politisches Handeln geht für sie über Spendenaufrufe für Anwalts- und Gerichtskosten hinaus.

Egal, ob organisiert oder als EinzelaktivistIn unterwegs, ob bei Massendemonstrationen oder bei direkten Aktionen, ob legal oder illegalisiert: Wer sich für den Widerstand von unten entscheidet, begreift sich als AkteurIn des politischen Geschehens, will Aufmerksamkeit erregen, aufrütteln, ist Sand im Getriebe der herrschenden Politik.

Es gibt folglich unterschiedliche Gründe, warum AktivistInnen vor Gericht stehen. Mit Aktionen des zivilen Ungehorsams werden zum Beispiel politische Auseinandersetzungen bewusst in die Gerichtssäle hineingetragen.
Mit Repression und Gerichtsverfahren sehen sich aber auch viele konfrontiert, ohne diese wirklich bewusst in Kauf genommen zu haben. Dem ist so, weil die Staatsmacht nicht weiß, wie sie mit effektiver politischer, selbstbestimmter Gegenwehr von unten umgehen soll, und sich dadurch in Gefahr sieht.
Sich nie erwischen zu lassen und keine Spuren zu hinterlassen, reduziert die mögliche Aktionswirkung. Viele AktivistInnen sehen sich mit platten Vorwürfen überzogen, andere werden gezielt als eine Art Symbolfigur einer politischen Bewegung herausgegriffen, weil ihre Handlungen als für die herrschende Politik störend eingeschätzt werden. Bestraft werden sie nicht primär für ihre Taten, sondern für ihre – aus Sicht der Staatsgewalt – »Schlüsselrolle« im Widerstand. Von Widerstand gegen VollstreckungsbeamtInnen über Beleidigung bis Hausfriedensbruch. Da lässt sich schnell ein Vorwurf konstruieren.

Darauf wird seitens der Antirepressionsgruppen meist mit wiederkehrenden Strategien geantwortet: Aussageverweigerung, Kontakte zu Anwälten vermitteln, UnterstützerInnen für die Prozesse mobilisieren, Geld zum Bezahlen der Strafen, für Anwalts- und der Verfahrenskosten sammeln. Dies stellt eine notwendige Unterstützung für die Betroffenen dar. Bei längeren Prozessen hakt es aber schnell bei der Mobilisierung, so dass Betroffene es der Justiz in der Regel eher einfach machen und sich wie am Fließband aburteilen lassen.
Aus der Opfer-Perspektive kommen sie meist nicht heraus. Sie bleiben Objekte der gegen sie gerichteten Repression.

Im absurden Theater der Justiz gibt es noch mehr Rollen als diese zu vergeben. Zum Beispiel können sich Aktivisten und Aktivistinnen sehr gut in die Rolle eines Robenträgers hineinversetzen.
In einem Gerichtsverfahren spielt der/die VerteidigerIn eine wesentliche Rolle. Er/sie hat Fachwissen und als nicht BetroffeneR die notwendige emotionale Distanz zum Gegenstand des Verfahrens, um die Verteidigung mitzubestimmen. Er/sie muss aber nicht zwangsläufig einE RechtsanwältIn sein – vorausgesetzt, der/die Angeklagte ist dazu bereit, sein/ihr Verfahren in die eigene Hand zu nehmen und sich sowohl mit den politischen als auch den juristischen Umständen des Falls intensiv zu beschäftigen.

Der §138 II der Strafprozessordnung lässt zu, dass eine Person auch ohne Juraabschluss als WahlverteidigerIn vom Gericht genehmigt wird – vorausgesetzt, sie kann das Gericht davon überzeugen, dass sie über die notwendigen Jurakenntnisse verfügt und »vertrauenswürdig« ist.
Die etwas unkonventionelle und subversive Anwendung dieses Paragraphen wird von einem informellen Kreis von Polit-AktivistInnen als »Laienverteidigung« bezeichnet. Die Idee geht auf die Selbsthilfe im losen Zusammenhang von AktivistInnen zurück, die mit spektakulären Aktionen u.a. gegen Castortransporte, Genversuchsfelder und Kohlekraftwerke oder gegen Krieg kämpfen. Ein offensives, aktives Vorgehen vor Gericht ist in ihren Augen ein Zeichen von politischer Entschlossenheit. Das heißt, für seine/ihre Handlung stehen, sich das nötige Fachwissen aneignen, um vor Gericht gegen Repression kreativ und selbstbestimmt agieren zu können. Das heißt (be)kämpfen und nicht unterwürfig sein. Die Justiz ist dazu da, die herrschenden Verhältnisse aufrechtzuerhalten. AktivistInnen bringen sie ins Wanken. Diese subversive Anwendung des Rechts vergrößert die Handlungsmöglichkeiten der Verteidigung. Insbesondere in den üblichen politischen Verfahren, wenn die Rechtslage nicht so kompliziert ist, dass ein Anspruch auf Pflichtverteidigung mit vom Staat bezahlten RechtanwältInnen besteht – denn die Bestellung eines/einer VerteidigerIn ist in Deutschland in der überwiegenden Mehrheit der Fälle vom Geldbeutel des/der Angeklagten abhängig.

Der Knackpunkt bleibt, dass die Mitwirkung eines/einer LaienverteidigerIn davon abhängt, ob dieseR vom Gericht zugelassen wird. Es hat in der Vergangenheit zahlreiche Verfahren mit Laienverteidigung gegeben. In vielen Fällen wurden die WahlverteidigerInnen aber auch abgelehnt. Die Gerichte zeigen hierbei Fantasie. Die Urteilsfabrik »Gericht« soll – bitte schön! – reibungslos laufen. Dass justizkritische Menschen durch eine Bestellung als VerteidigerInnen Organ der Rechtspflege werden, gehört sich für sie nicht.

In einem Fall in Lüneburg wurde einem Aktivisten vorgeworfen, ein Werksgelände durch das offene Tor betreten zu haben, um abgelaufene Kekse aus einer Mülltonne zu nehmen. Seine zunächst ohne Widerspruch oder Bedenken weder des Staatsanwalts noch der Richterin genehmigte Verteidigerin wurde am zweiten Verhandlungstag ausgeschlossen. Das Gericht lieferte die Begründung, ihm sei bekannt geworden, dass die Verteidigerin an einer chronischen Krankheit leide und dies schade der Rechtspflege.

Das Landgericht selbst ließ durchblicken, dass eine politische Betätigung und eine justizkritische Einstellung der Verteidigerin in seinen Augen gegen ihre Genehmigung spreche:
»Frau Lecomte ist, gerichtsbekannt aus u.a. Straf- und GVG-Verfahren, aus gesundheitlichen Gründen (Rheuma) z. T. nur kurze Zeit zur Teilnahme an der Sitzung in der Lage; zudem neigt sie zum Ausdruck von Protest durch Kletteraktionen, u.a. bereits an Amtsgerichten, weswegen ihre Zuverlässigkeit hier nicht gesehen wird.«
Das Oberlandesgericht Celle bestätigte dann im Hinblick auf die rheumatische Erkrankung der Betroffenen die Entscheidung des Lüneburger Landgerichtes:
»Die Ablehnung der Zulassung der Beschwerdeführerin als Wahlverteidigerin ist wegen ihres Gesundheitszustandes im Hinblick darauf gerechtfertigt, dass Belange der Rechtspflege ihrer Zulassung entgegenstehen (vgl. dazu OLG Hamm NStZ 2007, 238)«, schrieb das Oberlandesgericht Celle in Bezug auf die rheumatische Erkrankung der beantragten Verteidigerin.
Die Logik dieser Beschlüsse ist bemerkenswert: Besser gar keine Verteidigerin als eine Verteidigerin, die vielleicht mal einen Termin nicht wahrnehmen kann, weil sie krank wird? Und das soll im Sinne des Angeklagten sein?

Doch auch wenn Gerichte sich mit der Ablehnung einer Wahlverteidigung gegen eine offensive Prozessführung zu wehren glauben, funktioniert die Urteilsfabrik nicht reibungslos. Im Falle des Keksprozesses sorgte die Ablehnung für große Empörung in der Öffentlichkeit, sodass die Vorsitzende Richterin sich schließlich doch dazu genötigt sah, dem Angeklagten einen Rechtsanwalt auf Staatskosten beizuordnen. In den meisten Fällen folgt auf die Ablehnung der Wahlverteidigung eine Flut von Anträgen. In einem Fall in Dannenberg konnte erst nach 16 Verhandlungstagen ein Urteil gesprochen werden – das Verfahren wurde später in der Berufungsinstanz eingestellt. Die Justiz knabberte wieder an der Verteidigungsfrage. In einem anderen Fall in Celle wurde der Angeklagte beim Verlesen von Anträgen einfach aus dem Saal, ja, aus der eigenen Verhandlung, rausgeschmissen. Dies ist fraglos rechtswidrig. Das fehlte ja noch, dass AktivistInnen den RichterInnen die Verhandlung aus der Hand nehmen und den Prozess führen! Da gehen bei der Rechtsgüterabwägung durch die RichterInnen oftmals die Belange der Rechtspflege gegenüber den Grundrechten des/der Angeklagten vor. Welch ein Armutszeugnis!

Quellen:
Aktenzeichen: NZS 29/Ns/1106 Js 21744/10 (16/11) – Landgericht Lüneburg
Aktenzeichen: 2 Ws 37/12 OLG – Oberlandesgericht Celle
Aktenzeichen: 1 AR 3/13 (18 Cs 172/12) – Amtsgericht Celle

Gewaltentrennung und Grundrechte in Potsdam

»Gewaltenteilung ist die Verteilung der Staatsgewalt auf mehrere Staatsorgane zum Zwecke der Machtbegrenzung und der Sicherung von Freiheit und Gleichheit. Nach historischem Vorbild werden dabei die drei Gewalten Gesetzgebung (Legislative), Vollziehung (Exekutive) und Rechtsprechung (Judikative) unterschieden.« Dies ist in der Wikipedia zum Begriff ›Gewaltenteilung‹ zu lesen.
Die Gewaltenteilung wird auf dem Papier großgeschrieben und soll den Rechtsstaat – im Gegensatz zu einem Willkürstaat – verbürgen. Diese schönen Worte sind aber lediglich das Zierstück wirkmächtiger Diskurse einer Scheindemokratie.

Faktisch wird die Gewaltenteilung durch politische Machtinteressen ausgehebelt. Spannend wird es, wenn ausgerechnet gesellschaftliche Akteure/Innen, die den Rechtsstaat verkörpern sollen, die Gewaltenteilung zunichtemachen. Eine Illustration dafür ist das Potsdamer Sondergericht für CastorgegnerInnen.

Ausnahmegerichte sind verfassungswidrig, aber die Bundespolizei weiß dies zu umgehen, wenn es um die Kriminalisierung von politischem Protest geht. Die Behörde ist für die Verfolgung von Ordnungswidrigkeiten nach der Eisenbahn-Bau- und Betriebsordnung (EBO) zuständig. Am häufigsten verhängt sie Bußgelder gegen CastorgegnerInnen, die zum Demonstrieren gegen strahlende Castortransporte auf die Schiene gehen oder sich von Brücken und Bäumen über der Strecke abseilen. Standardmäßig kosten solche Spaziergänge zwischen 25 und 100 Euro. Der Luftraum ist – warum auch immer – teurer: 250 bis 500 Euro. Weil zahlreiche AktivistInnen sich eine Verurteilung ohne Prozess nicht gefallen lassen, legen sie Einspruch gegen die Bußgelder ein. Das ist erstmal eine super Idee, die Behörde erwirkt aber, dass die Prozesse möglichst viel Aufwand und Kostenrisiko für die AktivistInnen bedeuten: Seit einer internen Reform der Bundespolizei im Jahr 2009 werden sämtliche Verfahren zu Ordnungswidrigkeiten im Bereich der Bahnanlagen nur noch vor dem Potsdamer Amtsgericht – statt dezentral in der Nähe vom jeweiligen Tatort – verhandelt. Mit einer neuen internen Aufgabenverteilung nimmt damit die Bundespolizei als Teil der Exekutive also Einfluss auf die Judikative. Dies hat zur Folge, dass der Zugang zum Gericht für die AktivistInnen und UnterstützerInnen erschwert wird: Hohe Fahrtkosten für Betroffene und ZeugInnen, hoher Zeitaufwand. Wer fährt schon von Baden-Württemberg nach Potsdam, um sich gegen 25 Euro Bußgeld zu wehren?

Es gibt eine ganze Reihe unbeugsamer AktivistInnen, die sich zu wehren wissen und den Spieß gerne umdrehen: Sie starten in Potsdam gleich die nächste Aktion. So sorgte im Februar 2013 die Besetzung des Brandenburger Tors in Potsdam durch vier KletteraktivistInnen für Wirbel in der ansonsten eher verschlafenen Stadt. »Stopp Castor« stand auf dem Transparent mit einer sich kopfüber abseilenden Anti-Atom-Sonne. »Das Brandenburger Tor ist ein Wahrzeichen für die Geschichte der Stadt. Über ein solches Erbe freuen sich viele BürgerInnen, aber über

Metelen, Juli 2012, über der Bahnstrecke Gronau-Münster
Quelle: aaaWest

ein atomares Erbe? Was werden die künftigen Generationen dazu sagen?«, fragten die DemonstrantInnen. Bei Gericht wurde währenddessen für eine Gerichtsverhandlung gegen drei CastorgegnerInnen am Tag darauf aufgerüstet. Menschen, die ihre Meinung mittels Transparenten kundtun, sind gefährlich.
Die Wachtmeisterei konnte mitten in der Nacht zwei atomkraft- und justizkritische Banner in den Straßenbäumen vor dem Gerichtsgebäude ausfindig machen und die Feuerwehr mit deren sofortiger Entfernung beauftragen. Vier Groß-Einsatzwagen der Feuerwehr samt Drehleiter wurden dafür mitten in der Nacht mobilisiert. Die AktivistInnen wussten, dass sie mit ihrer Aktion in den Bäumen das Gericht, insbesondere den Landgerichtspräsidenten Ehlert, im Herzen trafen. Aus einem früheren Verfahren im Dezember 2012 war ihnen bekannt, dass dieser partout jegliche Meinungsäußerung in der Nähe des Amtsgerichts zu verhindern sucht. Die KletteraktivistInnen konnten es sich nicht verkneifen, den ach so wichtigen Präsidenten wieder einmal aus seiner Reserve zu locken. – Sie waren erfolgreich.

Per Hausrecht hatte der Potsdamer Landgerichtspräsident das Demonstrieren vor dem Gerichtsgebäude schon im Dezember 2012 verboten, anlässlich einer Gerichtsverhandlung gegen eine »gefährliche« Polit-Aktivistin, der vorgeworfen wurde, aus Protest gegen Castortransporte und Naziaufmärsche auf Brücken und einen Bahnhof mit Transparenten geklettert zu sein.
»1. Es wird klargestellt, dass sich das Hausrecht des Präsidenten des Landgerichts Potsdam auf die Freifläche zwischen dem Gebäude des Justizzentrums und der Jägerallee erstreckt.
2. Es ist untersagt, auf der unter Ziff. 1 bezeichneten Fläche auf Bäume oder Fahnenmasten zu klettern. [...]
4. Es ist untersagt, Plakate und Propagandamaterialien aller Art (Aufkleber, Flyer, Trillerpfeifen etc.) sowie Permanent-Filzstifte (sogenannte Eddings) in das Gebäude des Justizzentrums mitzunehmen.« Das stand auf der Sicherheitsverfügung an der Tür.
Ein Landgerichtspräsident kann demnach also per Verfügung sein Hausrecht auf öffentliche Flächen wie Gehsteige oder Straßen erweitern, um dort das Grundrecht auf Meinungs- und Versammlungsfreiheit außer Kraft zu setzen. Denn wie sollte gegen die Verfügung eines Landgerichtspräsidenten schon vorgegangen werden können?
Geschickter Weise wurde die Verfügung absichtlich erst so knapp vor Prozessbeginn veröffentlicht, dass die Betroffene sich dagegen nicht wehren konnte und ihr Eilantrag vor dem Verwaltungsgericht auf Aufhebung der Verfügung erst nach Prozessende mit einem knappen »hat sich durch Zeitablauf erledigt« beschieden wurde. Ein Landgerichtspräsident weiß, wie er Menschen rechtlos stellen und die Gewaltenteilung aushebeln kann. Eine Sicherheitsverfügung auf öffentlichem Grund, die das Demonstrieren dort einschränkt, darf allerdings juristisch allenfalls bei begründeter Gefahrenprognose von der Versammlungsbehörde, also der Exekutive, erlassen werden – und nicht durch die Judikative!

Der Landgerichtspräsident behauptete seinerseits, er habe mit der für das Ordnungswidrigkeitsverfahren zuständigen Amtsrichterin, Frau Ahle, Rücksprache gehalten. Doch davon wollte diese in der Hauptverhandlung gegen die Kletteraktivistin einfach nichts wissen. In einem Befangenheitsantrag gegen die Richterin trug die Aktivistin vor, die Amtsrichterin sei für die Sitzungspolizei der Verhandlung zuständig und habe zu gewährleisten, dass der Zugang zum Gerichtssaal ohne Hindernisse und Diskriminierung erfolge. Die Sicherheitsverfügung sei unverhältnismäßig und verletze das Gebot der Öffentlichkeit. Die Gerichtsöffentlichkeit werde durch die Verfügung und die entsprechend durchgeführten Kontrollen pauschal als »StörerIn« betrachtet, nur weil es sich bei den ZuhörerInnen um AtomkraftgegnerInnen und AntifaschistInnen handle.

Dass sie nicht befangen ist, entschied Richterin Ahle selbst – per Ankreuzformular! »Der Befangenheitsantrag der Betroffenen wird als unzulässig zurückgewiesen«, stand auf dem Formular. Angekreuzt wurde als Grund: »Er bezweckt eine Verzögerung des Verfahrens und eine Verunglimpfung der Richterin.« Die Beweiserhebung verlief ähnlich. Richterin Ahle verfolgte die Beweisanträge mit sichtlichem Desinteresse, Däumchendrehen und Brillekauen. Die Anträge wurden fließbandmäßig mittels vorgedruckter Ankreuzformulare sämtlich abgelehnt. Frau Ahle wollte den Prozess möglichst schnell vom Tisch haben. Mit Grundrechten müssen es RichterInnen anscheinend nicht so genau nehmen – über sie urteilt keiner. Als Organe der Rechtspflege schützen sie sich gegenseitig.

Das Wort »Gerechtigkeit« wird in den Büchern über den Rechtsstaat auch gerne großgeschrieben. Als Personifikation der Gerechtigkeit ist die Symbolfigur der Justiz, die Justitia, blind. Ihre Binde vor den Augen steht für Unparteilichkeit, also das Richten ohne Ansehen der Person. Sie erforscht »die Wahrheit«. Die Wahrheitsfindung ist in Potsdam nicht nur wegen der Ankreuzformulare von Frau Ahle spannend. Das Sondergericht für CastorgegnerInnen besteht aus zwei Richterinnen – zwei Menschen, zwei Wahrheiten. Für eine Aktivistin wurden bei Richterin Ahle im Dezember 2012 aufgrund der Besteigung von zwei Brücken und eines Bahnhofsdachs im Namen des Volkes 200 Euro Bußgeld als angemessen und gerecht befunden. Für einen Mittäter waren bei Richterin Von Bülow am Tag darauf dagegen null Euro angemessen – es lag letztlich vier Jahre nach den Taten kein öffentliches Interesse mehr an der Verfolgung, das Verfahren wurde eingestellt. »Liebe Frau Von Bülow, liebe Frau Ahle, herzliche Grüße von der Schiene«, stand auf einem über der Bahnlinie Gronau-Münster aufgehängten, kleinen Transparent im Juli 2012 bei der Luft-Blockade eines mit strahlendem Uranmüll beladenen Zuges aus der Uran-Anreicherungsanlage der Firma URENCO. Der Atomausstieg ist – leider – noch weit entfernt, das Wiedersehen in Potsdam ist vorprogrammiert. Den Willen der Ungehorsamen, weiter zu kämpfen und Aktionen zu machen, bremst das Justiztheater im Namen des Volkes nicht.

Nach Einlegung einer Rechtsbeschwerde gegen die Verurteilung zu insgesamt 200 Euro Bußgeld durch die Potsdamer Amtsrichterin Ahle hob das Brandenburgische Oberlandesgericht Ende 2013 das Urteil auf und stellte das Verfahren endgültig ein.

Quellen:
Aktenzeichen: 89 OWi (229/12) – Amtsgericht Potsdam – Verfahren von Februar 2013
Aktenzeichen: 75 Owi (29/12) ; 89 OWi (57/12) ; 89 Owi (56/12) ; 89 Owi (55/12) – Verfahren von Dezember 2012 – Amtsgericht Potsdam
Aktenzeichen: 5330 E – 1211 1 – Sicherheitsverfügung des Potsdamer Landgerichtspräsidenten

Absurde Gerichtsposse mit Richterin im Zeugenstand

Für etwas Aufsehen und Empörung sorgte in Lüneburg der so genannte Keksprozess. Meinem Bauwagennachbarn Karsten wurde vorgeworfen, das Grundstück der Lüneburger Firma Scholze betreten zu haben, um abgelaufene Kekse aus einer Mülltonne zu klauen. Solch eine Lappalie wird in der Regel wegen Geringfügigkeit eingestellt – nicht aber im Falle eines politischen Aktivisten, der schon länger im Visier der Staatsanwaltschaft steht – Karsten ist hartnäckiger Atomkraftgegner! Ganze vier Tage wurde wegen dieser Lappalie vor dem Lüneburger Amtsgericht verhandelt. Richterin Lindner verweigerte Karsten seine elementaren Verteidigungsrechte und machte von Ordnungsmaßnahmen gegen kritische ZuschauerInnen und den Angeklagten Karsten reichlich Gebrauch. Das Ergebnis war eine Verurteilung nach der Helligkeit des Tages. Der Angeklagte habe zwar das Gelände durch ein offenes Tor betreten. Der Tatbestand des Hausfriedensbruchs sei aber trotzdem erfüllt, weil das Betreten zur Nachtzeit erfolgte (Mensch braucht nicht zu suchen, davon ist nichts im Gesetz zu finden!). Ich durfte in Folge dieses Prozesses dann wegen »Ungebühr« vor Gericht die Justizvollzugsanstalt in Preungesheim für drei Tage kennenlernen. Aber das ist eine andere Geschichte. In der Hauptsache war längst nicht das letzte Wort gesprochen worden, es ging vor dem Landgericht weiter und endete nach fünf Verhandlungstagen um Kekse aus einer Mülltonne mit einem Freispruch.

Die Ordnungshaft gegen mich und die Verurteilung von Karsten waren der Justiz nicht absurd genug. Gegen einen kritischen Zuschauer im Keksprozess wurde ein Verfahren eingeleitet. Er soll Widerstand geleistet haben, als er aus dem Saal verwiesen und weggetragen wurde. Das klingt nach einem Racheakt der Staatsanwaltschaft gegen einen unliebsamen Aktivisten, der die Autorität einer – vollkommen überforderten – Richterin Lindner nicht anerkennen mag. Gehorsam soll mit strafrechtlicher Verfolgung erzwungen werden. Und hierzu sind alle Mittel gut. Passen die Aussagen der ZeugInnen nicht ins Bild der Anklage, sollen sie nochmal vernommen werden, bis ihre Worte in die Schublade »Widerstand gegen Vollstreckungsbeamte« passen.

Im Gesetzeskommentar zur Strafprozessordnung Meyer-Goßner; Vor § 141 GVG; 10. Titel. Staatsanwaltschaft; Randnummer 8 steht: »Die Staatsanwaltschaft ist nicht Partei im Strafprozess. [...] Die Staatsanwaltschaft hat während des ganzen Verfahrens Belastendes und Entlastendes gleichermaßen zu berücksichtigen.« An diese gesetzliche Vorgabe hält sich die Staatsanwaltschaft in der Praxis nicht. Wenn ein Polit-Aktivist Kekse aus einer Mülltonne nimmt, wird von der Staatsanwaltschaft das öffentliche Interesse an der Strafverfolgung bejaht. Wenn die Zeugenaussagen von PolizeibeamtInnen oder Justizbediensteten widersprüchlich und nicht genügend belastend sind, werden die ZeugInnen, die den Beschuldigten zu sehr entlasten, erneut geladen – in der Hoffnung, von ihnen eine andere Aussage zu bekommen. Und dann ist es auch egal, was herauskommt. Das Entlastende wird ignoriert und eine Anklage gefertigt... wie nun im Keksprozess-Zuschauer-Verfahren gegen Christian.

Die ersten Vernehmungen der Zeugen Ekkel und Mittendorf waren widersprüchlich. »Er hat sich dabei schwer gemacht. Er hat auch versucht, sich irgendwo festzuhalten, das war aber nicht störend. Er hat nicht um sich geschlagen oder getreten. [...] Aus meiner Sicht hat er bei der ganzen Aktion eher passiven Widerstand geleistet, er hat sich einfach von uns wegtragen lassen«, erklärte Ekkel in seiner ersten Zeugenvernehmung. Der Zeuge Mittendorf erzählte eine andere Geschichte: »Der ließ sich richtig hängen und riss dann noch Stühle um, als er weggetragen wurde.«

Herr Brosy, der Gruppenführer der handgreiflichen Wachtmeister, wurde ein einziges Mal vernommen; seine Aussage war in den Augen der Staatsanwaltschaft belastend genug: »Er hat sich auf der Bank regelrecht festgeklammert. Ich hielt mich zu dem Zeitpunkt hinter der Person auf. Ich habe ihn kräftig an dem Unterarm gepackt, dieses hat ausgereicht, dass er von der Bank abgelassen hat und ich dann den Arm nehmen und zu einem Kreuzfesselgriff führen konnte. Insgesamt kann man schon sagen, dass sich die Person nicht so verhalten hat, dass wir ihn leicht rausbekommen konnten. Er hat sich eher gegen die Maßnahme gewehrt, indem er sich in die Sitzbank gedrückt hat und unserer Aufforderung nicht nachgekommen ist.«

Im Gesamtergebnis enthielten die Aussagen zu viele Widersprüche und zu wenig belastende Inhalte für eine Anklage. Die Staatsanwaltschaft mischte sich ein und verlangte eine erneute Vernehmung der Zeugen, die den Beschuldigten entlastet hatten.

»[...] die Zeugen Ekkel und Mittendorf im Hinblick auf die Bl. 35. d.A. aufgezeigten Widersprüche zu den Angaben des Zeugen Brosy nochmals zu vernehmen. Der Zeuge Ekkel möge seine Angaben, wonach sich der Angeschuldigte ›schwer gemacht‹ und ›versucht habe sich festzuhalten‹ konkretisieren. [...] Der Zeuge Mittendorf möge das ›Hängenlassen‹, Bl. 12, und das ›Umreißen der Stühle‹ erläutern. [...]«

Es folgte eine erneute Zeugenvernehmung... »Aus meiner Sicht hat er sich gegen unsere Maßnahme nicht aktiv gewehrt, sondern hat sich passiv gehalten, er hat sich hängen lassen wie ein nasser Sack. Aus meiner Sicht hat er sich auch nirgendwo gegengestemmt«, schilderte der Zeuge Ekkel. Auch der Zeuge Mittendorf wurde ein zweites Mal vernommen. Seine Aussage blieb widersprüchlich: »Er hat das Tragen nicht aktiv unterstützt. Er ist die ganze Zeit vollkommen passiv geblieben. Gesagt hat er meines Wissens nichts. Er hat eigentlich die ganze Zeit nur gelächelt. Als er dann hinten im Bereich der Arme gepackt wurde, um rausgetragen zu werden, hat er die Beine breit gemacht, er hat dabei richtig Spagat gemacht, und dabei einen Stuhl umgerissen und eine Bankreihe, nämlich die zweite Sitzbankreihe ein Stück mitgezogen, da hat er sich mit dem Fuß hinter verhakt. [...] Mit hängen meine

ich, dass er sich in den Griff hat fallen lassen. [...] Dabei hat er sich richtig sacken lassen. Er hat das Tragen in keinster Weise aktiv unterstützt, sondern blieb dabei vollkommen passiv, nahezu bewegungslos.«
Das reichte für die Staatsanwaltschaft, die den Erlass eines Strafbefehls beantragte.

Für das Verfahren wäre nach Geschäftsverteilungsplan die Keksprozess-Richterin, also Richterin Lindner, zuständig gewesen. Sie erklärte sich allerdings für befangen... Was ja auch logisch ist. Den Rauswurf des Zuschauers ordnete sie im Keksprozess persönlich an – einmal packte sie sogar mit an! Für das neue Verfahren galt sie als Zeugin. Richterin Schmeer übernahm das Verfahren. Ihr kann zugute gehalten werden, dass sie den Strafbefehl nach Aktenlage nicht unterschrieb und auf Grund der unklaren Beweislage einen Termin zur Hauptverhandlung festsetzte. Als ZeugInnen wurden die drei Justizbeamten und die Keksprozess-Richterin, Richterin Lindner, geladen.

Die vorsitzende Richterin Schmeer schien sich vor Beginn der Hauptverhandlung Gedanken über das Verfahren gemacht zu haben. Konfrontationen wollte sie augenscheinlich möglichst aus dem Weg gehen. Um die Einhaltung der eigenen Gesetze war sie jedenfalls bemüht. An der Absurdität des Justizsystems änderte es nicht viel, führte aber zu einer entspannteren Situation als sonst, die in keiner Weise mit der im »Keksprozess« zu vergleichen war.

Der Angeklagte beantragte gleich zu Beginn der Verhandlung meine Genehmigung als seine Wahlverteidigerin nach §138, Absatz II der Strafprozessordnung. Richterin Schmeer wusste wohl über die Kletteraktivistin mit Spitznahmen Eichhörnchen Bescheid. Es spricht sich bei der Justiz einiges herum. Sie gab dem Antrag von Christian ohne weitere Nachfrage statt. Nur dessen, dass kein Antrag auf DolmetscherIn für die französische Verteidigerin folgen würde, wollte sie sich vergewissern. Dies verrät etwas die Furcht vor einer Flut an Anträgen, die ein schnelles Urteil verhindern.

Sehr spannend gestaltete sich die Vernehmung von Richterin Lindner als Zeugin nicht. Ausschlaggebend für die Einstellung des Verfahrens nach einer Stellungnahme der Verteidigung über die Beweisaufnahme war sie aber schon.
Keksprozess-Richterin Lindner wollte sich als Zeugin nicht allzu weit aus dem Fenster lehnen. Sie behauptete, sie würde sich an das Geschehen vor sechs Monaten nicht mehr erinnern. Sie könne nur sagen, dass es um den Ausschluss eines Zuschauers aus dem Gerichtssaal ging. Weswegen er herausgebeten wurde und ob der Zuschauer ermahnt und angehört worden war, konnte sie nicht mehr sagen. Allgemein sei der Prozess turbulent gewesen und sie sei mit Ordnungsmaßnahmen gegen viele ZuschauerInnen – auch gegen den damaligen Angeklagten Karsten – vorgegangen.
Es war ihr augenscheinlich unangenehm, im Zeugenstand zu sitzen und Fragen von zwei AktivistInnen in der Rolle des Angeklagten und der Verteidigerin beantworten zu müssen. Vor allem im Hinblick darauf, dass sie sowohl den Angeklagten als auch die jetzige Verteidigerin im Laufe des Verfahrens gegen Karsten mehrfach aus dem Saal verwies, weil diese aus dem Publikum ihre willkürliche Prozess-

führung kommentierten (Karsten erhielt keine vollständige Akteneinsicht, seine Verteidigerin wurde aus der Verhandlung ausgeschlossen, Karsten wurden Pausen zum Beraten und Schreiben von Anträgen verweigert, Richterin Lindner entschied selbst über die eigene Befangenheit, statt den Antrag einem Kollegen vorzulegen, etc.).

In einer anschließenden Stellungnahme beantragte die Verteidigung die Einstellung des Verfahrens – ein übliches Vorgehen bei Bagatelldelikten und unklarer Sachlage.
Ich wies auf die widersprüchlichen Aussagen der Justizwachtmeister und auf die unrichtigen Angaben des einzigen belastenden Zeugen hin, der eine Ingewahrsamnahme des Angeklagten auf dem Polizeirevier im Anschluss an das Wegtragen herbeiphantasiert hatte und deswegen unglaubwürdig wurde. Die ZeugInnen zeigten sich bei ihrer Vernehmung sehr verunsichert, denn die wussten nicht mehr, wer von beiden Personen auf der Anklagebank nun angeklagt war, eine Aktivistin als Verteidigerin, das kann doch nicht sein…
Ich nahm weiter Bezug auf die Aussage von Richterin Lindner im Zeugenstand. Die Zeugin habe keine Klarheit über die rechtliche Grundlage der von ihr angeordneten Maßnahme schaffen können, da sie behauptet habe, sich nicht mehr erinnern zu können. Aus dem Protokoll der damaligen Sitzung war ebenfalls keine Begründung für den Rauswurf des Zuschauers zu entnehmen, angehört wurde er bei dem Rauswurf auch nicht – alles gesetzliche Vorgaben, die Richterin Lindner missachtete.
Diese Umstände würden erhebliche Zweifel an der Rechtmäßigkeit des Rauswurfes der damaligen Anordnung begründen. Widerstand ist aber nur dann strafbar, wenn die Amtshandlung rechtmäßig war (§ 113 III Strafgesetzbuch).
Die Staatsanwaltschaft stimmte der Einstellung ohne Kommentar zu. Nach zwei Stunden Verhandlung wurde die Akte der absurden Gerichtsposse geschlossen. Aber nur, um auf die nächste zu warten…

»Nach der Auffassung von Stefan Mappus (ehemaliger Ministerpräsident von Baden-Württemberg) bin ich Berufsdemonstrant«, erklärte Christian sinngemäß bei der Frage nach Ausbildung und Beruf zu Beginn der Hauptverhandlung. Um dieser Berufsbezeichnung gerecht zu werden, beteiligten wir uns nach dem Prozess an Solidaritätsaktionen gegen die Räumung eines als Kulturzentrum eingerichteten besetzten Hauses in der Frommestraße in Lüneburg. Am Nachmittag hingen zwei Eichhörnchen an einer Fassade über der Abrissbaustelle des Lüneburger Immobilieninvestors Sallier. »Die Stadt gehört allen!« war darauf zu lesen. Und weil viele AktivistInnen sich den Machenschaften des Investors und der Macht des Profits über Menschen widersetzten, wird die Staatsanwaltschaft die nächsten Verfahren gegen unbequeme DemonstrantInnen einleiten… Die nächste Gerichtsposse kommt bestimmt.

Quelle:
Aktenzeichen: 13 Cs 1108 Js 5823/11 (65/11) – Amtsgericht Lüneburg

Gehorsam kann mensch nicht erzwingen

September 2008: Weil sie sich weigerte, ein Bußgeld in Höhe von fünf Euro zu bezahlen, wurde eine Atomkraftgegnerin von der Bundespolizei verhaftet und für 24 Stunden in Erzwingungshaft gesteckt. Die Justiz legte ihre ganze Absurdität offen.

Im November 2007 wurde die Aktivistin nach dreistündiger Verhandlung zu einem Bußgeld in Höhe von fünf Euro verurteilt. Der Vorwurf lautete »Betreten einer Bahnanlage«, Hintergrund war eine Schienendemonstration gegen einen Atomtransport im Jahr 2008. Doch die Aktivistin weigerte sich, das Bußgeld zu bezahlen; ein Umstand, der die Richterin des Amtsgerichts Hannover, namentlich Frau Busch, wütend machte.

Wenige Monate später, anlässlich einer weiteren Gerichtsverhandlung – schon wieder wegen Betretens einer Bahnanlage, dieses Mal aber über den »Luftweg» oberhalb der Schiene« – wurde die Aktivistin zu einem höheren Bußgeld in Höhe von 250 Euro verurteilt. Richterin Busch bezeichnete die Betroffene als »Überzeugungstäterin« und wertete ihr Urteil als »Erziehungsmaßnahme«, die der »Allgemeinprävention« diene. Gleichzeitig drückte sie der Kletteraktivistin einen Beschluss über die Anordnung eines Tages Erzwingungshaft wegen Nicht-Bezahlung der fünf Euro in die Hand. Schließlich geht es vor Gericht nicht um Gerechtigkeit, sondern um das Aufrechterhalten der herrschenden Verhältnisse und um die Durchsetzung von Herrschaft und Ordnung.

»Gehorsam kann man nicht erzwingen«, erwiderte die ungehorsame Aktivistin in einem offenen Brief an die Amtsrichterin. Der Brief kam als Antwort auf die Ladung zum Haftantritt in der JVA Hildesheim. Sie kündigte an, die Haft nicht freiwillig anzutreten und erläuterte ausführlich ihre Beweggründe. Freiwillig wolle sie nicht ins Gefängnis gehen, den Zeitpunkt ihres Gefängnisaufenthaltes wolle sie schon selbst bestimmen! Am 23. September 2008 kam es schließlich zur Verhaftung. Im Wald vor Dannenberg standen bereits Monate vor einem Castortransport nach Gorleben Polizeicontainer zur Überwachung der Bahnstrecke bereit. Die PolizistInnen reagierten äußerst aggressiv auf Menschen, die sich dem »gefährdeten Objekt Bahn« näherten. Vor allem, wenn sie Widerstandssymbole in der Form von gelben X-en aus Holz in den Bäumen aufhängten…

Die BundespolizistInnen zeigten sich etwas verdutzt, als sie bei einer Durchsuchung der Aktivistin die Ladung zum Haftantritt in ihrer Jackentasche fanden. »Ist das noch aktuell?« fragten sie. »Wir werden sie doch nicht für fünf Euro festnehmen, sie will uns an der Nase herumführen«, merkte einer der PolizistInnen an. Die BeamtInnen konnten weder verstehen, dass die Staatsanwaltschaft auf Erzwingungshaft bestand, noch, dass die Aktivistin die fünf Euro nicht zahlen wollte. Schließlich wurde sie vorschriftsmäßig gefesselt und zur JVA Lüneburg gebracht. Das dortige Gefängnis ist eigentlich eine Untersuchungshaftanstalt für Männer, aber sowohl die Polizei als auch die Justizvollzugsanstalt sahen sich in so kurzer

Sie haben die auferlegte Geldbuße von 5 Euro nicht gezahlt. Daher war gegen Sie eine Erzwingungshaft anzuordnen, deren Dauer mit 1 Tagen angemessen erschien.

5-Euro-Beschluss vom Amtsgericht Hannover

Zeit logistisch nicht in der Lage, die Gefangene zum zuständigen Gefängnis nach Hildesheim zu transportieren.

Die Bürokratie nahm also ihren Lauf. Der Weg führte durch unzählige gepanzerte Stahltüren. Allein die Zugangszelle des Gefängnisses war mit zwei Türen ausgestattet und extrem kahl gestaltet. Es kam kaum Licht hinein, durch das Fenster war nur Stacheldraht zu sehen. Der Gefangenen war bewusst, dass sie aufgrund der Umstände in einer privilegierten Situation war, sie war ja schließlich »fast freiwillig« und nur für 24 Stunden in der Vollzugsanstalt, dennoch vermittelte die Umgebung ihr deutlich das Gefühl des Eingesperrtseins. Entspannen konnte sie sich nicht. So nutzte sie die Zeit zum Lesen und Nachdenken. Zeit hatte sie, als einzige Frau im Männerknast. Weder Duschen, noch Hofgang oder Umschluss war möglich, da im Männerknast keinerlei Möglichkeit für Frauen dazu bestand.

Die Schließer zeigten sich bemüht und freundlich. Eine Mischung aus Bewunderung und Unverständnis für die Haltung der Aktivistin war festzustellen. Die Beamten fragten regelmäßig nach, ob sie etwas brauche und suchten unablässig das Gespräch: »Ich kenne Sie aus der Zeitung, Sie besetzen Bäume.« Oder: »Ich würde nicht für fünf Euro ins Gefängnis gehen.« »Darf ich ein Autogramm bekommen?« Letzteres verweigerte die Aktivistin mit den Worten: »Nicht wenn Sie Ihre Uniform tragen und die Gewalt dieses Staates vertreten.«

Nach einigen Stunden bekam die Gefangene Besuch vom Abteilungsleiter der Anstalt. In seiner Begrüßung nannte er sie »Umweltaktivistin«. Er erkundigte sich nach ihrem Befinden und fragte sie, ob sie die fünf Euro nicht doch zahlen wolle. Schließlich stünde die Nachricht schon in der Zeitung, die Aktivistin habe ihr Ziel ja erreicht. Die Gefangene nahm die Nachricht mit Freude zur Kenntnis, lehnte jedoch das »Angebot« der vorzeitigen Entlassung entschieden ab. Am frühen Morgen bekam sie Besuch von einer anderen Aktivistin, die ihr beschrieb, wie schnell die Nachricht sich verbreitet habe und für Kopfschütteln über die Justiz sorge. Nach 24 Stunden wurde die Aktivistin aus der JVA entlassen.

Der Fall sorgte für Wirbel und Aufregung bis in die bürgerlichen Spektren. Die Grünen starteten eine Anfrage im Landtag. Ungefähr 210 Euro sollen die 24 Stunden den Staat gekostet haben.
Ist das nicht absurd? Die Justiz hatte der Aktivistin für 210 Euro Zeit geschenkt, sich philosophische Gedanken über dieses verrückte System zu machen. Sie fand sich zum großen Teil im Begriff des Absurden und der permanenten Revolte des französischen Philosophen Albert Camus wieder. Zusammengefasst schrieb dieser: Der Mensch fühlt, wie »fremd« alles ist, die Außenwelt und ihre Sinnlosigkeit bringen ihn/sie, der/die stets nach Sinn strebt, in existentielle Konflikte. Diese Situation kann, so Camus, der Mensch nur überwinden, indem er sie anerkennt und handelt. Der Mensch befindet sich in der Revolte.

»Manche mögen mich für verrückt halten, wegen fünf Euro ins Gefängnis zu gehen«, erläuterte die Aktivistin bei ihrer Entlassung, »aber durch meine Handlung verleihe ich meiner Revolte gegen dieses System entschiedenen Ausdruck. Der Staat hat auf diese absurde Maßnahme bestanden. Ich nicht. Also es ist nicht meine Maßnahme, es ist nicht mein System, ich fühle mich ihm gegenüber fremd und wehre mich. Diese Erfahrung hat mich in meinem Engagement auf jeden Fall gestärkt.« Die fünf Euro hat sie nie bezahlt, sie schuldet sie dem Staat bis heute.
Ihre Entschlossenheit weiß die Aktivistin mit Fantasie zu zeigen. Das nächste Bußgeld in Höhe von 250 Euro wurde über einen Zeitraum von drei Jahren mit der Aktion »Cent im Getriebe« bezahlt. Dutzende Menschen zahlten jeweils bei irgendeinem Amtsgericht mit Centstücken auf das Aktenzeichen des Verfahrens bei der Zahlstelle eines Gerichts ein. Die Aktion verfehlte nicht ihr Ziel: Immer wieder beschwerte sich ein Gericht über den hohen Verwaltungsaufwand. Genau darauf zielte die Aktion ab: dem System seine Absurdität vorzuführen.
Die Strafe sollte der »Generalprävention« dienen, so Richterin Busch in ihrem schriftlichen Urteil – weil die Aktivistin sich zuvor so uneinsichtig zeigte. Dutzende von Menschen, also die Allgemeinheit, zeigten mit ihrer Beteiligung an der Aktion »Cent im Getriebe«, was sie von Strafe im Allgemeinen halten! Nichts. Überhaupt nichts!

Quellen: AZ: 260 OWi 1161 Js 77716/07 (488/07) - Amtsgericht Hannover
Anmerkung: Albert Camus: Der Mensch in der Revolte. Rowohlt, Reinbek (1953) 2006

Das niedersächsische Dorf Gorleben steht seit Jahren im Mittelpunkt der Auseinandersetzung um das – unlösbare – Atommüllproblem. Manche glauben sogar, dass in die Tiefe des niedersächsischen Salzbergwerkes bereits Atommüll eingelagert wurde. Das hätte die Atomlobby nämlich gerne: Aus den Augen, aus dem Sinn wäre der Müll dann. Ein bequemer Entsorgungsnachweis für den Weiterbetrieb von Atomanlagen. Dem ist aber dank des hartnäckigen jahrelangen Protests weiter Teile der Bevölkerung nicht so. Der Müll »zwischenlagert« für Jahrzehnte, wenn nicht eine Ewigkeit in einer Halle, die auch von der einheimischen Bevölkerung als »Kartoffelhalle« bezeichnet wird. Besser geschützt als die Kartoffeln der Bauern ist der Müll nämlich nicht. Mit Maßnahmen und Initiativen à la »AK-End« (Arbeitskreis Endlager unter der rot-grünen Regierung Anfang der 2000er) oder auch seit Neuem dem »Endlagersuchgesetz« will uns die Politik von oben den Eindruck vermitteln, sie suche aktiv nach einer Lösung und wolle nun doch endlich die Mitwirkung der »Zivilbevölkerung« an den Entscheidungen ermöglichen. Welch eine Heuchelei sich hinter diesen großen Worten verbirgt, zeigt sich an der jüngsten Ankündigung vom Frühjahr 2013: Gorleben bleibt bei der Endlagersuche im Rennen, aber die Castortransporte nach Gorleben werden ausgesetzt, um den Standort angeblich politisch nicht weiter zu zementieren und den Konflikt zu besänftigen. Voraussetzung ist, dass andere Bundesländer die nächsten Castorbehälter aus den Plutoniumfabriken La Hague und Sellafield aufnehmen. Die Grünen zeigen dabei, wie die Partei zum jahrelangen Protest von AtomkraftgegnerInnen steht: Nach Brunsbüttel an die Küste oder nach Philippsburg unweit der französischen Grenze soll der Müll nun am allerliebsten hin. Die Logik, die sich dahinter verbirgt? Je kürzer der Landweg für die Castoren in Deutschland, umso geringer ist die mögliche Behinderung durch DemonstrantInnen! Politische Interessen lenken weiterhin die Atommüllpolitik.

Schon jetzt wird um den Atommüll im Zwischenlager Gorleben gemauschelt. In der Vergangenheit redete die für die Sicherheit von Atomanlagen zuständige Umweltministerin und Doktorin der Physik, Angela Merkel, die über die zulässigen Grenzwerte gemessene radioaktive Kontaminierung von Castorbehältern klein: »In jeder Küche kann beim Kuchenbacken mal etwas Pulver daneben gehen.«
Die schleichende Verseuchung der Umwelt durch das Zwischenlager Gorleben im »Normalbetrieb« wird ebenfalls gerne vertuscht. 2011 kam es jedoch zu einem Eklat. Der Niedersächsische Landesbetrieb für Wasserwirtschaft, Küsten- und Naturschutz hatte mit seinen Messungen aus dem ersten Halbjahr 2011 einen Wert für das laufende Jahr prognostiziert, mit dem der Grenzwert bereits überschritten wäre. Das ging aus dem Protokoll einer Umweltausschuss-Sitzung im Landtag hervor. Der Grenzwert für die zusätzliche Jahresdosis liegt bei 0,3 Millisievert pro Jahr. Zum Zeitpunkt der Halbjahr-Messungen hatte das Niedersächsische Umweltministerium immer nur den warnenden Prognosewert von 0,27 nach außen kommuniziert. In dem Protokoll wurde jedoch ganz klar der Prognosewert 0,32 genannt.
Er setzt sich zusammen aus der Netto-Neutronendosis von 0,22 Millisievert und der Netto-Gammadosis von 0,10 Millisievert. Die Physikalisch-Technische Bun-

desanstalt hatte dann ebenfalls im Auftrag des NMU in Gorleben gemessen und kam auf einen Prognosewert von insgesamt 0,21 Millisievert.

Die Bundesanstalt hatte allerdings zuvor einen höheren Wert an natürlicher Hintergrundstrahlung abgezogen: 0,63 Millisievert gegen die 0,51, die der Niedersächsische Landesbetrieb für Wasserwirtschaft in Abzug gebracht hat. Wenige Monate später wurden die Bedenken ohne Erklärung einfach vom Tisch gewischt. »Der Grenzwert für Radioaktivität an der Castorhalle konnte nur mit Schmutz und Betrug niedrig gehalten werden«, kommentierte die Vorsitzende der Bürgerinitiative Lüchow-Dannenberg. Der Strahlenprognose des Ministeriums habe ein viel zu hoher Wert für natürliche Radioaktivität zugrunde gelegen, der von den Messwerten abgezogen worden sei, um auf dem Papier die Grenzwerte einzuhalten.

Zahlreiche Umweltorganisationen bemängelten die fehlerhafte Berechnung von Strahlenmesswerten und die Täuschung der Öffentlichkeit durch das Umweltministerium. Ausgeklammert wurde in der Debatte außerdem, dass ein Strahlungswert unterhalb des Grenzwerts nicht mit »gefahrlos« gleichzusetzen ist. Ein Grenzwert ist der Ausdruck davon, wie viele Schäden, Krankheiten und Tote gesellschaftlich verträglich sind. Auch eine niedrige Strahlung erhöht das Krankheitsrisiko, insbesondere bei Kindern, wie eine Kinderkrebsstudie von 2007 gezeigt hat. Ohne über Grenzwerte hinausgehende Strahlung besteht bei Kindern in der Nähe von Atomanlagen ein nachgewiesenes deutlich erhöhtes Krebsrisiko (um 60% erhöht, Leukämie um 120%).
Jeder Castorbehälter im Zwischenlager Gorleben enthält außerdem so viel radioaktives Material, wie bei der Reaktorkatastrophe von Tschernobyl freigesetzt wurde. 113 Behälter liegen derzeit im Zwischenlager. Und es wird weiter Atommüll produziert – für den es weltweit keine Lösung gibt. Schluss mit der Produktion, fordern zahlreiche AtomkraftgegnerInnen.

Vor Gericht stehen aber weder die AtommüllproduzentInnen, noch die für diese unverantwortliche Atommüllpolitik zuständigen Menschen. Um die Toten des »Normalbetriebs« und des »Restrisikos« kümmert sich niemand. Erhöhte Krebs- und Leukämieraten werden für den Weiterbetrieb von Atomanlagen weltweit in Kauf genommen. Der Atomstaat erhebt im Auftrag der AtombetreiberInnen Anklage gegen Menschen, die die Risiken nicht ohne Protest hinnehmen wollen.
Und wer mit Aktionen des zivilen Ungehorsams für eine bessere Welt kämpft, braucht einen langen Atem! An insgesamt 18 Tagen wurde zwischen dem Sommer 2010 und 2011 gegen eine Umweltaktivistin vor dem Amtsgericht Dannenberg und dem Landgericht Lüneburg verhandelt. Hintergrund war eine Demonstration im Sommer 2008 am Atommüllzwischenlager Gorleben. Der Aktivistin wurde Hausfriedensbruch vorgeworfen, weil sie im Laufe der Protestaktion durch den äußeren Zaun der Anlage durchschlüpfte. Die Betreibergesellschaft des Zwischenlagers, die Gesellschaft für Nuklearen Service, hatte Strafantrag gestellt. Dahinter steckten die Betreiber von Atomanlagen: EON, EnBW, RWE und Vattenfall.

Der »Zaunprozess« zog sich in die Länge, weil Amtsrichter Stärk der unverteidigten Angeklagten die Akteneinsicht verweigerte. Später beantragte sie die Genehmigung eines/einer WahlverteidigerIn, der/die, ohne Anwalt zu sein, rechtskundig und somit nach dem §138 II der Strafprozessordnung genehmigungsfähig war. Dadurch gelangte sie nun endlich an die Akte und konnte ihre Verteidigung vernünftig vorbereiten. Der zunächst genehmigte Verteidiger wurde später aus dem Verfahren wieder ausgeschlossen; zwei AktivistInnen auf der Anklagebank, die in der Rolle der Angeklagten und des Verteidigers die PolizeizeugInnen intensiv befragten, wurden dem Richter zu unangenehm. Die Anklage wegen Widerstand gegen VollstreckungsbeamtInnen musste der Chefankläger Oberstaatsanwalt Vogel trotz intensiver Bemühung um eine brauchbare Aussage seiner HilfsbeamtInnen am neunten Verhandlungstag fallen lassen – auch ohne VerteidigerIn wusste die Aktivistin sich zu verteidigen. Von der Polizeifestigkeit von Versammlungen und dem daraus folgenden Vorrang des Versammlungsrechts über das Polizeirecht wussten die PolizeizeugInnen nichts. Es ist von PolizistInnen anscheinend zu viel verlangt, das Polizeigesetz korrekt anzuwenden, und das Grundrecht auf Versammlungsfreiheit scheint nur zu gelten, wenn sie es wollen. Dieses Rechtsverständnis ist kurz und bündig zusammenzufassen: Weil sie eine Uniform tragen, dürfen sie Menschen am Demonstrieren hindern und mit Gewalt festnehmen.

Der verzweifelte Oberstaatsanwalt, der in Lüneburg für die Verfolgung von politischen Strafsachen zuständig ist und entsprechend mit Diensteifer gegen AktivistInnen vorgeht, ließ gar den Einsatzleiter laden. Doch der wusste die Anklage auch nicht zu retten. Die Angeklagte sei eine Rädelsführerin der Demonstration gewesen, er habe deshalb drei Untergebene damit beauftragt, sich an jenem Abend vor dem Zwischenlager ausschließlich um die Aktivistin zu kümmern. Die Rechtsgrundlage für die Festnahme kenne er nicht. Möglicherweise erfolgte die Festnahme zur Gefahrenabwehr, zum Schutz des Eigentums der Gesellschaft für Nuklearen Service. Die Anklage wegen Widerstands fiel in sich zusammen, weil Widerstand gegen eine rechtswidrige Festnahme nicht bestraft werden darf. Nachdem in unserem Staat das Eigentum von AtomlobbyistInnen aber über die Grundrechte von DemonstrantInnen gestellt wird, wurde das Verfahren gegen die Aktivistin fortgesetzt.

Mit ihrer Aktion habe die Demonstrantin schließlich auf Sicherheitslücken im Zaun der Atomlobby aufmerksam gemacht, Protestaktionen gegen ihre kriminellen Machenschaften müsse die Gesellschaft für Nuklearen Service hinnehmen, wurde in zahlreichen Beweisanträgen der Verteidigung dargelegt. Doch das Gericht meinte es ernst mit der Anklage. Das Eigentum wiegt ihm viel schwerer als das Recht auf Gesundheit und unverstrahltes Leben! »Das Gericht sieht auch, dass hier keine schwere Kriminalität vorliegt, sondern vielleicht eher ein Fall des zivilen Ungehorsams, aber irgendwo ist natürlich eine Grenze. Die Angeklagte wurde mehrfach darauf hingewiesen, dass sie einen Hausfriedensbruch begeht, war völlig uneinsichtig und dementsprechend zu sanktionieren«, schrieb Richter Stärk zur Begründung der Verurteilung zu 20 Tagessätzen nach insgesamt 16 Verhandlungstagen. Manche fragten sich, nach der wievielten Weinflasche der Richter sein Urteil niedergeschrieben hatte. Denn den Eindruck eines nicht aufnahmefähigen Richters machte er immer wieder im Laufe der Verhandlungstage. Der Staatsanwalt sorgte dafür, dass das Verfahren überhaupt vonstatten ging. Richter Stärk hätte

Vor dem Amtsgericht Lüneburg, Sommer 2012
Quelle: Privat

das Verfahren gerne eingestellt und so vom Tisch gehabt. Der Chefankläger wollte das Verfahren gegen die renitente Aktivistin aber auf keinen Fall einstellen. Auf Grund des schlechten Gesundheitszustands des Richters beschränkten sich viele Verhandlungstage auf eine viertel oder halbe Stunde Verhandlungsdauer, was zur außergewöhnlichen Länge des Verfahrens beitrug. Als die Angeklagte eines Tages aufgrund einer Erkrankung ihrerseits ein ärztliches Attest einreichte, wurde sie dagegen festgenommen und in Begleitung der Polizei einer Amtsärztin zwangsvorgeführt. Als diese die Verhandlungsunfähigkeit der Angeklagten bestätigte, versuchte der Richter, sie telefonisch umzustimmen. Dieses Vorgehen lässt nur einen Schluss zu: Ein/eine RichterIn darf krank werden, ein/eine AngeklagteR nicht. Ein/eine AtomlobbyistIn darf Menschenleben gefährden, ein/eine UmweltaktivistIn darf nicht mit einer kreativen Protestaktion darauf hinweisen. So viel zur Gerechtigkeit des Systems, dessen eigentlicher Zweck darin besteht, die herrschenden Verhältnisse aufrechtzuerhalten.

Vor dem Landgericht kündigte sich ein ähnliches Spiel wie zuvor vor dem Amtsgericht an – vor Gericht spielt schließlich jedeR seine/ihre Rolle. Den Ausgang eines Verfahrens bestimmen sowohl die Abwägung zwischen Rechtsgütern als auch die politischen Verhältnisse oder auch die Abwägung zwischen dem Verurteilungswillen und dem Feierabendwillen von Staatsanwaltschaft und Richterschaft.

Los ging die Berufungsverhandlung wie zuvor in erster Instanz mit einer Auseinandersetzung um die Genehmigung eines/einer WahlverteidigerIn. Richterin Philipp vom Lüneburger Landgericht war nicht bereit, einen Aktivisten als Verteidiger zu genehmigen. Diese Menschen gehören nicht zur Kaste »Justiz«, die gerne unter sich bleibt.

Die Angeklagte aber beharrte auf der Genehmigung eines/einer VerteidigerIn und stellte einen Antrag auf Genehmigung nach dem anderen. »Indem das Gericht die Genehmigung eines ehrenamtlichen Verteidigers ablehnt, werden die Möglichkeiten meiner Verteidigung von meinem Geldbeutel abhängig gemacht. Das widerspricht der europäischen Menschenrechtskonvention, wonach jede angeklagte Person das Recht auf Wahlverteidigung hat«, erläuterte sie ihr Vorgehen. Ein Vorgehen, das die Richterin vor eine schwierige Entscheidung stellte: einen Laien bzw. eine Laiin als VerteidigerIn wollte sie nicht genehmigen. Der Angeklagten einen/eine VerteidigerIn auf Staatskosten beiordnen wollte sie auch nicht. Als am dritten Verhandlungstag immer noch nicht in die Beweisaufnahme eingestiegen worden war, kam die Überraschung: eine Einstellung des Verfahrens auf Staatskosten wegen Geringfügigkeit nach §154 der Strafprozessordnung; mit Zustimmung der Staatsanwaltschaft. Die Angeklagte durfte der Einstellung nicht einmal widersprechen! Prozessökonomie war plötzlich das Argument! Insgesamt 18 Verhandlungstage – was für ein ökonomisches Verfahren!

Richterin Philipp war letztlich zu der Überzeugung gelangt, dass der Aufwand für das Verfahren mit der zu erwartenden Strafe nicht im Verhältnis stehe. Ins Gewicht fiel die lange Verfahrensdauer. Von rechtsstaatlicher Verfahrensverzögerung ist die Rede, wenn ein Verfahren nicht in angemessener Zeit zu Ende gebracht wird und die Justiz die Verantwortung dafür trägt. Das verstößt gegen die Europäische Menschenrechtskonvention und das Rechtsstaatsprinzip – die Angeklagte hatte es zuvor öfters gerügt… Das Argument griff erst dann, als das Gericht das Verfahren gegen die nun doch zu anstrengende Angeklagte loswerden wollte. Das späte Ergebnis der Abwägung zwischen einem politisch motiviertem Interesse an der Strafverfolgung und dem Wunsch des Gerichts nach Ruhe und Feierabend. Wer kämpft, braucht einen langen Atem!

Wenn der Staat inklusive der Grünen-PolitikerInnen die DemonstrantInnen wirklich loswerden wollen, muss zuvor die sofortige Stilllegung aller Atomanlagen erfolgen. Schluss mit der Produktion von Atommüll! Der beste Abfall ist der, der erst gar nicht entsteht! Wer Castortransporte nach Gorleben oder auch nach Brunsbüttel oder Philippsburg durchführt, erntet Protest!

Quellen:
Aktenzeichen:: 11 Cs 5103 Js 30702/08 (235/08) – Amtsgericht Dannenberg
Aktenzeichen: 28 Ns 5103 Js 30702/08 (41/11) – Landgericht Lüneburg:
Kinderkrebsstudie zum Krebsrisiko bei Kindern um Atomanlagen: http://www.ippnw.de/commonFiles/pdfs/Atomenergie/bfs_KiKK-Studie.pdf
Quelle für das Zitat von Angela Merkel: http://www.greenpeace-magazin.de/index.php?id=4424

Der Keksprozess: ein Freispruch mit bitterem Nachgeschmack

Weil er in einer Sommernacht mit abgelaufenen Keksen aus einer Mülltonne der Konditorei Scholze in den Fahrradpacktaschen »gestellt« wurde, musste sich der Lüneburger Polit-Aktivist Karsten vor Gericht verantworten.
Gegenstand der Verhandlung war nicht das Containern, sondern das angebliche Betreten des Firmengeländes durch ein offenes Tor. Der Hausfriedensbruchparagraph wird häufig zur Kriminalisierung von so genannten »Mülltauchern« angewendet. Hausfriedensbruch klingt schwerwiegender als eine Anzeige wegen Diebstahls von Sachen im Wert von null Euro!
In erster Instanz wurde der Angeklagte nach vier Verhandlungstagen zu 25 Tagessätzen verurteilt – von Amtsrichterin Lindner, die die Ladung von EntlastungszeugInnen ablehnte und die Rechte der Verteidigung erheblich einschränkte, eine Tatsache, die in der Öffentlichkeit weitgehend unbeachtet blieb. Der Fall ging ein Jahr später in die Berufung vor dem Landgericht und wurde plötzlich zum Politikum.

Zu Beginn der Berufungsverhandlung schien sich die Geschichte zu wiederholen: Strenge Eingangskontrollen wie in Verbrecherprozessen. Die vom Angeklagten selbst gewählte Verteidigerin nach §138 II der Strafprozessordnung wurde nicht genehmigt. Begründet wurde dies mit einer chronischen rheumatischen Erkrankung der Verteidigerin, sowie mit ihrer justizkritischen Einstellung – wenn dies nicht ausgerechnet ein Argument für Justizkritik liefert! Eine Pflichtverteidigung lehnte das Gericht ebenfalls ab.

Der Film »Taste the Waste« gab schon vor Prozessbeginn dem Thema ›Containern‹ Aktualität und Bedeutung, sodass zahlreiche PressevertreterInnen der Berufungsverhandlung beiwohnten. Der »absurde Keksprozess« sorgte für Empörung. Die Staatsanwaltschaft sah ein öffentliches Interesse an der Strafverfolgung, weil der Keksdieb als Polit-Aktivist bekannt war. Zu einer Einstellung war sie nur bei einem Geständnis und einer Reue-Erklärung des Angeklagten bereit. Die Vertreterin der Staatsanwaltschaft in dem Verfahren erhielt nachweislich Handlungsanweisungen von Oberstaatsanwalt Vogel. Die Linie, die sie also auf Anordnung vertrat, war ihr sichtlich unangenehm, immer wieder kämpfte sie gegen die Tränen. Sie hielt sich aber bis zum bitteren Ende an die Befehle von oben und verlangte in ihrem Plädoyer eine Verurteilung des Keksdiebes zu 15 Tagessätzen.
Der Empörung darüber, dass einem mittellosen Angeklagten keinE VerteidigerIn zur Seite gestellt wurde, gab die Richterin nach dem ersten Verhandlungstag nach und ließ ihm auf Staatskosten einen Rechtsanwalt als Pflichtverteidiger beiordnen.

Rechtsanwalt Lemke aus Hamburg übernahm die Verteidigung und stellte die Lächerlichkeit des Prozesses theatralisch bloß. Die Vertreterin der Konditorei Scholze bekundete in ihrer Vernehmung, kein Interesse mehr an der strafrechtlichen Verfolgung des Angeklagten zu haben. Ihren gestellten Strafantrag nahm sie allerdings

nicht zurück, womöglich, weil dies mit Kosten verbunden gewesen wäre. Unklar blieb, warum in der Akte ein Schaden auf 120 Euro beziffert wurde und warum die eingeschaltete Versicherung der Konditorei wegen einem angeblich beschädigten Tor Einsicht in die Strafakte verlangte. Im Zeugenstand hatte Frau Scholze erklärt, es sei kein Sachschaden entstanden. Bei den Keksen habe es sich um ausgemusterte Ware gehandelt.
Nach der Vernehmung von sechs TatzeugInnen am vierten Verhandlungstag wurde die Beweisaufnahme geschlossen. Das reichte der Vorsitzenden Richterin Philipp, die eine weitere Beweisaufnahme mit der Vernehmung eines Auslandszeugen nicht mehr für notwendig hielt. Auf dessen Ladung verzichtete auch die Verteidigung. Ein Zeuge, der den angeblichen Keksdieb am Straßenrand auf seinem Fahrrad »stellte«, wollte zwei Hippies mit bunter Kleidung auf dem Gelände der Konditorei gesehen haben. Containern tun ja nur Hippies. Zwei Polizeizeugen, die die Festnahme der Verdächtigen durchführten, versicherten, dass diese dunkle Kleidung trugen.

Nach Schließung der Beweisaufnahme folgten die Plädoyers. Die Verteidigung plädierte auf Freispruch und die Staatsanwaltschaft auf eine Verurteilung wegen Hausfriedensbruch.
Nach einer halben Stunde Beratung verkündete dann das Gericht sein Urteil: Freispruch! Die Kammer war nicht davon überzeugt, dass der Angeklagte zum fraglichen Zeitpunkt auf dem Gelände der Firma Scholz war.
Die immensen Kosten dieses absurden Container-Verfahrens wurden der Staatskasse auferlegt.
Das Verfahren hat dem Protest gegen die Wegwerfgesellschaft Öffentlichkeit verschafft. Die Justiz hat sich lächerlich gemacht. Das sind die positiven Aspekte des Prozesses.
Einen bitteren Nachgeschmack hat dieser Freispruch trotzdem. Acht Prozesstage mit ungewissem Ausgang für eine solche Lappalie sind schon an sich eine Ersatzbestrafung.
Aufgrund des Freispruchs wurde die Prozessführung der vorsitzenden Richterin gelobt. Ausgeblendet wurde dabei ihre diskriminierende Haltung und Voreingenommenheit zu Beginn des Prozesses gegen Polit-AktivistInnen: Eingangskontrollen, weil vermutlich davon ausgegangen wurde, dass Polit-AktivistInnen nur gefährliche ChaotInnen sein können, Ablehnung der vom Angeklagten selbst gewählten Wahlverteidigerin mit fadenscheinigen Gründen. Zu Veränderungen in der Prozessführung (Wegfall der Kontrollen und Pflichtverteidigung) und zum Freispruch führte sicher nur der Druck der Öffentlichkeit durch die breite Berichterstattung und die gesellschaftliche Empörung.

Mit ihrem Freispruch aus Mangel an Beweisen hatte sich die Richterin allerdings nicht weit aus dem Fenster gelehnt. In ihrer mündlichen Urteilsbegründung glänzte

sie mit einem Vortrag à la »Du-du-du, ich bin nett mit dir und das war dieses Mal in Ordnung. Aber ein Schritt weiter und das wäre Hausfriedensbruch gewesen.« Sie nahm die widersprüchlichen Aussagen der ZeugInnen für einen Freispruch zum Anlass.
Mal wieder wurde gezeigt, dass sich die Herrschenden sich nur so lange »nett« zeigen, wie mensch sich im Gegenzug gehorsam zeigt. Diese Erfahrung hatte ich vor einigen Jahren auch am eigenen Leibe zu spüren bekommen. Eine äußerlich sehr freundliche Richterin verhängte gegen mich fünf Euro Bußgeld wegen des Betretens der Bahnanlage aus Protest gegen einen Castortransport. Sie hatte das Gefühl, gerecht zu sein, weil die Strafe so niedrig sei und so die Motivation der Betroffenen berücksichtigt werde. Als ich diese »gerechte« Strafe nicht akzeptierte und mich weigerte, die fünf Euro zu zahlen, wurde ein Tag Gefängnis gegen mich verhängt und vollstreckt. Beim darauffolgenden Prozess wurde die Geldbuße für einen ähnlichen Verstoß durch dieselbe Richterin auf 250 Euro festgesetzt. Es solle der Generalprävention (Abschreckung der Allgemeinheit) dienen, wie es so schön im Urteil hieß. So verhalten sich Guts-Herrschaften, wenn sie plötzlich machtlos sind und merken, dass Gehorsam von Polit-AktivistInnen nicht zu erzwingen ist.
Der »Keksdieb« und seine MitstreiterInnen werden weiterhin ›containern‹ und gegen die Wegwerfgesellschaft protestieren.

Quelle: Aktenzeichen: 29 Ns / 1106 Js 21744/10 (16/11) – Landgericht Lüneburg

Prozessbeobachtung: Gedanken um eine Verurteilung

Am 31. Mai 2012 ist Olaf vom Amtsgericht Lüneburg zu 16 Tagessätzen wegen öffentlicher Aufforderung zu einer Straftat verurteilt worden. Richter Hobro Klatte stützte sich in seinem Urteil auf ein Video aus dem Internet, in dem man den Angeklagten auf einem Podium zu einer Versammlung sprechen sieht: »[…] zum Castor, zu Gorleben, zum ›Atomausstieg‹ ist alles gesagt. […] Aber jetzt ist es dran, den Worten auch Taten folgen zu lassen. Wir müssen alle gemeinsam mit unterschiedlichsten Aktionen den Castor aufhalten. Atomausstieg ist Handarbeit! In diesem Sinne: Castor schottern.« Der Videoauszug bricht nach nur wenigen Sekunden ab.

Die zu dem Video befragte Beamtin des Staatschutzes, Ermittlungsgruppe Castor, konnte vor Gericht weder belegen, um welche Versammlung es sich auf dem Video handelt, noch in welchen Kontext diese Aussage eingebettet war.

Dass Richter Hobro Klatte den Angeklagten schuldig sprechen würde, war früh abzusehen, spätestens als ein Beweisantrag des Verteidigers zum Videomaterial abgelehnt wurde.
Richter Hobro Klatte kenne ich aus meinem Verfahren zum Langzeitgewahrsam beim Castor 2008. Damals verkündete er einen Beschluss, wonach ich zur Gefahrenabwehr für vier Tage in präventivem polizeilichem Gewahrsam bleiben musste, weil ich, das Eichhörnchen, ja so renitent sei. Den Beschluss hatte er bereits vor meiner Anhörung zur Sache geschrieben und ausgedruckt. Die Anhörung damals war eine reine Formsache, wie die Beweisaufnahme heute.

Wie die Verhältnisse stehen, wurde schnell klar: Ein paar Worte, aus dem Kontext gerissen, führen zu einer Anklage gegen einen Polit-Aktivisten, der entlastende Teil der Aussage wird ignoriert. Als der Lüneburger Polizeipräsident Herr Niehörster mich aus dem Nichts heraus in einem Fernsehinterview als krank und verrückt bezeichnete, weil ich mich kletternd gegen den Atomstaat engagiere, reichte ein Videoauszug als Beweismittel nicht, weil dieser »aus dem Kontext« gerissen sei, eigentlich sei die Aussage insgesamt nicht so schlimm und das Interview viel länger gewesen, so das Gericht.
»Erlaubt ist, dass der Lüneburger Polzeipräsident Niehörster die bekannte Anti-Atom-Aktivistin Cécile Lecomte als ›krank‹ und ›verrückt‹ beleidigen darf, während es verboten ist, so über Herrn Niehörster zu reden, auch wenn uns eine solche Wortwahl zuwider wäre«, erklärte Olaf in seinem letzten Wort dazu.

Das Urteil stand sicher schon zu Beginn der Beweisaufnahme fest; die Beweisaufnahme war wohl nur eine für das Gericht lästige Formalität. Die Verteidigung begrenzte sich auf das Minimum. Ein offensiv geführter Prozess war es nicht. Gut, bei einem derart absurden Justiztheater stellt sich die Frage, wie viel Energie Mensch in den Prozess reinstecken will. Gleichzeitig sind solche Bagatellprozesse eine schöne politische Bühne – nicht nur für tatkräftige Worte gegen die Atomkraft und das politische System, das dazu gehört, sondern auch für Justizkritik und den Sand im Getriebe der Urteilsfabrik. Die Verteidigung hätte auf dieser Ebene mehr herausholen können, so mein Eindruck. Natürlich führt jeder und jede seinen/ihren Prozess, wie er oder sie will, und es soll so bleiben.

Sein letztes Wort nutzte der Angeklagte für eine kämpferische politische Rede, die vom Publikum mit einem längeren Applaus aufgenommen wurde. Die Justiz bezeichnete er als Handlangerin des kriminellen Systems der Atomindustrie und deren HelfershelferInnen in den Regierungen und führte zahlreiche Beispiele an. Vielleicht etwas ungeschickt ist die Tatsache, dass seine Prozesserklärung eine Aussage zur Sache enthielt. Das ist an sich in Ordnung bei so einem Prozess, bei dem der Angeklagte so oder so zu seinen Handlungen und zu seinen Worten steht. Dennoch gibt es andere Möglichkeiten, dies zu bekunden, zum Beispiel durch Beweisanträge oder auch, indem die vorgeworfene Handlung als gut befunden und argumentiert wird, ohne eine Aussage zum eigenen Verhalten zu treffen. Wird keine Aussage gemacht, muss sich der/die RichterIn etwas mehr Mühe geben, um sein/ihr Urteil zu begründen. Schließlich lädt die Justiz zum Tanz ein. Ein absurdes Justiztheater wie diesen Prozess braucht keiner. Die Rolle des/der RichterIn, Beweise zu finden – oder auch zu konstruieren, wenn es sonst keine gibt – muss nicht von aktivistischer Seite erfüllt werden…
Als hätte Richter Hobro Klatte das letzte Wort des Angeklagten nur selektiv wahrgenommen, verurteilte er ihn dann. Als feige bezeichnete er ihn – weil der Aktivist seine Handlung mit seiner politischen Motivation und Systemkritik begründete und nicht ausdrücklich äußerte, er habe bei seiner Aussage das Ziel gehabt, die Menschen zum Schottern zu animieren.

Zahlreiche ZuschauerInnen verließen den Gerichtssaal vor Ende der Urteilsverkündung. Ein »Das ist hier ein Kasperltheater!« konnte ich mir nicht verkneifen, so skurril kam mir die Situation vor, mit einem Richter, der im Namen des Volkes Wahrheit schafft und einen Angeklagten absurder Weise als feige bezeichnet. Ob das nicht eine Beleidigung ist? Nein, eben nicht, wenn Menschen in Robe und Uniform diese Worte in den Mund nehmen, ja, der Kontext spielt dann eine große Rolle…
Im Namen des Volkes ist Olaf »feige« und ich bin »renitent, unbelehrbar und uneinsichtig«, ja, das konnte ich schon in Beschlüssen von Richter Hobro Klatte lesen. Wenn dies keine Beleidigung ist, ist es zumindest Befangenheit. Oder ›Ge‹fangenheit. Ja, die Herrschenden sind in ihrer Logik, in ihrer Macht be- und gefangen!

In ihrer Pressekonferenz unmittelbar nach der Ankunft eines Castortransportes im Zwischenlager Gorleben schildert die Polizei regelmäßig mit großem Elan, wie heldenhaft die BeamtInnen gegen gewaltbereite, dunkel gekleidete DemonstrantInnen vorgegangen sind. Belegt wird diese Darstellung mit einer beeindruckenden Anzahl an verletzen PolizistInnen. Solch einem Opfer bin ich vor dem Dannenberger Amtsgericht begegnet. Der Polizist, der als Staatsangehörigkeit ›Sächsisch‹ angibt, wurde als Zeuge vernommen. Die Schilderung der Staatsanwaltschaft ließ in ihrer Anklageschrift eine hohe kriminelle Energie beim angeklagten Castorgegner vermuten. Mutwillig hätte er den Polizisten Scheibe, Beamter einer Beweis- und Festnahmeeinheit aus Leipzig, eine steile Böschung an den Gleisen hinuntergeschubst. Billigend hätte er eine Verletzung des Beamten in Kauf genommen. Die Krönung der Anklageschrift lautet: Der Angeklagte soll anschließend in den Wald geflüchtet sein und sich seiner Festnahme widersetzt haben. Damit alles ins Klischee passt und die Anklage durchgeht, fehlte als i-Tüpfelchen nicht die Betonung, dass der Angeklagte dunkel gekleidet gewesen sei.
Diese Art klischeehafter Anklage hielt keine fünf Stunden Verhandlung stand.

Manch eineR dürfte sich sogar gefragt haben, ob der angebliche Täter nicht doch Opfer von Gewalt gewesen sein könnte. Ärztlich bestätigt wurden damals die Verletzungen des Angeklagten. Sanitäter hätten sogar auf die Polizei einwirken müssen, damit sie zu schlagen aufhöre, so die Verteidigung in einem Beweisantrag zu Beginn der Verhandlung. Zur Klärung dieser und anderer Fragen kam es jedoch nicht. Das Verfahren wurde schließlich auf Staatskosten eingestellt. Zum Fall dieser Bilderbuch-Anklage trug das »Insichgeschäft« der PolizeibeamtInnen erheblich bei, wie Verteidiger Lemke die schlampigen Ermittlungen der Behörde nannte.

»Kumpanei«, »Corpsgeist«, »Eigenbetrieb«, »Insichgeschäft« der Polizei: Diese Worte fielen noch vor Vernehmung des ersten Polizeizeugen. Rechtsanwalt Lemke kritisierte die von der Polizei geführten Ermittlungen gegen seinen Mandanten und beantragte ein Beweisverwertungsverbot für die sich in der Akte befindlichen schriftlichen Vernehmungen von PolizeizeugInnen. Die ZeugInnen wurden nicht von einer neutralen externen Abteilung vernommen, sondern von einem Kollegen aus derselben Einheit. Die Aussagen der verschiedenen ZeugInnen seien zudem wortgleich, was kein Zufall sein könne. Nicht einmal ihre vollständigen Personalien hätten die ZeugInnen angegeben. »PK« sei entgegen den Angaben im Vernehmungsprotokoll kein Vorname. All das sei Grund genug, die Glaubwürdigkeit der Aussagen und Zuverlässigkeit der ZeugInnen anzuzweifeln.

Richter Graf Grote interessierte lediglich, ob es höhere Rechtsprechung mit Verweis auf ein Verwertungsverbot gebe, es sei schließlich nur ein Fehler. »Das ist kein Fehler, das hat System«, erwiderte Rechtsanwalt Lemke. Davon zeugte die Reaktion von Oberstaatsanwalt Vogel, der die Sache ohne weitere Nachermittlungen oder Nachprüfungen zur Anklage gebracht hatte. Er sah den »Fehler« zwar als problematisch an, er führe aber nicht zu einer Unverwertbarkeit der Aussage.

Spätestens zu diesem Zeitpunkt drängte sich in den Zuschauerreihen die Frage auf: Wie konnte der Richter den Antrag der Staatsanwaltschaft auf Erlass eines Strafbefehls mit seiner Unterschrift durchwinken? Dies darf nur dann geschehen, wenn dem »keine Bedenken« entgegenstehen, wenn nach Aktenlage die Schuld des Beschuldigten bewiesen ist (§408 StPO). Richter und Staatsanwaltschaft sind offensichtlich angesichts dieses Fehlers, der System hat, ver-, be-, und gefangen.

Die Zeugenvernehmungen warfen anschließend mehr Fragen auf, als sie Beweise für die Schuld des Angeklagten lieferten. Die ZeugInnen hatten kurz vor ihrer Vernehmung ihre schriftliche Aussage gelesen und konnten dessen Inhalt präzise wiedergeben. Als sie zu Einzelheiten befragt wurden, mochten sie sich nur noch an belastende Tatsachen konkret erinnern. Dafür wollte sich der geschädigte Zeuge Scheibe nicht an seine Gespräche mit den KollegInnen auf der Hinfahrt zum Gericht erinnern, er habe außerdem im Fahrzeug hinten gesessen, es sei sehr laut gewesen, er habe nichts hören können. Ein Blick auf das nagelneue Mercedes-Fahrzeug in der Pause ließ jegliche Glaubwürdigkeit des Zeugen schwinden. Sein Kollege, der Zugführer Golze, gab schlüssigere Antworten. Doch sein Erinnerungsvermögen erwies sich ebenfalls als sehr selektiv. Arrogant kam seine Aussage rüber. Er suchte das Bild eines zuverlässigen Zugführers, der alles mitkriegt und im Griff hat, zu vermitteln. Seine Aussage blieb allerdings widersprüchlich. Er hatte den Zugriff auf den Angeklagten angeordnet. Der Haken: Möglicherweise wurde die falsche Person erwischt. Denn dunkle Oberkleidung tragen viele Menschen in der Novemberkälte.

Schlampige Ermittlungen beim »Insichgeschäft« und ZeugInnen ohne Erinnerungsvermögen, die auf miteinander abgesprochene schriftliche Aussagen zurückgreifen: Damit konnte eine Einstellung des Verfahrens auf Staatskosten ausgehandelt werden.

Doch, die Praxis der Polizei hat System: PolizeibeamtInnen werden vor Gericht in der Regel bevorzugt und im Vergleich zu anderen ZeugInnen als glaubwürdiger eingestuft. Verurteilungen sind die Folge. Dagegen werden PolizistInnen äußerst selten für ihre Gewalttaten belangt. Die Statistik spricht für sich. Dies vorausgesetzt, ist eine Einstellung die pragmatischste Beendigung eines Verfahrens, dessen Ausgang »das System« stark beeinflusst.

60 Tagessätze à 15 Euro wegen Nötigung und Störung öffentlicher Betriebe. Das ist für Amtsrichterin Precht das Ergebnis einer dreitägigen Gerichtsverhandlung gegen einen Atomkraftgegner in Celle.
Aber auch ProzessbeobachterInnen sprechen ihr Urteil über diesen Fall: Staatsanwalt und Richterin machten sich der Einschränkung der Gerichtsöffentlichkeit sowie der willkürlichen Beschneidung von Rechten der Verteidigung schuldig. Der Angeklagte führte den Prozess offensiv und stellte mit Anträgen, Stellungnahmen und Rügen den Atomstaat auf die Anklagebank.

Hintergrund der Verhandlung war eine erfolgreiche Castorblockade bei Dalle (Niedersachsen) im November 2010. Insgesamt drei AktivistInnen ketteten sich in beiden Fahrtrichtungen an die Gleise. Wer die Verhandlung im Saal 144 des Amtsgerichtes Celle besuchen wollte, musste sich zuvor einer zweifachen körperlichen Durchsuchung unterziehen. Für JournalistInnen waren Stühle reserviert. Dort durften allerdings nur unkritische JournalistInnen Platz nehmen. Der Autorin dieses Artikels wurde trotz gültigem Presseausweis der Zugang verwehrt, sodass sie im Publikum Platz nehmen musste. Wegen angeblich vollem Verhandlungssaal mussten außerdem Menschen draußen vor der Tür warten. Der Angeklagte beantragte mehrfach die Aufhebung der einem Terroristenprozess ähnelnden Sicherheitsvorkehrungen. Die vorsitzende Richterin lehnte dies jedoch ab.

Als später ein Polizeibeamter im Zeugenstand aussagte, die Polizei habe von Beginn an gewusst, es gehe von den DemonstrantInnen keine Gefährdung für die PolizeibeamtInnen aus, griffen einige ZuschauerInnen den Widerspruch zum Verhalten des Gerichts auf. »Gefährlich sind für das Gericht nicht die Menschen, sondern ihre politische Botschaft. Darum die Kriminalisierung durch übermäßige Sicherheitsmaßnahmen«, fasste eine Frau zusammen.
Gestört wurde die Verhandlung letztlich nicht durch das Publikum, sondern durch den Eifer anwesender WachtmeisterInnen: »Frau Richterin, er hat gelacht, er hat dies und jenes gemacht«, riefen sie immer wieder dazwischen. Sie forderten gar eigenmächtig ZuschauerInnen auf, den Saal zu verlassen und gingen die Menschen körperlich an – obwohl sie hierfür keinerlei Anweisung erhalten hatten.

Der Beweisaufnahme ging nicht nur der Streit um Sicherheitsvorkehrungen, sondern ebenfalls ein Schlagabtausch zwischen Richterin und Angeklagtem um die Rechte der Verteidigung voraus. Die Verweigerung der Akteneinsicht und die Ablehnung von fünf WahlverteidigerInnen sorgte für Befangenheitsanträge gegen die Richterin. Die VerteidigerInnen wurden mit der Begründung abgelehnt, es könne nicht vorausgesetzt werden, dass sie die Pflichten eines/einer VerteidigerIn beachten würden – man würde die Personen ja nicht kennen. Dass die Verteidigung und insbesondere ein/eine AngeklagteR nicht nur Pflichten, sondern auch Rechte hat – wie das Recht, sich vom/von einer VerteidigerIn seiner Wahl verteidigen zu lassen –, ließ sie außer Acht. Richterin Precht entzog dem Angeklagten das Wort. Erst zum Ende eines jeweiligen Sitzungstages durfte er seine Anträge stellen. »Die

Rechtsstaatsinszenierung begann zunächst mit einem Quodlibet, in dem Richterin und Angeklagter unverständlich, aber stur gegeneinander anredeten«, hieß es auf dem Blog der Aktionsgruppe.

Erst am zweiten Verhandlungstag, nachdem die Vernehmung etlicher ZeugInnen abgeschlossen war, wurde dem sechsten Antrag auf Genehmigung eines/einer WahlverteidigerIn stattgegeben. Der Bewilligte kannte sich entgegen der zuvor beantragten Personen im Strafrecht zwar nicht aus, war aber von Beruf Ingenieur und trug an jenem Tag eine Krawatte. Ein Umstand, der die Richterin wohl dazu verleitete, die Voraussetzung zur Genehmigung eines/einer VerteidigerIn als erfüllt anzusehen. Dieses Wertlegen auf das Erscheinungsbild passt gut zur skizzierten Scheinjustiz. Die Genehmigung eines Verteidigers entzog der Atmosphäre einige Spannungen.

Die Beweisaufnahme verlief schleppend. Es entstand der Eindruck, die Richterin habe sich kaum auf den Prozess vorbereitet. Geladen waren zahlreiche PolizeibeamtInnen, die zur Beweisaufnahme nichts beitragen konnten: Einer hatte mal eine E-Mail verschickt, ein anderer, von der Ermittlungsgruppe CASTOR, hatte sich mal ein Video angeschaut, mehr nicht. Geladen worden waren sie offenbar, weil ihre Namen in der Akte auftauchen – und »weil die Prozesskosten ja nun mal irgendwie in die Höhe getrieben werden müssen«, so die Vermutung einiger UnterstützerInnen.

Interessanter wurde die Befragung zahlreicher Lokführer. Für den Lokführer des Castortransportes sei der Zug ein Zug wie jeder andere. Er stünde allerdings in Dauer-Funkverbindung mit der Polizei und einem Polizeihubschrauber. Es sei bei diesem Zug immer mit Störungen zu rechnen. Kopfschütteln verursachte die Aussage eines Metrom-Lokführers. Er habe erst eine Schnellbremsung eingeschaltet, als er ein Banner auf dem Gleis wahrgenommen habe. Die einige Kilometer zuvor winkende Polizistin oder auch eine gezündete Rakete sei für ihn kein Signal gewesen, außerdem hätten sich Dortmund-Fans im Zug befunden. Er habe es eilig gehabt. »Sie wollten Randale machen«, erklärte er im Zeugenstand. Die winkende Polizistin hatte offenbar in Unkenntnis des internationalen Signals zum Stoppen von Zügen, einer kreisförmigen Bewegung mit roter Flagge oder einem Licht, einfach vor sich hin gewunken. Doch der Lokführer wusste nach eigenem Bekunden über den Castortransport Bescheid. Es sei allgemein bekannt, dass es am Transporttag zu Störungen kommen könne. In letzter Sekunde will der Lokführer letztlich angehalten haben. Eine Frau habe sich auf dem Gleis befunden. Später räumte er ein, dass er nur aus der Zeitung wisse, dass Personen sich an die Schienen gekettet hatten. Gesehen hatte er sie also nicht.

Die vernommenen PolizeibeamtInnen legten ihrerseits ein selektives Erinnerungsvermögen an den Tag. An die böse Handlung des Angeklagten wollten sie sich genau erinnern. Ob es Transparente gegeben habe oder Presse anwesend gewesen sei, wollten sie vergessen haben. Bei dem Vorwurf der Nötigung und der Verwerflichkeitsprüfung sind juristisch gesehen die Umstände einer Handlung von großer Relevanz. In diesem Zusammenhang stellte der Angeklagte zahlreiche Beweisanträge, die die Gefahren der Atomkraft sowie die Verstrickungen der Atomkraft mit der Atomwaffenindustrie thematisierten. Am letzten Verhandlungstag gehörte ihm die inhaltliche Führung des Prozesses.

Im Theater endet eine Tragödie mit dem Tod der Schlüsselfiguren. In einem Szenario nach den Regeln des politischen Justiztheaters werden die Angeklagten »im Namen des Volkes« verurteilt – auch wenn niemand das besagte Volk befragt hat und allein der »Volks«-Begriff in sich problematisch ist. Insbesondere hinsichtlich des Vorwurfs der Nötigung, wie der Angeklagte es in der Verhandlung thematisierte. Der Paragraph wurde 1943 von den Nazis zu einem Willkürparagraphen ausgestaltet. Ab diesem Zeitpunkt war schon die »Drohung mit einem empfindlichen Übel« unter Strafe gestellt, wenn sie »dem gesunden Volksempfinden« zuwider lief. Lediglich eine wortkosmetische Änderung wurde seitdem vorgenommen und ersetzte die völkische Klausel durch das Konstrukt der »Verwerflichkeit« – ebenso wird das »Volksempfinden« selbstverständlich durch das Gericht selbst definiert.

Große Mühe, sich mit den Tatbestandsvoraussetzungen des Nötigungsparagraphen oder der Störung öffentlicher Betriebe auseinanderzusetzen, gab sich die Richterin nicht. Trotz der Tatsache, dass nicht die AktivistInnen, sondern die Polizei den Castorzug stoppte. Außerdem hatte ein hochrangiger Polizist bekundet, es gebe für den Fall einer größeren Blockade im Voraus festgelegte Abweichrouten. Man rechne ja mit Protesten. Die Richterin folgte mit ihrem Urteil dem Plädoyer der Staatsanwaltschaft und zur Begründung der Höhe der Strafe seinem Konstrukt des »Geständnisses«. Wenn einem/einer Angeklagten ein Strafbefehl zukommt, wird davon ausgegangen, dass er/sie geständig wäre, wenn sein/ihr Fall vor Gericht verhandelt werden würde. Dies gilt als Bonus, Strafbefehle würden deshalb meist geringer ausfallen als ein Urteil mit Hauptverhandlung. Diesem Konstrukt folgend, forderte die Staatsanwaltschaft 90 Tagessätze für den Angeklagten. Die Richterin verurteilte ihn daraufhin zu 60 Tagessätzen. Das letzte Wort wurde noch nicht gesprochen. Die Verteidigung hat Berufung eingelegt.

In der Berufungsinstanz vor dem Landgericht Lüneburg durfte ich den Angeklagten verteidigen. Der Vorwurf wurde auf die „Störung öffentlicher Betriebe“ begrenzt, die Strafe auf 40 Tagessätze heruntergesetzt.

Quelle: Aktenzeichen: 20a Cs 5102 Js 31536/10 (20/12) – Amtsgericht Celle

Der Beweisantrag

Politische Inhalte können vor Gericht in Form eines Beweisantrages eingebracht werden. Das Schreiben der Anträge macht manchmal jede Menge Spaß! Den Backpulver-Merkel-Antrag stelle ich immer mal wieder. Ich stelle hier die Variante vom »Zaunprozess« vor. Der Prozess fand vor dem Amtsgericht Dannenberg und dann vor dem Landgericht Lüneburg zwischen 2010 und 2012 statt – er endete schließlich mit einer Einstellung auf Staatskosten nach insgesamt 18 Verhandlungstagen!

Zu beweisende Tatsache:
Der Protest der AtomkraftgegnerInnen trägt dazu bei, die Atomanlagen und deren Betrieb weniger gefährlich zu gestalten.
Auf die Politik ist zur Abwehr dieser Gefahren kein Verlass.

Beweismittel
Zeugenvernehmung der folgenden Personen:
* Verantwortliche Vorstandmitglieder der GNS mbH
- Dipl. Ing. Holger Bröskamp, Bernhard Fischer, Georg Brüth, Dr. Ing. Heinz Geiser zu laden über (...)
* Verantwortlicher der BLG GmBH
- Dipl. Kfm Rheinhard König zu laden über (...)
* Heutige Bundeskanzlerin Angela Merkel, Atomministerin (Umweltministerin) zur Zeit des so genannten Kontaminierungsskandals von Castorbehältern, zu laden über: Willy-Brandt-Straße 1, 10557 Berlin
* Florian Emrich, zu laden über das Bundesamt für Strahlenschutz
* Dipl. Physiker Wolfgang Neumann, zu laden über die Gruppe Ökologie e.V.

Begründung
Die Verantwortlichen der GNS und BLG GmBH werden bekunden, dass sie nach dem »Zaunvorfall« im Sommer 2008 einen zusätzlichen Stahlstreben im vorderen Tor am Zwischenlager Gorleben eingebaut haben, damit keinE DemonstrantIn mehr durch das Tor schlüpfen kann. Das Fazit ist, dass die Protestaktion am Zwischenlager eine Sicherheitslücke am Tor aufgedeckte und zur Sicherung der Atomanlage beigetragen hat. Das Tor kann nicht mehr umgangen werden, ohne dieses zu überwinden. Es ist peinlich, wenn das Gelände einer hochgesicherten Anlage einfach so ohne Hindernis betreten werden kann.
Die der Angeklagten vorgeworfene Handlung kann als »Geschäftsführung ohne Auftrag« gewertet werden. Die Handlung hat auf Sicherheitslücken hingewiesen. Ich verweise hier auf die zivilrechtliche Regelung des § 667 BGB. Das Beweisthema stellt zudem klar, dass es den DemonstrantInnen nicht darum ging, das Zwischenlager »anzugreifen«. Es ging ums Demonstrieren, um eine künstlerische Performance (so genanntes Happening), um auf Gefahren aufmerksam zu machen. Also darum, auf die Sicherheitslücken aufmerksam zu machen. Diese gibt es nicht nur in einem der Zäune. Die Anlage Gorleben ist wie ein Sieb. Die Radioaktivität gelangt ungefiltert nach außen.

Das ist die eigentliche, kriminelle Handlung!
Hier als Beispiel der Skandal um die Grenzwerte im Jahr 2011. Der Niedersächsische Landesbetrieb für Wasserwirtschaft, Küsten- und Naturschutz (NLWKN) hatte mit seinen Messungen aus dem ersten Halbjahr 2011 einen Wert für 2011 prognostiziert, mit dem der Grenzwert bereits überschritten wäre. Das ging aus dem Protokoll einer Umweltausschusssitzung im Landtag hervor. Der Grenzwert für die zusätzliche Jahresdosis liegt bekanntlich bei 0,3 Millisievert pro Jahr. Zum Zeitpunkt der Halbjahr-Messungen hatte das Niedersächsische Umweltministerium (NMU) immer nur den warnenden Prognose-Wert von 0,27 nach außen kommuniziert. In dem Protokoll wurde jedoch ganz klar der Prognose-Wert 0,32 genannt.
Er setzt sich zusammen aus der Netto-Neutronendosis von 0,22 Millisievert und der Netto-Gammadosis von 0,10 Millisievert. Die Physikalisch-Technische Bundesanstalt (PTB) hatte anschließend ebenfalls im Auftrag des NMU in Gorleben gemessen und kam auf einen Prognose-Wert von insgesamt 0,21 Millisievert.
Die PTB hatte allerdings einen höheren Wert an natürlicher Hintergrund-Strahlung abgezogen: 0,63 Millisievert statt 0,51, die der NLWKN in Abzug gebracht hatte.
Wenige Monate später wurden die Bedenken ohne Erklärung einfach vom Tisch gewischt.
»Der Grenzwert für Radioaktivität an der Castorhalle konnte nur mit Schmutz und Betrug niedrig gehalten werden«, so die Vorsitzende der Bürgerinitiative (BI) Lüchow-Dannenberg, Kerstin Rudek. Der Strahlenprognose des Ministeriums habe ein viel zu hoher Wert für natürliche Radioaktivität zugrunde gelegen, der von den Messwerten abgezogen worden sei.

Auch Greenpeace bemängelte »eine falsche Berechnung von Strahlenmesswerten« durch das Umweltministerium. Für die Anti-Atom-Organisation »Ausgestrahlt« sprach Jochen Stay von einer Täuschung der Öffentlichkeit. »Die zuständige Landesbehörde stellte fest, dass die Grenzwerte überschritten werden und jetzt wird die Strahlung einfach weggerechnet«, kommentierte er die Situation.
Die atompolitische Sprecherin der Grünen im Bundestag, Sylvia Kotting-Uhl, warf Landesumweltminister Hans-Heinrich Sander (FDP) »ein unverantwortliches Lotteriespiel« mit Strahlung vor.

Das ist organisierte Unverantwortlichkeit! Zu bedenken ist dabei, dass Grenzwerte nicht die Bedeutung von »gefährlich« / »nicht gefährlich« haben. Ein Grenzwert richtet sich viel mehr entgegen jeglichen Gesundheitskriterien nach der Leistung, die die Atomwirtschaft für ihren Betrieb erbringen kann.
Dass eine Strahlungsdosis unterhalb des Grenzwert bleibt, bedeutet dementsprechend nicht, dass es für die Bevölkerung keine Gefahren gibt. Ein Grenzwert ist der Ausdruck davon, wie viele Schäden, Krankheiten und Tote gesellschaftlich verträglich sind. Auch eine niedrige Strahlung erhöht das Krankheitsrisiko, insbesondere bei Kindern, wie die KIK-Studie (Kinderkrebsstudie) zeigt. Ohne über

Grenzwerte hinausgehende Strahlung besteht bei Kindern in der Nähe von Atomanlagen ein nachgewiesenes deutlich erhöhtes Krebsrisiko (60% und Leukämie 120%). Dies wird u.a. der Dipl. Physiker Wolfgang Neumann bestätigen.

Jeder Castorbehälter, der im Zwischenlager Gorleben lagert, enthält so viel radioaktives Material, wie bei der Reaktorkatastrophe von Tschernobyl freigesetzt wurde. 113 Behälter liegen derzeit im Zwischenlager. Für diesen Müll gibt es weltweit keine Entsorgungslösung. Dennoch wird weiter Atommüll produziert. Auch der deutsche Atomausstieg ist leider keiner: Im westfälischen Gronau wird weiterhin Uran für AKW-Brennstoffe angereichert. Das ist kein Atomausstieg!

Die Sachverständigen Emrich und Neumann werden bekunden, dass im Rahmen des deutschen Atomprogramms ursprünglich deutlich mehr Atomanlagen geplant waren. Viele Anlagen wurden dank des Protests der Bevölkerung – ziviler Ungehorsam und Gesetzesverstöße inklusive – entweder nicht gebaut oder nicht in Betrieb genommen. Hier ein paar Beispiele: Kalkar, Wackersdorf oder Wyhl.

Der Widerstand gegen das Atomprogramm hat zur Sicherheit des Landes beigetragen. Jede Atomanlage birgt tödliche Risiken. Mayak, Harrisburg, Tschernobyl oder Fukushima haben diesem Wahnsinn leider kein Ende gesetzt. Millionen Menschen werden gegen ihren Willen gefährdet, die Atomindustrie ist die einzige Industrie, die keine Haftpflichtversicherung, die die Kosten eines Unfalls decken würde, besitzt. Und sie verhält sich wie ein Flugzeug ohne Landebahn. Es wird Atommüll produziert und keiner weiß wohin damit. Kriminelle sind die Verantwortlichen dieser Politik, nicht der Widerstand. Gerichte gehören dazu, denn sie unterstützen dieses System. Vor Gericht stehen immer wieder AtomkraftgegnerInnen wegen ihrer Versuche, Castortransporte zu stoppen, zu schottern, zu blockieren oder in einem Verfahren wie diesem hier.

Auf der Anklagebank will ich die Atomlobby und die verantwortlichen PolitikerInnen sehen. Auf die Politik von oben ist kein Verlass.
Oder wer ist für die Atomsuppe, die sich in der Asse verbreitet, verantwortlich?
Wie sieht es mit der Rechtsgüterabwägung aus zwischen einer happening-artigen Aktion à la »Ätsch, euer Zaun funktioniert nicht!« und der Verseuchung von Boden und Wasser für Tausende von Jahren? Ich bin lieber »schuldig« dafür, dass ich mich gegen diesen Unsinn engagiere, als mich schuldig zu machen, indem ich schweige. Wer schweigt oder das System unterstützt, ist mitverantwortlich.

Wer hat Folgendes gesagt:
»In jeder Küche kann beim Kuchenbacken mal etwas Pulver daneben gehen.«
Die Antwort lautet: Angela Merkel. Sie wird bezeugen, dass sie diese Aussage 1994 im Zusammenhang mit der Überschreitung von Grenzwerten bei Castorbehältern als Umweltministerin, als verantwortliche Ministerin für die Sicherheit von Atomanlagen (Was für eine Sicherheit soll hier gemeint sein?) getätigt hat. Die Zuständigkeit für die Genehmigung von Atomtransporten liegt beim Bundesamt für Strahlenschutz in Salzgitter. Diese Behörde untersteht dem Bundesumweltministerium.

Relevanz

Dieser Beweisantrag ist im Rahmen der Rechtsgüterabwägung und der Schuldfrage relevant. Er beweist die Leichtsinnigkeit von AtomlobbyistInnen und der verantwortlichen EntscheidungsträgerInnen.

Die Gefahren der Atomkraft können nicht ernsthaft abgewendet werden, die Sicherheit von Atomanlagen kann durch die Politik nicht garantiert werden. Sicherheit kann es bei Atomanlagen nicht geben. Eine »sichere Atomanlage« ist ein Oxymoron. Andere Handlungsmöglichkeiten (als die, wählen zu gehen und sich blind auf PolitikerInnen zu verlassen) müssen erprobt werden. In diesem Sinne ist etwas Protest am Zwischenlager eine geeignete Handlungsform, um auf die Gefahren aufmerksam zu machen.

Bei der Rechtsgüterabwägung ist die Versammlungs-, Meinungs- und Kunstfreiheit zu berücksichtigen und gegen die Interessen des Betreibers des Zwischenlagers abzuwägen.

In dieser Rechtsgüterabwägung und der Bewertung der Strafbarkeit eines angeblichen Hausfriedensbruchs ist das Merkmal »Geschäftsführung ohne Auftrag«, wie oben erläutert, ebenfalls zu berücksichtigen.

Schlusswort

Für den Titel dieses Buches gab es von mir und von den FreundInnen, die beim Korrekturlesen mitgeholfen haben, mehrere Vorschläge. Sie eignen sich gut als Schlusswort und Aufmunterung, sich für eine bessere Welt einzusetzen:

Vorschläge für den Buchtitel:
Seid kreativ und unbequem!
Kleine Schritte für große Träume!
Störfaktor Eichhörnchen
»Sie schon wieder!«
Eichhörnchen-Chroniken
Unbequemer Krüppel stört mal wieder

Vorschläge für Zwischenüberschriften:
»Frau Lecomte, ich brauche noch Ihre Personalien.«
Kurzgeschichten und Texte aus dem politischen Alltag einer Überlebenskünstlerin
Kurzgeschichten und Texte aus dem politischen Alltag einer Lebenskünstlerin

In eigener Sache:
Eichhörnchen-Homepage: http://eichhoernchen.fr/
Eichhörnchen-Blog: http://blog.eichhoernchen.fr/
Leben(s)Wagen, das Leben im Bauwagen wagen: www.lebenswagen.nirgendwo.info/
http://www.bewegungsstiftung.de/lecomte.html

Zeitschriften und Infoseiten
anti atom aktuell, Zeitung für die sofortige Stilllegung aller Atomanlagen: http://anti-atom-aktuell.de/
Graswurzelrevolution, Monatszeitung für eine gewaltfreie herrschaftslose Gesellschaft: www.graswurzel.net/
Grünes Blatt: http://gruenes-blatt.de
Contratom: www.contratom.de/

Umwelt – Allgemein
Robin Wood : http://www.robinwood.de/
BBU: http://www.bbu-online.de/
Klimacamp: http://www.ausgeco2hlt.de/klimacamp/
Klimaschutz von unten: http://klimaschutzvonunten.blogsport.eu/

Atomkraft
Netzwerk von Anti-Atom-Initiativen: www.netzwerk-antiatom.de/
Urantransporte: www.urantransport.de/
Aktionsbündnis Nekarwestheim: http://neckarwestheim.antiatom.net/
Grohnde Abschalten: www.grohnde-abschalten.de/
SofA Münster: www.sofa-ms.de/
Bürgerinitiative Lüchow Dannenberg: www.bi-luechow-dannenberg.de/
Berlin: www.antiatomberlin.de/
MAUS e.V. Bremen: www.nadir.org/nadir/initiativ/maus-bremen/
AG Schacht Konrad: http://ag-schacht-konrad.de/
Anti-Atom-Bündnis Nord-Ost: http://lubmin-nixda.de/
aap Göttingen: http://aapgoe.so36.net

Netze und Stromautobahnen
Berliner Energietisch: http://berliner-energietisch.net/
Unser Netz Hamburg; http://unser-netz-hamburg.de/
Informationen zum Ausbau der Stromnetze: http://höchstspannend.de/

Kohlekraft
Hambacher Forst: http://hambacherforst.blogsport.de/
Mooburg-Ini (Gegen das Kohlekraftwerk in Hamburg-Moorburg): www.moorburgtrasse-stoppen.de/
Gegenstrom (Gegen das Kohlekraftwerk in Hamburg Moorburg): http://www.gegenstromhamburg.de/

Gentechnik und Landwirtschaft
Gentech-Filz: http://gentechfilz.blogsport.de/
Informationsdienst Gentechnik: www.keine-gentechnik.de/
Arbeitsgemeinschft bäuerliche Landwirtschaft e.V.: www.abl-ev.de/
Gen-ethisches-Netzwerk: http://www.gen-ethisches-netzwerk.de/

Militarismus

Militarismus jetzt stoppen: http://krieg.nirgendwo.info/
Widerstand gegen das Sommerbiwak in Hannover:
www.antimilitarismus.blogsport.de
Bundeswehr wegtreten – Initiative gegen Rekrutierungsveranstaltungen:
www.bundeswehr-wegtreten.de
Informationsstelle Militarisierung: www.imi-online.de
Bundeswehr-Monitoring: www.bundeswehr-monitoring.de/

Verkehr

Netzwerk solidarische Mobilität: www.solimob.de/
Bündnis Bahn für Alle: www.bahn-fuer-alle.de/
Bei Abriss Aufstand (gegen Stuttgart21): www.bei-abriss-aufstand.de/
Aktionsbündnis A100 Stoppen: www.a100stoppen.de/
Bündnis gegen die Autobahn A39: www.keine-a39.com
Widerstand gegen den Frankfurter Flughafenausbau, Blog der Waldbesetzung:
http://waldbesetzung.blogsport.de/
Plane Stupid Germany, Netzwerk von Graswurzelgruppen gegen das Wachstum der Luftfahrt: www.planestupid-germany.de/de/

Aktionsklettern

Wer Aktionsklettern lernen will, kann eine E-Mail an aufbaeumen@riseup.net schicken.

Repression

Laienverteidigung: http://laienverteidigung.de.vu/
Rote Hilfe: www.rote-hilfe.de/
Kreative Antirepression: www.projektwerkstatt.de/antirepression/haupt.htm
Rechtshilfebüro: http://www.rechtshilfebuero.de
Out of action (emotionale erste Hilfe): http://outofaction.net/
Knastblog: http://knast.blogsport.de/
Gerichtsprozesse gegen AtomkraftgegnerInnen: http://nirgendwo.info/

Danksagung

Ich möchte mich bei allen Menschen bedanken, die zum Entstehen dieses Buchs beigetragen haben. Insbesondere für die praktische Unterstützung beim:

Korrekturlesen
Jana Ballenthien, Georg Bischoff, Norbert Maack, Uwe Caspar Peschka, Hanna Poddig, Judith Samson, Udo Suerer, Nick Zippel, Christian, Irene.

Bereitstellung von Bildmaterial und bei der Bearbeitung
aaa-West, Chris Grodotzki / visual.rebellion, Peter Illert, Konrad Lippert, Michaela Mügge / PubliXviewinG, Pay Numrich.